Anne Bacus

Votre enfant de 3 à 6 ans

MARABOUT

Avant-propos

Ne croyez pas ceux qui vous affirment que tout est joué à un an, à trois ans ou à six ans. L'être humain est d'une grande plasticité, et son cerveau reste malléable longtemps ; on peut encore changer, heureusement, à dix ans ou à quinze ans, ainsi qu'à l'âge adulte. Il n'en reste pas moins qu'aucune période n'a autant d'influence sur l'existence de chacun que ce qu'il a vécu au cours de ses six ou sept premières années, et cela dans tous les domaines – mais avant tout sur le plan psychologique. Aussi est-il essentiel, pour les parents d'un enfant de cet âge, de bien connaître les étapes qu'il traverse afin de pouvoir le faire bénéficier au mieux de l'amour et de l'expérience qui sont les leurs. Il est également déterminant que cette période soit la plus positive possible.

Tous les parents veulent que leur enfant soit heureux et épanoui, mais personne n'est à l'abri des problèmes éducatifs, qui ne manquent pas de surgir, et face auxquels on est mieux armé quand on connaît l'avancée de son enfant dans son développement physique, psychique, affectif, intellectuel et social. À chaque étape, tant de questions se posent : « Mon enfant est-il trop timide ? », « Est-ce normal qu'il se réveille encore la nuit ? », « Comment lui annoncer la mort de quelqu'un ? », « Comment l'empêcher de dire des gros mots ? », « Quel jouet lui offrir ? », « Pourquoi invente-t-il toujours des histoires incroyables ? » En tant que parent, on se voudrait calme, aimant, ferme, plein de bon sens et disponible ; or on se retrouve souvent fatigué, tendu, un peu perdu et sans autre possibilité que de confier son enfant à l'école huit à dix heures par jour.

Cet ouvrage, qui s'appuie sur une connaissance approfondie du développement normal du jeune enfant, n'a pas d'autre but que d'aider les parents et les enfants dans leur cheminement commun, en offrant des idées et des pistes de réflexion, ainsi qu'une manière d'être à l'écoute de leur enfant et d'ouvrir le dialogue. C'est un livre de suggestions plutôt que de recettes. Chaque enfant est unique, chaque parent possède son histoire, chaque famille a sa culture et ses habitudes. Un livre ne peut pas répondre à tout ni à tous ; aussi est-ce à chaque parent de déterminer, en fin de compte, ses propres choix éducatifs et d'inclure, à sa manière propre, son enfant dans une relation de confiance, de respect, de sécurité et d'amour. Car un enfant ne peut pas avoir, sauf exception rarissimes, de meilleurs parents que les siens.

Ses besoins, ses désirs, ses apprentissages

À trois ans, l'enfant a un passé, des connaissances, des expériences… Ses centres d'intérêt tournent essentiellement autour de lui-même et de son foyer, dont il est un peu le roi, et de ceux qui y vivent. Dans les trois années à venir, qui couvrent le temps de l'école maternelle, l'enfant s'ouvre au monde extérieur : il se fait des amis, avec qui il apprend le compromis ; il vit, à l'école, des moments qu'il ne veut pas raconter ; il pose mille questions sur les gens et sur les choses ; il comprend qu'il est un enfant parmi beaucoup d'autres. Pour toutes ces découvertes, il s'appuie sur une énergie débordante, un langage de plus en plus performant et un désir jamais assouvi de nouvelles connaissances et de nouvelles aventures.

Au cours de ces trois années, les besoins de l'enfant sont assez faciles à définir : de l'amour, de la sécurité affective, de la fermeté, de l'écoute et une ouverture sur le monde. Ce qu'il apprend est vaste : contrôler son comportement, tenir compte des autres, s'identifier à un sexe, s'éloigner de sa mère, mûrir et développer ses connaissances… Rien de tout cela n'est simple, et il est fréquent que de petits problèmes de comportement apparaissent.

L'accompagner au quotidien

Entre trois et six ans, l'enfant parle encore avec son corps, et c'est un langage que les parents doivent apprendre à décoder : tout symptôme – terreurs nocturnes, agressivité excessive, refus de l'école… – est un message que l'enfant leur adresse et qui s'exprime de plus en plus fort tant qu'il n'est pas entendu. Selon leur propre histoire, les parents vont mieux appréhender telle difficulté, grossir ou occulter telle autre. Souvent, ces manifestations passagères témoignent seulement du franchissement d'une étape et disparaissent seules, mais il peut être parfois utile aux parents de se faire aider par un psychologue afin que leur enfant ne soit pas bloqué dans son épanouissement.

Des parents attentifs et sereins trouveront dans cet ouvrage de quoi mieux comprendre les difficultés quotidiennes qui peuvent survenir et ainsi les affronter. Sa seule ambition est de les accompagner le long du chemin, semé de joies, de grandes découvertes et de quelques embûches, qui va du petit enfant à ce « grand » qui, sac au dos, partira à l'école primaire avec ses camarades.

AVERTISSEMENT :
À CHAQUE ENFANT SON PROPRE RYTHME

Tous les enfants sont différents. Ils n'ont ni le même tempérament ni le même goût des choses, et leur développement ne suit pas une progression linéaire : plus avancés dans tel domaine, ils peuvent l'être moins dans tel autre ; des bonds en avant dans tel domaine peuvent être accompagnés d'une régression dans tel autre, ou être suivis d'une période quelque peu désordonnée. L'enfant moyen décrit dans les ouvrages n'est qu'un leurre bien pratique.

Aussi les parents ne devraient-ils ressentir ni orgueil ni inquiétude si les acquisitions de leur enfant ne coïncident pas exactement avec les âges avancés dans cet ouvrage ; parfois importantes, ces variations n'ont, dans l'immense majorité des cas, aucune incidence sur le développement de l'enfant. Ayons donc à cœur de respecter et de soutenir chaque enfant dans son rythme, dans son devenir et selon ses besoins.

Un livre qui s'adresse au plus grand nombre ne peut être exhaustif ni permettre de résoudre des problèmes spécifiques, ne concernant qu'un petit nombre de parents. Les questions strictement médicales, psychiatriques ou sociales ne sont pas traitées ici : trop complexes, elles ne pourraient pas être abordées d'une manière utile au lecteur.

De même, les problèmes de comportement graves ne peuvent être réglés par la lecture d'un livre et doivent être rapidement pris en compte avec l'aide d'un spécialiste : ainsi, pour l'enfant qui témoigne d'une attitude autodestructrice – soit par automutilation, soit par des prises de risques – ou dépressive – semblant en permanence triste, communiquant peu et que rien n'intéresse ; ainsi, pour celui qui présente un comportement destructeur envers les êtres ou les objets, qui fait mal à autrui ou torture les animaux ; ainsi, pour celui dont les petits troubles, normaux dans la petite enfance, ne disparaissent pas avec l'âge – l'énurésie, la phobie des animaux ou des insectes, le déficit d'attention et l'hyperactivité, la timidité inhibante, le bégaiement ou les tics nerveux, le refus scolaire...

N'hésitez pas à consulter un psychologue chaque fois que vous avez besoin de parler, de vous faire expliquer, d'être rassuré ou d'être aidé dans un passage difficile pour votre famille, donc pour votre enfant.

Deux autres remarques :

1. Quand, dans cet ouvrage, j'écris « vous », c'est aux deux parents que je m'adresse. La période comprise entre trois et six ans est déterminante pour la constitution de l'identité sexuelle de l'enfant ; dans ce cadre, il a absolument besoin de relations suivies avec ses deux parents, avec ceux qui occupent cette place, ou avec des référents des deux sexes. Le père et la mère (ou les pères ou les mères ou ceux qui en font office) ont chacun à jouer des rôles spécifiques, irremplaçables et complémentaires auprès de leur enfant, des rôles qu'ils s'engagent à tenir sur le long terme quand ils deviennent parents.
2. Parce que, dans la langue française, le mot « enfant » est du genre masculin, je l'ai, tout au long de cet ouvrage, qualifié par le pronom « il ». Que les parents de filles ne s'en offusquent pas et sachent que ces dernières n'étaient nullement absentes de mes pensées !

L'enfant de 3 à 4 ans

À trois ans, l'enfant n'est plus un bébé. Il est devenu un petit garçon ou une petite fille fière de son identité, il sait clairement ce qu'il aime, ce qu'il veut, de même qu'il sait très bien faire comprendre ce qu'il n'aime pas et ce qu'il ne veut pas !

La grande affaire de cette année est l'entrée à l'école, qui va permettre à l'enfant une vie sociale nouvelle, pas toujours facile, et une ouverture sur le monde passionnante.

Qui est-il ?

Moins tyrannique qu'auparavant, l'enfant de trois ans commence à apprendre la patience, même s'il supporte mal les frustrations. Ses réactions sont vives, ses peurs et ses jalousies nombreuses. Et si les changements de sa vie ne sont pas toujours bien acceptés, la maîtrise du langage aide à pacifier les relations.

Il bouge, glisse, pédale...

Vers l'âge de trois ans, un enfant mesure en moyenne entre 90 et 96 cm et pèse entre 13 et 16 kg. Il a acquis un bon sens de l'équilibre ; désormais, il est capable de se tenir sur un pied, de sauter à pieds joints, de taper dans un ballon, de marcher droit le long d'une ligne ou à reculons. Il aime bouger au son de la musique et se laisser glisser le long du toboggan. S'il pédale bien sur son tricycle, il a encore besoin qu'on lui tienne la main pour descendre les escaliers en alternant les pieds. Il se sert mieux de ses mains pour découper et pour utiliser son crayon ou son pinceau.

Il apprend à se contrôler

Pendant cette période, l'enfant apprend à contrôler ses colères, ses peurs et ses impulsions. Il tente de se maîtriser aussi bien sur le plan physique que psychologique. Les agressions deviennent avant tout verbales, et des menaces telles que : « Je vais te mettre en prison », ou « Je vais appeler mon père, qui va te taper » remplacent les coups de pied ou de poing.

Cet apprentissage du contrôle de soi est une tâche difficile pour l'enfant, dans laquelle il a besoin d'être soutenu par des adultes qui lui montrent l'exemple.

La peur de certains animaux – ou, au contraire, une passion croissante pour tous les animaux – surgit parfois à cet âge. L'enfant craint également de se retrouver seul et redoute les absences de ses parents.

Il connaît les différences entre les garçons et les filles, et s'y intéresse. Il pose des questions sur les bébés et se montre jaloux du petit dernier. Encore très centré sur lui-même, il a du mal à imaginer que tout le monde ne partage pas son point de vue, et souffre s'il se sent incompris.

Davantage capable d'exprimer ses sentiments, l'enfant dit désormais : « Je t'aime. » Parfois, il vit une grande amitié avec un enfant du sexe opposé ; et ses parents ont tort de s'en moquer. Il s'intéresse beaucoup aux adultes, à leurs signes sexuels et à leur vie intime. Il aimerait voir, toucher – lui-même se montre et se touche volontiers – et partager, et prendrait bien la place de l'un ou de l'autre dans le lit conjugal. Tandis que les petites filles tentent de séduire leur père, convaincues, si on ne les détrompe pas, qu'elles l'épouseront plus tard, les petits garçons sont tendres avec leur mère et se prétendent, si le père fait défaut, leur petit homme. Mais cela peut aussi être l'inverse : pas d'inquiétude !

Dans sa vie quotidienne

L'appétit de l'enfant se régularise ; ses repas préférés sont souvent le petit-déjeuner et le goûter, moins structurés et plus rapides que les deux repas principaux – et souvent constitués d'aliments sucrés. Ses goûts et ses dégoûts sont moins violents ; il mange plus facilement des légumes crus ou cuits et la viande coupée en morceaux. S'il use encore du refus alimentaire pour attirer l'attention, il mange le plus souvent seul et d'une manière assez propre.

La plupart des enfants sont propres le jour ; peu le sont également la nuit. Une fois les habitudes installées, les accidents sont rares. Tandis que certains appellent pour qu'on les emmène aux toilettes, d'autres se débrouillent avec une veilleuse et un pot près de leur lit.

La majorité des enfants de trois ans ne se réveillent plus la nuit et continuent à faire la sieste l'après-midi – ou à respecter un temps calme. S'ils se réveillent, certains peuvent jouer calmement dans leur lit en attendant de se rendormir ou qu'on vienne les chercher ; mais un grand nombre d'entre eux pleurent, appellent ou se lèvent ; d'autres encore sont des lève-tôt, à qui il faut apprendre à respecter le sommeil des autres.

À cet âge, l'enfant suce encore beaucoup son pouce, une sucette ou un biberon, et ne s'éloigne jamais vraiment de son doudou.

Il savait déjà se déshabiller si on l'aidait pour les boutons et les fermetures difficiles ; il commence à savoir s'habiller seul, peut mettre les habits les plus pratiques et ne se trompe plus dans le sens de ses chaussures.

Il aime prendre son bain et jouer dans l'eau, et déteste en sortir. Si on le lui apprend, il aime se laver seul et le fait très bien.

Il peut apporter une aide à la maison : mettre en partie la table, débarrasser le lave-vaisselle, porter le linge dans la machine, tirer sa couette. De plus, il aime ça, ce qui ne durera pas…

Côté santé, enfin, il sera d'autant plus souvent sujet aux rhumes qu'il entame sa vie en collectivité ; s'il a été en crèche, il est déjà bien immunisé. Les otites tendent à s'espacer, pour le plus grand soulagement de tous.

Il parle bien et questionne

En règle générale, l'enfant de trois ans parle bien, d'une manière fluide et avec un vocabulaire étendu – comprenant entre huit cents et mille mots. Il fait des phrases plus longues, emploie correctement un certain nombre d'adverbes, utilise les négations et les verbes auxiliaires, et connaît le pluriel des noms et des verbes. Bien que les niveaux de langue soient très différents, la plupart des enfants de cet âge emploient le pronom personnel « je », après les étapes du « moi » et du « moi, je ». L'enfant répète souvent en écho ce que disent les adultes, ce qui est la meilleure façon d'apprendre de nouvelles tournures et de nouveaux mots.

Les rimes sans signification et les jeux avec les mots le fascinent. Souvent, il se sert de préférence des mots plutôt que des actes, et sait y obéir. Il peut accéder à une exigence complexe telle que : « Va chercher le ballon et pose-le sur la table. » Face à des images simples, il sait dire ce qu'il voit.

Il arrive qu'il bégaie un peu quand sa pensée va plus vite que ses mots.

Il pose désormais de nombreuses questions commençant par « Pourquoi », « Quand est-ce que » ou « Qui c'est qui ». Il fait de grands progrès dans l'expression des notions, des temps du passé, du présent et du futur.

Il adore les histoires, la musique et dessiner

L'enfant de cet âge regarde volontiers les images et les textes des livres qu'on lui lit. Ses ouvrages favoris sont les abécédaires, les imagiers et les histoires d'animaux, où il s'identifie facilement à l'ourson ou au bébé lapin ; il adore qu'on les lui relise de nombreuses fois sans les modifier, et finit par en savoir certaines par cœur. Souvent plus concentré et plus patient, il écoute également des histoires plus longues, qui durent une vingtaine de minutes ; il adore les récits rythmés par des répétitions et peut commencer à s'intéresser aux contes, fondés sur des personnages ou sur des animaux. Il peut aussi les écouter tout seul sur un lecteur de CD.

Certains enfants de cet âge s'intéressent à la musique ; ils ont leurs disques préférés, sur lesquels ils dansent et galopent avec un bon sens de la mesure. Ils connaissent plusieurs comptines et sont capables de les mimer.

Si la plupart des enfants gribouillent encore, un grand nombre d'entre eux savent maintenant tracer des traits droits et recopier quelques lettres.

À trois ans, un enfant connaît son nom de famille, celui des autres personnes qui vivent au foyer et les prénoms de ses parents. Il peut aussi reconnaître son nom écrit. Il sait parfois compter par cœur jusqu'à cinq ou dix, mais ne peut pas dénombrer plus de deux ou trois objets.

Il fait rouler, modèle, invente...

L'enfant de trois ans aime ce qui roule – un tricycle, des petites voitures, un chariot… Il fabrique des routes et des itinéraires avec obstacles, qu'il fait emprunter à ses véhicules. Il affectionne également les jeux d'eau – patouiller, laver la vaisselle, faire des bulles de savon, faire naviguer des bateaux… Y ajouter de la terre ou du sable rend les choses plus amusantes encore – confectionner des gâteaux de boue ou des châteaux de sable, tracer des chemins, creuser des tunnels…

Il aime peindre avec les doigts, manier de la pâte à modeler, enfiler de grosses perles, s'occuper avec des puzzles, des jeux de loto, une ferme avec ses personnages et ses animaux, des briques à empiler…

Certaines petites filles réclament déjà des poupées mannequins, mais qu'elles ont encore du mal à habiller.

Découvrant l'humour et le pouvoir des mots, il aime poser des devinettes et rire tout seul dans ses activités. Il joue volontiers avec les enfants des deux sexes. Et, pour la première année, il attend Noël, s'y intéresse et espère des cadeaux.

À cette période, l'imaginaire tient une grande place dans ses jeux de poupée ou de métiers. Quand il est avec des camarades, il joue à la marchande, au docteur, au papa et à la maman ou à la maîtresse, avec un certain nombre d'accessoires simples pour faire « comme si ». Il aime beaucoup se déguiser, se maquiller, mettre un masque et jouer à être quelqu'un d'autre ; il vous fait peur en jouant au loup. Quand il est seul, il s'invente un ami pour se tenir compagnie et lui prête d'innombrables aventures.

Changement, amis et école

Autour de trois ans, l'enfant place sa mère au centre de sa vie affective – même s'il préfère son père pour certaines activités – et entretient avec elle des rapports privilégiés comme l'accompagner dans ses courses, l'aider dans ses tâches, passer du temps seul avec elle…

S'il est exigé, le « s'il te plaît » s'installe ; le « bonjour » ne s'exprime jamais d'une manière spontanée mais souvent en écho, et les « merci » et « au revoir » sont loin d'être automatiques.

Souvent, il a des difficultés avec ses frères et sœurs, dont il supporte mal la rivalité : il dérange volontiers son aîné, pleure et se plaint de lui s'il en fait autant ; avec un cadet, il peut se montrer gentil, même s'il est jaloux.

S'ils sont vécus en famille et dépourvus de sentiment d'insécurité, tout changement, toute exception, toute fête ravissent l'enfant ; il aime partir en vacances, se rendre chez une voisine ou chez un autre enfant, déjeuner chez ses grands-parents… Il est très sensible au fait qu'on lui révèle un secret à l'oreille, et le mot « surprise » le fait piétiner d'impatience.

À l'école, il affectionne le plus souvent sa maîtresse et voudrait être son préféré ; il aime parler avec elle ou l'écouter, mais pense rarement à faire appel à elle. Avec ses amis, son comportement s'améliore : il se fait des copains ; il témoigne de plus de coopération et d'attention ; il sait attendre son tour et comprend la nécessité de partager ; le langage devient le mode d'échange privilégié entre les enfants.

L'école maternelle

Sont accueillis à la maternelle les enfants âgés de trois à six ans, et parfois dès deux ans, dans la limite des places disponibles. Environ 95 % des enfants de trois ans entrent en petite section. C'est dire l'importance de cette école que le monde nous envie.

L'éducation et la préscolarisation

Pour un grand nombre de parents qui travaillent, mettre son enfant à l'école maternelle est une nécessité : à cet âge, il n'existe plus d'autres modes de garde, et celui-ci est gratuit. C'est l'un des rôles initiaux de cette école – qui, d'ailleurs, n'est pas obligatoire – que de garder les petits dans la journée. Mais la plupart des parents y voient une autre utilité, car l'école constitue avant tout un lieu d'éducation – sociale, motrice, langagière... – et de préscolarisation : souple, elle prépare les élèves aux contraintes et aux apprentissages de l'école élémentaire.

L'intégration et la prévention de chaque enfant

L'école maternelle, qui s'est fixée pour objectif l'épanouissement physique, moral et intellectuel de tous les enfants qu'elle accueille, est toutefois confrontée aux inégalités de départ : selon leur milieu économique, culturel ou familial, les enfants ne s'adaptent pas de la même manière à l'enseignement prodigué. C'est aux enfants originaires de milieux carencés ou migrants, ceux qui ont souvent le plus de mal à s'exprimer, que l'école maternelle peut être la plus bénéfique. Profitable à tous, elle s'avère indispensable aux enfants issus des catégories sociales les plus défavorisées.

Des études ont montré que plus le nombre d'années passées en maternelle était important – de zéro à quatre –, moins l'enfant présentait de risques de redoubler pendant le cycle primaire, et cette relation est d'autant plus vraie quand le milieu de l'enfant est défavorisé. Aussi ne faut-il jamais oublier le rôle intégrateur et préventif de l'école, qui doit viser à réduire les inégalités, même si elle n'en a, hélas, pas toujours les moyens en termes d'effectifs, de personnels et de locaux.

BON À SAVOIR

La fonction de la maternelle n'est pas d'inculquer un savoir aux enfants – ce sera le rôle de l'école primaire –, mais de développer leurs facultés, de leur permettre d'épanouir leur personnalité et de leur offrir des outils pour avoir le plus de chances de réussir. Elle les aide également à se socialiser en leur apprenant à établir des relations avec les autres, à partager, à coopérer et à mener des projets de groupe.

Une diversité d'activités

À l'école maternelle, les occupations sont si variées qu'il est difficile de les répertorier. Une partie des activités, avant tout en classe de petite section, est centrée sur les soins du corps : se déshabiller, aller en rang aux toilettes, se rhabiller, se laver les mains, s'habiller et se déshabiller pour aller en récréation et à la sieste… Tout cela prend beaucoup de temps. L'enfant passe une grande partie de sa journée à apprendre à s'occuper de lui-même et à attendre son tour.

Les activités spécifiquement pédagogiques, toutes centrées sur le jeu, peuvent être regroupées en plusieurs catégories.

- **Les activités libres ou suscitées, soit dans la cour, soit dans la classe** : les enfants se répartissent dans les coins d'activité prévus à cet effet – le coin poupées, le coin dînette, le coin puzzles, jeux de construction, lecture, petites voitures…
- **Les activités de fabrication et de transformation :** elles sont réalisées à partir de matériaux divers que les parents sont incités à apporter – des rouleaux de papier toilette, des boîtes à œufs, des bouchons de lait… À cet égard, l'imagination des enseignants est impressionnante
- **Les activités de découvertes,** pratiquées dans ou hors de l'école
- **Les activités de langage :** elles sont isolées ou associées à d'autres activités – expression verbale, chant
- Les activités de création graphique, gestuelle, plastique, poétique
- **Les activités centrées autour du repas, du partage,** de la nourriture, avec l'organisation traditionnelle de la collation du matin, le plus souvent apportée à tour de rôle par les parents.

Parfois peu informés du développement infantile et pressés de donner toutes ses chances à leur enfant dans un monde compétitif, certains parents souhaiteraient voir la maternelle se transformer en une « pré-école primaire », qu'elle n'a pas à être.

Entrez dans une classe de petite section en pleine journée : les enfants sont actifs ou attentifs, centrés autour d'un projet commun ou éclatés en petits groupes, silencieux ou bruyants ;

ils sont comme ils sont dans la vie, comme des enfants qui jouent et qui apprennent en jouant.

LES PROFESSEURS DES ÉCOLES

Les enseignants de maternelle, en grande majorité des femmes, sont, au même titre que ceux du primaire, des professeurs des écoles ; ils ont généralement un niveau Bac +5, ont passé un master MEEF (métiers de l'enseignement, de l'éducation et de la formation) en deux ans après la licence et été reçus au CRPE (Concours de recrutement de professeur des écoles) Motivés pour travailler auprès des petits, les enseignants supportent bien ce qui fait le propre des enfants : leur envie de parler, de bouger, leurs humeurs, leur maladresse, leur énergie... Subissant moins de pression que dans le primaire, ils se permettent plus souvent d'appliquer des méthodes modernes, actives et des pédagogies plus attentives à chaque enfant et à chaque individualité. Cette liberté de recherche et d'élaboration d'un projet pédagogique et d'action au sein de leur classe est importante.

L'accueil des enfants

On parle souvent de « milieu morcelé » en faisant allusion à ce que vit l'enfant, parfois déposé le matin à l'accueil périscolaire – quand il existe –, qui passe ensuite à l'école, puis va à la cantine, retourne à l'école, enfin rejoint les activités parascolaires ou l'accueil du soir, le tout dans des lieux différents, avec du personnel différent et des méthodes pédagogiques variées, sans un endroit intime et personnel où se reposer, et dans un bruit et une agitation permanents.

On comprend qu'un enfant de trois ans ait du mal à se repérer et qu'il trouve ces journées de neuf à dix heures longues et épuisantes. Si des efforts sont faits ici ou là pour rendre la cantine moins sonore et l'accueil plus… accueillant, cela ne change rien sur le fond et sur la fatigue.

Le plus souvent, nous imposons à nos enfants des rythmes que nous-mêmes ne supporterions pas. Mais qui le dit ? Où sont les porte-parole des enfants ? Où sont les alternatives ? Car culpabiliser les parents qui travaillent et qui n'ont pas les moyens ne résout rien.

LES AGENTS SPÉCIALISÉS

Les ASEM, ou agents spécialisés des écoles maternelles, sont présents en permanence dans les classes de petite section. Placés sous l'autorité de la directrice de l'école et en lien avec l'enseignant, ils ont pour fonction de s'occuper des soins corporels à donner aux enfants et de l'entretien de la classe et du matériel. Ce rôle est fondamental et, bien entendu, éducatif au vrai sens du terme, car il s'agit pour l'enfant de s'approprier les gestes de la vie quotidienne.
Attentive, chaleureuse et consolante, l'ASEM est l'agent du bien-être, des petits accidents et du maternel.

S'organiser

Afin d'alléger les journées de leur enfant, les parents qui le peuvent sur le plan financier demandent parfois à l'assistante maternelle qu'ils employaient jusqu'alors de continuer à accueillir leur enfant près l'école – on appelle cela la garde en « extrascolaire ». Encore faut-il que cet agrément particulier ait été accordé à l'assistante maternelle.

D'autres encore paient une baby-sitter, qui passe chercher l'enfant à la fin des activités scolaires – entre 15 et 16 h 30, selon les communes et les écoles – et le garde à la maison jusqu'à leur retour.

D'autres enfin parviennent à faire jouer la solidarité et se relaient, à tour de rôle, pour venir chercher les enfants.

À chacun ses solutions. Si certaines sont meilleures que d'autres pour l'enfant, toutes doivent tenir compte des réalités sociales et professionnelles de chaque membre de la famille. Car l'entrée de l'enfant à l'école, avec ses contraintes d'horaires et de présence, modifie considérablement l'équilibre du foyer. Cela peut prendre un peu de temps avant de trouver l'organisation optimale et que les besoins de chacun soient satisfaits.

LES ASSOCIATIONS DE PARENTS D'ÉLÈVES

Il n'est jamais trop tôt pour s'intéresser de près à la vie de l'école. Adhérer à une association de parents d'élèves est l'un des meilleurs moyens d'y parvenir. Vous pouvez être simple adhérent et assister aux réunions, le plus souvent mensuelles, ou devenir représentant des parents d'élèves pour l'établissement, avec la possibilité de débattre des questions scolaires au sein du conseil d'école.

Il existe plusieurs fédérations de parents d'élèves, et chacune, si elle est présente dans l'établissement, vous présentera son programme. À vous d'élire celle avec laquelle vous vous sentez en affinité. Les questions traitées sont celles qui préoccupent les parents au quotidien : le nombre d'élèves par classe, la qualité des repas, le bruit à la cantine, le remplacement d'un enseignant malade, l'aménagement du dortoir...

Des horaires parfois lourds

Contrairement à ceux de la crèche, les horaires de l'école maternelle ne correspondent pas à ceux des parents qui travaillent. Aussi, de nombreuses municipalités ont-elles mis en place, outre un service de restauration scolaire le midi, un accueil périscolaire – parfois le matin, entre 7 h 30 et le début de l'école – et le plus souvent le soir, après l'école, jusque 18 h 30 et parfois 19 heures.

La première rentrée

Votre petit de trois ans entre enfin à l'école. C'est un jour hautement symbolique et déterminant pour la suite de son évolution et de sa scolarité. Aussi est-il important d'en soigner la préparation et le déroulement.

Parfois dure pour l'enfant...

L'entrée à la maternelle est un changement décisif pour tous les enfants, y compris pour ceux qui sortent de crèche. En effet, on a dit un peu vite que ceux qui avaient déjà connu la collectivité n'avaient aucune difficulté pour s'adapter au milieu scolaire, mais c'est oublier que les différences sont nombreuses entre la crèche et l'école, et qu'il s'agit, de toute façon, d'apprivoiser une nouvelle existence, un nouvel espace, de nouveaux camarades, une maîtresse...

Néanmoins, il est vrai que les difficultés d'adaptation sont plus rares chez ceux qui, le matin, ont déjà pris l'habitude de se séparer de leurs parents et de leur maison pour partir à la crèche ou chez leur assistante maternelle. Ceux-là savent déjà qu'on peut quitter ceux qu'on aime dans l'assurance de les retrouver le soir. Les autres l'apprendront au fil des jours.

Les enfants venus de crèche ont un autre avantage sur leurs camarades de classe : ils connaissent les joies et les contraintes de la collectivité ; ils savent qu'ils ne peuvent avoir toute l'attention de l'adulte pour eux-mêmes et qu'il faut attendre son tour ; ils ont compris que les instructions données à la classe – « Les enfants, asseyez-vous ! » – s'adressent à eux aussi ; et ils ont déjà créé des liens avec leurs pairs et trouvé une place dans un groupe.

Celui dont le frère ou la sœur aînée va déjà à l'école est souvent très motivé pour le faire à son tour. C'est un lieu pour les grands, une promotion dont il entend bien goûter les charmes. Souvent, il est déjà entré dans les lieux et sait s'y repérer.

... et pour ses parents

Un grand nombre de parents appréhendent autant que leur enfant le jour de la rentrée, car il marque la fin d'une période, celle où ils avaient encore un bébé… Désormais, leur petit entre dans un cycle dont il ne sortira qu'à la fin de son adolescence. Même si leur enfant est déjà allé en crèche, il intègre un tout autre monde, où les parents ne sont pas toujours les bienvenus. Leur enfant leur échappe. La séparation est alors parfois difficile, même si chacun sait que le temps en est venu.

Les parents sont également inquiets pour leur enfant. Et s'il était perdu dans la classe ? S'il ne parvenait pas à se repérer, à trouver sa place, à se faire des amis ? S'il ne pouvait pas garder son doudou ? Si l'enseignant ne savait pas s'y prendre avec lui ?

Dans cette aventure, les parents ont sans nul doute un rôle décisif à jouer : d'une manière symbolique, l'enfant quitte le registre maternel et familial pour faire son entrée dans le monde social ; au parent de lui donner confiance et de l'aider.

Si les parents sont à l'aise, s'ils apprécient cette école et s'ils conservent de bons souvenirs de leur propre scolarité, tout se passera bien pour leur enfant ; ainsi, si ce dernier sent ses parents convaincus que l'école est un bon lieu pour lui, il n'a aucune raison d'en douter. Mais il n'est pas rare de rencontrer des parents plus angoissés que leur enfant à l'idée de cette rentrée : c'est une séparation qui risque d'être douloureuse si elle réactive des souvenirs pénibles. Or, l'enfant perçoit la vérité des sentiments de ses parents : s'il ressent leur inquiétude, leur tristesse ou leur peur, il ne les croira pas quand ils lui diront que tout ira bien.

ASTUCE

Si c'est votre cas, prenez le temps de comprendre d'où vient votre appréhension ; elle n'a sans doute rien à voir avec la situation présente. Le réaliser est le seul moyen de tenir votre crainte à distance afin de ne pas la projeter sur votre enfant. Pour faire ses premiers pas dans le monde des grands, il a besoin de sentir que vous lui faites confiance, que vous n'avez pas peur pour lui et que vous n'êtes pas malheureux de son absence.

Dans les semaines qui précèdent

Il est bon de se donner du temps, afin que votre enfant se fasse doucement à l'idée de cette rentrée.

- La visite médicale et les derniers vaccins obligatoires peuvent être effectués avant l'été, afin que l'enfant n'établisse pas le lien entre l'école et cet aspect parfois mal vécu de l'inscription.
- D'ordinaire, seuls les enfants propres le jour et à la sieste sont pris en journées continues. Si votre enfant ne l'est pas tout à fait, l'été est le bon moment pour ôter définitivement les couches. De plus, les enfants qui ne sont pas propres le jour de la rentrée le deviennent souvent dans les jours qui suivent, prenant modèle sur les autres.
- Lors de vos promenades, faites un crochet par l'école pour que votre enfant s'habitue au lieu et à l'itinéraire. Soyez là

parfois à la sortie des classes, afin de vous trouver au milieu des enfants joyeux de retrouver leurs parents.

- Plus votre enfant aura de repères dès le premier jour, plus il se sentira en sécurité. C'est la raison pour laquelle, avant l'été ou dans la semaine qui précède la rentrée, vous pouvez demander à la directrice de visiter les locaux si une visite n'est pas prévue avant l'été pour les enfants inscrits. L'enfant peut alors voir l'école tranquillement. Le plus souvent, l'abondance de jouets et de matériel lui donne envie de commencer tout de suite.
- Si vous savez déjà quel enseignant aura votre enfant et si cela est possible, n'hésitez pas à aller vous présenter à elle. Votre enfant sera rassuré de votre échange. Faites-lui part de ce qui vous préoccupe ou des petites choses qui concernent votre enfant en particulier, comme une allergie ou une situation familiale difficile.
- Ne manquez pas la réunion des parents qui est souvent organisée dans les jours qui précèdent ou suivent la rentrée. C'est l'occasion de savoir comment fonctionne l'école, de poser vos questions sur l'organisation ou les activités et de connaître le projet pédagogique.
- Parlez souvent de l'école avec votre enfant. À vous de la présenter comme un lieu sympathique et accueillant. Racontez-lui qu'il pourra s'y faire de nouveaux amis, apprendre plein de choses, jouer, dessiner, peindre, chanter…
- Arrangez-vous pour que votre enfant fasse connaissance avec un camarade du même âge, habitant dans le voisinage. Invitez-le à la maison avant la rentrée. Il est toujours plus facile de commencer le premier jour lorsqu'on connaît déjà quelqu'un plutôt que dans une situation d'isolement. Plus tard, vous pourrez vous organiser avec d'autres parents afin d'emmener et d'aller rechercher vos enfants à tour de rôle.

- Décidez des horaires de votre enfant. Pendant le premier trimestre, sera-t-il scolarisé à mi-temps ou à plein temps ? Pour les petits, les après-midi sont avant tout occupés par la sieste et la récréation, ce qui ne présente pas un intérêt irremplaçable, mais certaines écoles insistent sur la présence à plein temps. Votre enfant mangera-t-il à la cantine ? Qui le récupérera à la sortie des classes ? Ira-t-il au centre de loisirs le mercredi après-midi ? Votre organisation hebdomadaire découlera des décisions que vous prendrez. N'oubliez pas que votre enfant est encore très jeune et les journées très longues.

Une semaine avant

- Les matins ne doivent pas être trop stressés : prévoyez le temps d'un réveil en douceur, une vingtaine de minutes pour le petit-déjeuner – indispensable –, un temps pour la toilette et l'habillage, un temps d'échange et de trajet… Ne comptez pas trop juste : mieux vaut un quart d'heure de sommeil en moins, si cela permet d'éviter les multiples « dépêche-toi » qui émaillent les petits matins de nos enfants.
- L'heure du coucher dépend de celle du lever : il faut, en moyenne, à un enfant de trois ans, une douzaine d'heures de sommeil de nuit. N'oubliez pas que l'école est très fatigante et que votre enfant aura besoin de récupérer, même s'il fait de bonnes siestes. Tenez également compte des horaires du reste de la famille.
- Marquez tous les vêtements au nom de votre enfant : ils sont susceptibles d'être égarés. Un stylo-bille fait très bien l'affaire, sinon investissez dans un tampon textile, bien pratique. Prévoyez de laisser un change à l'école ; même un enfant propre n'est pas à l'abri d'un accident.
- Si votre enfant fait la sieste et qu'il a un doudou, laissez-le l'emmener. Marquez-le soigneusement.

PENSEZ PRATIQUE

Faites le point sur les habits de votre enfant : si vous devez acheter des vêtements ou des chaussures, pensez avant tout au côté pratique. Vous ne serez plus là pour attacher les pressions ou les bretelles, ni pour nouer les lacets. Or, l'enseignant a une trentaine d'enfants en moyenne à habiller et à déshabiller plusieurs fois par jour ; il est donc important que votre enfant puisse être vite autonome. Facilitez-lui la vie avec des scratchs, des zips et autres gros boutons faciles à manipuler.

C'est le jour J !

- Quand cela est possible, il est agréable pour l'enfant que ses deux parents l'accompagnent à l'école le premier jour. Que son père et sa mère soient là donne de la solennité à l'événement.
- Au moment de partir, glissez dans sa poche un petit objet qui lui rappellera la maison et qu'il pourra serrer dans sa main.
- Expliquez de nouveau, d'une manière très claire et très concrète, le déroulement de sa journée. Dites-lui à quelle heure vous viendrez le chercher et ce qu'il se passera ensuite. Dites-lui également ce que vous ferez pendant ce temps-là, que vous soyez chez vous ou à votre travail.
- Selon ce qu'a prévu l'enseignant, entrez dans la classe avec votre enfant et restez avec lui pendant quelques minutes, le temps de l'aider à s'installer.
- Sachez lui dire au revoir : cela ne signifie ni le déposer en vitesse pour fuir son chagrin, ni profiter d'un moment d'inattention pour vous éclipser ; cela ne signifie pas davantage lui dire adieu dix fois comme si vous vous quittiez pour toujours et revenir onze fois sur vos pas. Un baiser tendre, un air calme

et convaincu, un mot à l'enseignante, un dernier petit signe d'encouragement depuis la porte en souriant, et partez.

- Porté par l'ambiance générale, il n'est pas rare que l'enfant pleure au moment où ses parents le quittent. Cela peut durer pendant quelques jours, rarement plus, et cesse dès que les parents ont le dos tourné.
- Venez le chercher à l'heure dite : surtout, soyez ponctuel.

GARE AUX IDÉES REÇUES

L'enfant unique ou l'aîné, que sa mère a gardé jusqu'alors à la maison, peut s'adapter plus difficilement à l'école. Certains d'entre eux, parce qu'ils ont eu l'occasion de jouer avec d'autres enfants, se sentent en sécurité et supportent l'école sans problème. La halte-garderie, par exemple, où l'on peut mettre son enfant quelques demi-journées avant son entrée à l'école, est une étape intermédiaire qui rend la transition souvent plus douce.

Les difficultés d'adaptation à l'école

Certains enfants ont du mal à s'intégrer à l'école. Sachez qu'un refus qui dure pendant les premiers jours est normal. En revanche, des pleurs qui persistent ou qui reviennent après avoir cessé réclament d'être entendus d'une manière attentive.

Différentes façons d'exprimer son malaise

Un enfant a plusieurs manières de manifester son refus de l'école ; la plus fréquente, la plus évidente aussi, est la colère et les pleurs. Chaque matin, la même scène recommence : à la maison, tout va bien, mais plus on approche de l'école, plus l'ambiance se tend ; une fois dans la classe, l'enfant pleure, s'agrippe à son parent et refuse de le laisser partir.

D'autres enfants manifestent ce refus dans leur corps, par des plaintes vagues – un mal au ventre sans cause apparente – ou par de petites maladies à répétition – diarrhées, constipation, maux de gorge, otites… Pour certains, c'est le moyen, efficace, qu'ils ont trouvé pour rester à la maison.

Dans le cadre de l'école, d'autres expriment leur malaise par une attitude agressive, qui les fait rejeter des autres élèves ; d'autres encore restent prostrés, indifférents et inactifs.

Pourquoi un tel refus ?

Pour un enfant angoissé, aller à l'école peut être compris comme une exclusion ou un manque d'amour. Certains refus se rencontrent :

- chez des enfants surprotégés et non autonomes, convaincus qu'ils ne pourront pas survivre sans leurs parents ;
- chez des enfants préoccupés par leur situation familiale ;
- chez des enfants jaloux du petit frère resté à la maison, avec leur mère ;
- chez des enfants qui ne sont pas assez mûrs pour supporter la collectivité pendant de longues journées – pour ceux-là, une solution intermédiaire leur permettant d'aller en classe le matin seulement est souvent la bienvenue pendant un trimestre.

Enfin, le problème peut venir de l'école : un manque d'entente avec l'enseignant, la crainte de l'ASEM, des difficultés avec les autres enfants, une expérience désagréable...

S'il est difficile de faire parler l'enfant, il est pourtant indispensable d'essayer de comprendre, avec l'aide de l'enseignant, ce qui se passe dans sa tête et de le traduire en mots. Le rassurer, lui montrer qu'on l'aime, qu'on ne l'oublie pas et qu'on est à ses côtés est la seule façon de l'aider. Il est très rare qu'un enfant ne finisse pas, après quelques jours ou quelques semaines, par trouver sa place et son plaisir d'aller à l'école.

Que faire s'il n'est pas propre ?

Les textes officiels relatifs à la maternelle ne spécifient pas comme condition à l'accueil la propreté. Pourtant, beaucoup d'écoles sont réticentes à accueillir des enfants qui ne sont pas autonomes sur ce plan. Cette question risque donc de poser des problèmes d'adaptation à l'enfant. En réalité, il existe souvent une tolérance dans les premières semaines et, l'exemple aidant, nombreux sont les enfants qui deviennent propres spontanément dans les jours suivant la rentrée.

Deux cas de figure : soit les enfants n'ont jamais été propres, soit ils ont été provisoirement continents. Quoi qu'il en soit, ils savent généralement très bien ce qu'on attend d'eux, mais refusent obstinément de s'asseoir sur le pot ou sur les toilettes.

Tour à tour excédés, impuissants et coupables, les parents se demandent ce qu'ils ont bien pu faire ou ce qu'ils ont oublié de faire pour en arriver là… Alors, que faire ?

- **Relâchez la pression.** Pour peu que l'enfant cherche à être le plus fort et à prendre le dessus sur ses parents, il a trouvé le moyen idéal d'y parvenir. Comme il est impossible de rendre un enfant propre contre son gré, autant être à ses côtés.
- **Tentez de comprendre ce qui le gêne.** Certains enfants ne supportent pas le pot, mais s'assiéraient volontiers sur les toilettes si elles étaient équipées d'un marchepied et d'un réducteur ; d'autres craignent avant tout la chasse d'eau, qui avale bruyamment une partie abandonnée de leur corps ; d'autres enfin restent sur une mauvaise expérience, parfois oubliée – un apprentissage trop précoce, des selles dans la baignoire… Quoi qu'il en soit, tous seront heureusement surpris d'un changement de méthode.
- **Expliquez-lui ce que vous attendez de lui.** Certains enfants ne sont pas propres, parce qu'on ne le leur a pas demandé clairement. Dites-lui que tous les animaux sont continents et possèdent leur manière de vider leur intestin des déchets de nourriture – un schéma ou un livre sur le cycle alimentaire est souvent très utile.

- **Montrez-lui votre confiance d'une manière calme et convaincante.** La paix revenue, commencez très progressivement, en repartant de zéro. Ne commentez pas, n'exigez pas, ne vous moquez pas. Encouragez-le, soutenez-le dans ses efforts, mais ne le forcez jamais. À chaque succès, montrez votre joie et votre fierté.
- **En parallèle, agissez sur l'aspect social.** Invitez à la maison des camarades de son âge qui demandent les toilettes ; emmenez-le dans un magasin choisir des sous-vêtements.

Au moindre doute, n'hésitez pas à consulter un pédiatre pour vous assurer qu'aucun problème physiologique n'empêche la continence. Il est très probable que le problème se résoudra rapidement et que, dans quelques semaines, la propreté de nuit suivra celle de jour.

Les problèmes alimentaires

Tous les parents souhaitent que leur enfant mange de tout et en quantité raisonnable. Tandis que, le plus souvent, les mères culpabilisent s'il se nourrit mal, les pères, quant à eux, veulent avant tout qu'il ne chipote pas trop.

L'expression d'un malaise

Entre l'âge de trois et quatre ans, les refus alimentaires tendent à s'atténuer, à deux exceptions près : s'ils sont déjà présents depuis longtemps ; et si une cause affective particulière contrarie l'enfant, qui exprime ainsi son mal-être – si les parents réagissent fortement à un refus ponctuel, le problème risque de s'installer dans la durée.

Quand un enfant n'aime pas grand-chose, a un petit appétit, trie dans son assiette, mangerait bien tous les jours de la purée et du jambon et refuse aujourd'hui ce qu'il aimait hier, il est hâtif de parler de caprices. Avant tout, il convient d'admettre que l'enfant possède un appétit variable – d'un jour ou d'un mois à un autre ; ses goûts varient également. Tant que sa courbe de croissance évolue d'une manière normale, il n'y a pas de souci à se faire ; et si un bilan hebdomadaire de tout ce qu'il mange est effectué, on constate le plus souvent qu'il a absorbé la quantité de nourriture nécessaire à son développement. Mais souvent, les parents ne se laissent pas rassurer aussi facilement…

En un sens, ils ont raison, car les questions alimentaires sont toujours délicates à appréhender. Dès la naissance, manger ou ne pas manger est, pour un bébé, le moyen le plus efficace d'exprimer son accord ou son désaccord, son bien-être ou son malaise, son envie ou son refus d'accéder aux demandes de l'adulte.

Manger, ce n'est pas uniquement se nourrir ; c'est un nœud affectif de communication. Des années plus tard, cela reste vrai : avec son refus de se nourrir conformément à ce que sa mère réclame, d'une manière inconsciente, l'enfant dit quelque chose qu'il ne peut exprimer par des mots.

Les motifs d'un refus

Pourquoi votre enfant est-il si difficile à table ? À cela plusieurs raisons.

- **Ce jour-là, il n'a pas faim :** c'est bénin. Peut-être est-il contrarié d'avoir été interrompu dans son jeu ? Ou a-t-il grignoté dans la matinée ? Peu importe, il mangera mieux ce soir. Si vous insistez lourdement en montrant votre inquiétude, ce qui n'était que passager deviendra une manière habituelle d'aborder les repas.
- **Il n'aime pas ce que vous lui servez :** comme vous, il a ses goûts et ses dégoûts. Il apprend à connaître la nourriture, exerce son palais, change d'avis, aime de nouveau… Si vous ne voulez pas de conflits sans fin, tenez compte de ses goûts dans la préparation des repas. Manger de tout à trois ans n'est pas vraiment indispensable ; manger équilibré suffit ; et pour ce qui est de goûter à tout, il s'agit davantage d'une question d'éducation, sur laquelle chaque parent, selon la manière dont il a été élevé, fera son propre choix. Des études ont montré que certains enfants sont plus sensibles aux goûts que d'autres – et cela reste vrai

à l'âge adulte ; si ceux-là sont plus « difficiles » que les autres, ils ont également plus de chances de devenir des gastronomes !

Dans cette catégorie des refus sélectifs, peuvent être placés les enfants qui, d'une manière systématique, rejettent la viande, le lait, les légumes fibreux, les crudités… À cet âge, nombreux sont encore ceux qui ne mangent volontiers que ce qui est présenté sous la forme de purée ou d'aliments mous. Tout cela est banal et ne doit pas inquiéter. Mais si votre enfant n'aime rien, cela relève d'autre chose que d'un refus sélectif !

- **Il veut attirer votre attention :** en refusant de manger, il vous énerve et le sait, mais au moins il vous retient captif auprès de lui pendant un certain temps – parfois un temps certain, si vous attendez qu'il ait fini son assiette pour débarrasser. Ce refus cache souvent un besoin d'échanges. Ainsi, l'enfant récupère le temps et l'attention dont il estime manquer.

  Êtes-vous un parent très actif, débordé, ou pris par un enfant plus petit qu'il faut nourrir au biberon ou à la cuillère ? Si ce que votre enfant tente de vous dire en refusant de manger est d'ordre affectif, il insistera jusqu'à ce que vous entendiez son message et que vous répondiez. Par exemple, s'il veut vous dire que, depuis la naissance de son frère, vous ne passez plus de temps seul avec lui et qu'il se sent rejeté, il est plus important de le rassurer sur ce point plutôt que d'insister pour qu'il finisse ses haricots.

Que faire ?

Les difficultés alimentaires ne peuvent être traitées de front, mais d'une manière indirecte. Autrement dit : occupez-vous plus de votre enfant hors des repas et moins de ce qu'il mange, et les choses s'arrangeront. Voici quelques conseils.

- **Supprimez les en-cas :** pas de grignotage entre les repas, ou bien trouvez des en-cas sains et comptez-les dans la ration quotidienne de votre enfant : des fruits frais ou secs, des morceaux de fromage plutôt que des biscuits et des sucreries.
- **Associez votre enfant à la préparation des repas :** il aura plaisir à remuer la salade, à mettre des légumes dans la casserole, à pétrir la pâte. Un enfant refuse rarement de manger ce qu'il a préparé et qu'il apporte, tout fier, sur la table familiale.
- Faites du repas un moment décontracté et agréable : parlez de tout, sauf de nourriture.
- Servez toujours de petites portions : c'est plus encourageant de commencer à manger quand on a une chance de finir.
- **Dans la mesure du possible, respectez ses goûts,** mais sans que cela limite les choix alimentaires du reste de la famille.
- **Si vous mangez tous ensemble, retirez son assiette en même temps que les autres ;** sinon, après quinze minutes environ, ne faites aucun commentaire sur ce qu'il laisse.
- **Dès qu'il en est capable, incitez-le à se servir seul.** Bientôt, il saura mieux doser la quantité selon ses désirs.
- Ne prêtez plus attention à ce que mange votre enfant, au moins dans les apparences – ni incitation ni remontrance ni félicitations. Au cours de la semaine, offrez-lui un surcroît d'attention et de temps. Tenez ainsi pendant trois semaines : sa vie n'est pas en danger ! Il y a fort à parier que les choses s'arrangeront, ne serait-ce que parce qu'il n'y aura plus de conflit.

En cas de surpoids, d'obésité

Parfois, le trouble alimentaire ne se présente pas comme un refus de manger, mais comme une faim inassouvie : l'enfant cherche de la nourriture à toute heure du jour et se jette avec voracité sur chaque repas ; et si sa préférence va au sucré, elle n'est pas exclusive. Dans la cuisine, les parents verrouillent les placards pour ne pas que leur enfant les vide.

Un excès de poids important

En général, un enfant qui a bon appétit n'inquiète pas ses parents, qui peuvent même se montrer fiers de son solide coup de fourchette ; et, à la sortie de l'accueil du soir, en maternelle, on voit souvent des parents, un pain au chocolat à la main, venir chercher leur enfant qui a pourtant goûté une heure auparavant…

Ce symptôme n'est signalé que lorsqu'il se traduit par un excès de poids important, qui alerte le médecin : on commence à parler d'obésité à partir d'un excès pondéral de 20 % par rapport à la norme ; plus cet écart est grand, plus les risques le sont. Sans tarder, les parents d'un enfant obèse doivent consulter, et cela pour plusieurs raisons : plus le problème est traité tôt, plus il a de chances d'être résolu ; les difficultés de poids s'accroissent souvent entre dix et treize ans : il vaut donc mieux aborder voire régler le problème avant.

Si on s'attaque uniquement aux effets de l'obésité, c'est-à-dire si on vise, par une modification de régime, une simple perte de poids, ce qui est bien entendu possible, on résout rarement le problème à long terme : si on ne s'occupe pas de la cause, les kilos perdus reviennent rapidement.

À LA CANTINE

Certains enfants mangent bien à la maison, mais n'avalent rien à la cantine – un comportement d'autant plus courant que l'élève n'a jamais fréquenté la collectivité avant la maternelle. Le goût de chacun se constitue dès l'enfance, selon les habitudes alimentaires de chaque famille ; l'enfant qui a toujours mangé chez lui est habitué à une certaine façon de cuisiner et de présenter les repas, et à certains aliments, qu'il ne retrouve sans doute pas à la cantine.
Parfois, un refus alimentaire à l'école n'a rien à voir avec ce qui est servi, mais relève d'autres difficultés : une cantine trop bruyante, des surveillants tendus ou stricts, une relation difficile avec l'enseignant, un mauvais choix de place, loin d'un camarade, un refus global de l'école...
Pour que les choses s'arrangent, il faut comprendre ce que l'enfant exprime : peut-être tout simplement que ce repas, servi sans amour ni soin de préparation ni valeur affective, et dans un lieu inhospitalier, n'a pas encore pris sens pour lui.

Un vide à combler

Un médecin généraliste, un nutritionniste ou un psychologue est à même d'évaluer quelle est la signification de l'attitude dont témoigne l'enfant à l'égard de la nourriture : par la prise alimentaire, peut-être cherche-t-il à compenser quelque chose qui lui manque sur le plan affectif ou relationnel. Il comble physiquement un vide psychologique. Remonter à la cause, comprendre ce que l'enfant exprime, permet aux parents de modifier leur comportement et de rassurer leur enfant sur l'amour qu'ils lui portent.

Dans d'autres cas, l'enfant cherche à faire plaisir à une mère elle-même très concernée par la nourriture ; en ce domaine, le déterminisme familial est fondamental. L'enfant de parents obèses ou issu d'une famille de gros mangeurs a beaucoup plus de risques de devenir à son tour obèse. Les facteurs héréditaires sont aussi importants, mais n'expliquent pas tout. Et, parfois, c'est toute la famille qui doit rencontrer le spécialiste et remettre en question sa manière de se nourrir.

Quand le langage est perturbé

Au sein de ce domaine essentiel de la communication que constitue le langage, une grosse difficulté masque souvent non pas un véritable problème de parole, mais un désordre psychologique et relationnel. Les réalités sont diverses, les causes et les modes d'intervention également.

Les troubles de prononciation

Quand ils commencent à parler, tous les enfants déforment les mots, puis la prononciation s'améliore peu à peu. Certains mots ou certains sons peuvent accrocher pendant plusieurs années encore : s'il peut s'agir d'une immaturité du système phonatoire ou d'anomalies dentaires, la plupart du temps, aucune cause physique n'est décelée.

Certains enfants ne savent pas exécuter les mouvements de la langue ou des lèvres qui sont nécessaires à une bonne articulation ; cela peut leur être enseigné.

Parler pour se faire comprendre

Un enfant présenté comme s'exprimant mal et témoignant de gros défauts de prononciation est souvent très bien compris par sa mère, sa famille ou la personne qui s'occupe tous les jours de lui. Pourquoi ferait-il donc des efforts pour bien parler ? Souvent, il n'a rien à demander : les gâteaux et les câlins devancent sa demande. Et sa mère est toujours là. Pourquoi se servirait-il des mots pour appeler ou pour réclamer ? Il parlera quand le langage deviendra nécessaire pour obtenir ce qu'il veut.

PARLER BÉBÉ

Dans certains cas, un enfant utilise un « parler bébé », alors qu'il en a passé l'âge. Il zézaie, par exemple, ou dit « sa » pour « chat », tandis qu'il peut imiter le *ch-ch-ch du train dans d'autres circonstances. Cette façon infantile de s'exprimer trouve souvent son origine dans le milieu familial : c'est un petit dernier qu'on ne veut pas voir grandir, un aîné qui parle bébé pour ressembler à son puîné...*

Une amélioration souvent spontanée

Dans la plupart des cas, les légers défauts de prononciation s'atténuent, puis disparaissent dans les années qui viennent ; ils s'effaceront d'autant plus facilement qu'on n'y aura pas prêté, au quotidien, une attention excessive. L'enfant ne fait pas exprès de parler ainsi, mais il a une raison pour cela ; quand cette raison s'éclipsera, il parlera mieux. Inutile, donc, de le reprendre sans arrêt.

Aller à l'école fait souvent beaucoup de bien à un enfant qui parle mal ; placé dans un milieu où personne n'a l'habitude de l'entendre ni le temps d'essayer de le comprendre, il va devoir faire des efforts pour communiquer ; alors, il n'est pas rare de voir ses défauts de prononciation s'améliorer rapidement.

Toutefois, il existe des cas où les choses ne s'arrangent pas toutes seules. Si l'enseignant ne comprend pas l'enfant et si sa façon de parler devient l'objet de moqueries de la part des autres élèves, mieux vaut ne pas attendre pour consulter.

Les retards de langage

Plus courants chez les garçons que chez les filles, les retards de langage ne traduisent pas un retard intellectuel ; nombreux sont les grands hommes, à l'intelligence exceptionnelle, qui ont parlé très tard et qui ont donc très vite comblé leur retard.

On le constate dans des retards simples. À trois ans, l'enfant ne parle pas ; il entre à l'école et se frotte à ses camarades. Si on ne l'ennuie pas trop et si on n'essaie pas toute la journée de lui faire sortir un mot, il commencera à parler normalement à trois ans et demi et rattrapera tout le monde à quatre ans ou à quatre ans et demi.

Pour être incité à parler, l'enfant doit être intégré dans une communication : s'adresser à lui directement, lui poser des questions, s'intéresser à lui et lui laisser le temps de s'exprimer sont autant de manières de l'inciter à parler.

Dans d'autres cas, les progrès effectués à quatre ans sont réels, mais insuffisants, et il faut alors, sans tarder, consulter un spécialiste.

Comprendre ce qui se passe

Les causes d'un retard de langage sont variées et seul un psychologue saura les apprécier. En voici quelques exemples.

- Dans les cas bénins, il peut s'agir d'un enfant d'une famille nombreuse, avec qui on n'a pas eu le temps de dialoguer suffisamment et qui se fait toujours couper la parole avant d'avoir le temps de s'exprimer.
- Cela peut être aussi un enfant rapide, très actif et vite frustré quand il ne parvient pas à ce qu'il veut, qui souhaite

éviter les tâtonnements de tout apprentissage et ne parlera que quand il sera vraiment prêt.

- Le langage n'est pas valorisé de la même manière dans tous les milieux socioculturels. Dans certains milieux carencés, où on parle peu, l'enfant prend l'habitude de communiquer par d'autres moyens que la parole, et son vocabulaire reste pauvre. À l'inverse, dans des milieux intellectuels, plus favorisés, où le langage est davantage investi, la parole de l'enfant peut être tellement attendue, tellement magnifiée, que l'enfant finit par se réprimer par crainte de ne pas être à la hauteur de l'espoir parental…

La difficulté à devenir soi

Certains cas sont préoccupants. Un retard de langage important peut témoigner d'une difficulté à définir clairement sa personnalité : un manque d'affection, de mauvaises conditions familiales, une mère dépressive et peu communicante, un enfant replié sur lui-même ou encore des difficultés à se situer dans son environnement ne sont pas rares. L'enfant est alors en souffrance, et ses troubles du langage sont sa façon de l'exprimer. Il serait inutile et coûteux en temps comme en énergie de s'engager dans une rééducation orthophonique, qui ne prendrait pas en compte la réalité des déficiences relationnelles ; ce n'est pas non plus à l'orthophoniste de faire une psychothérapie, car la confusion des rôles risque de s'avérer nuisible pour l'enfant.

Établir un diagnostic

Si votre enfant présente un retard de langage ou des défauts de prononciation qui vous inquiètent, le mieux est de vous adresser à un centre polyvalent ou à un psychologue spécialiste de ces questions. Il saura établir un diagnostic et orienter la famille au mieux des intérêts de l'enfant. Le plus souvent, quelques entretiens menés avec l'enfant et ses parents suffisent à lever le symptôme, dans la mesure où ils ont permis de comprendre quel était le conflit intérieur traduit par les difficultés de parole.

Dans certains cas, heureusement rares, le retard de langage important n'a pas une origine culturelle ni psychologique ; il est lié à un fonctionnement cérébral différent, indépendant du niveau intellectuel général. Seul un bilan complet peut permettre de poser un tel diagnostic. Une prise en charge spécialisée est alors nécessaire afin que l'enfant ne souffre pas, dans la poursuite de sa scolarité, des conséquences de ce retard de langage.

Le bégaiement : répéter et bloquer

Tout le monde sait ce qu'est le bégaiement : plusieurs acteurs en ont fait l'un des ressorts de leur jeu comique. Mais le rire s'arrête à la fin du film, car rire d'un enfant qui bégaie ne pourra aider que celui qui bénéficie déjà d'un bon sens de l'humour… Pour les autres, il s'agit avant tout d'une difficulté à la fois embarrassante et frustrante.

Aux débuts de l'apprentissage du langage, il est fréquent et le plus souvent banal que l'enfant traverse une période de bégaiement. Chez certains, cette phase apparaîtra autour de trois ans, voire plus tôt. Dans le cas d'un enfant ayant commencé à parler tard et qui rattrape en vitesse le temps perdu, le bégaiement peut survenir vers trois ans et demi ou quatre ans et se maintenir pendant un moment. Les parents ne doivent pas s'inquiéter outre mesure.

BON À SAVOIR

Pour les spécialistes du langage, le bégaiement est défini par la répétition de mêmes syllabes et par des blocages intervenant au cours de la prise de parole. Le plus souvent, la répétition plus ou moins prolongée s'applique à la première syllabe du premier mot de la phrase ou d'un mot très difficile à prononcer : on b-b-bégaie co-co-co-comme ça. Dans le cas d'un blocage de la parole, on observe parfois des signes associés plus ou moins importants : l'enfant rougit ; des difficultés respiratoires ou des suées peuvent apparaître. Le bégaiement est parfois associé à d'autres difficultés du langage – une mauvaise construction des phrases, une pauvreté de vocabulaire...

Les causes du bégaiement sont mal connues ; on a évoqué une composante héréditaire, la conséquence d'une gaucherie contrariée ou de troubles de la personnalité, ou encore un désordre moteur.

Dans la population générale, 1 % environ des personnes présentent de telles difficultés plus ou moins graves ; il s'agit en majorité des hommes.

Un embouteillage de mots

Au cours de certaines phases d'acquisition très rapides du langage, il est normal que la parole montre quelques ratés : l'enfant bégaie, ânonne, emploie un mot à la place d'un autre et s'énerve de n'être pas compris. Pour les spécialistes, il s'agit d'un simple manque de fluidité verbale tout à fait passager.

Dans la tête de l'enfant, les idées vont plus vite que les mots et cela crée une sorte d'embouteillage. L'enfant a encore du mal à trouver ses mots, il manque du vocabulaire nécessaire pour exprimer précisément sa pensée – d'où cette impression de maladresse que donne le langage de l'enfant lors de cette phase d'apprentissage.

Dans certains cas plus particuliers, le bégaiement peut survenir soudainement à la suite d'un choc émotionnel.

BON À SAVOIR

Un enfant qui bégaie ne le fait pas en permanence ; il peut, par exemple, s'exprimer correctement lorsqu'il parle avec d'autres enfants, lorsqu'il chante ou lorsqu'il unit sa voix à un chœur. À l'inverse, son bégaiement augmente quand il est contrarié, énervé ou fatigué ; cela montre bien le rôle de l'anxiété et du psychisme dans cette difficulté.

Quelle attitude adopter ?

Le plus important est de rester serein, d'être compréhensif et patient.

- **Ni gêne ni inquiétude :** l'essentiel est d'être détendu face à ce problème. L'enfant doit absolument se sentir accepté tel qu'il est, au stade de croissance qui est le sien. Cela implique qu'il doit pouvoir prendre la parole tranquillement, en toute confiance, en étant sûr d'être à la fois attendu et entendu par ceux qui l'entourent. Si l'interlocuteur se montre attentif et calme, qu'il n'interrompt pas l'enfant ni ne finit ses phrases, les choses s'arrangeront.
- **Ni attention accrue :** il est bon de considérer la tension que le bégaiement entraîne. À la maison, chacun doit laisser la parole à l'enfant qui bégaie sans prêter, apparemment, la moindre attention à son défaut de prononciation, mais tout en ne parlant pas trop vite et avec des phrases courtes. Ainsi, l'enfant pourra en faire autant. Le but est qu'il se sente décontracté et intéressant quand il parle, au même titre que tous les membres de la famille.

Plus le bégaiement sera pointé et corrigé, plus il s'installera profondément. Plus l'enfant sera conscient de son problème, plus il bégaiera. Tentant d'être attentif à chaque mot qu'il prononce, il n'osera bientôt plus parler, ou au prix d'une grande anxiété. Or, l'anxiété, en tendant les cordes vocales et en contractant la respiration, aggrave le bégaiement.

- **De la patience :** la plupart du temps, le problème de fluidité se réglera tout seul, et il ne convient pas de lui attribuer plus d'importance qu'il n'en a. Le bégaiement de forme banale cessera lorsque l'enfant gagnera en aisance verbale, vers cinq ans environ. Néanmoins, dans certains cas, il continuera. Aussi, les parents doivent-ils, malgré tout, se montrer attentifs à l'évolution de la parole de leur enfant.

LES ATTITUDES À ÉVITER

- Se moquer de l'enfant, l'imiter ou le réprimander.
- Se montrer impatient ou agacé.
- Témoigner d'une inquiétude exagérée.
- L'obliger à prendre la parole en public.
- Finir ses mots ou ses phrases.
- Toutes les attitudes qui risquent d'augmenter son anxiété.

Quand consulter ?

Si le bégaiement persiste au-delà de l'âge de quatre ou cinq ans, qu'il est chronique, ou s'il survient vers cinq ou six ans, il convient de s'en occuper sérieusement. Il est plus difficile de guérir d'un bégaiement bien installé et tardif, même si, dans une majorité des cas, le problème se résout aux débuts de l'adolescence.

La première chose à faire est d'en parler avec le pédiatre qui suit l'enfant ; il conseillera souvent d'avoir recours aux services d'un orthophoniste, qui entamera une rééducation de la parole. Mais, dans le même temps, il est bon d'envisager un travail psychothérapeutique. En effet, un bégaiement persistant est souvent associé à des troubles affectifs dont il est important de s'occuper. Les enfants qui bégaient sont fréquemment nerveux, émotifs et anxieux ; ils ont besoin d'une aide pour structurer leur personnalité.

Un entraînement à la relaxation produit de bons résultats. L'enfant qui, à la fois, vit dans une ambiance sereine et peut apprendre à se détendre, à régulariser sa respiration et à parler plus lentement et plus bas, s'en sortira plus facilement.

Pour venir à bout d'un bégaiement sévère ou réfractaire, il peut être nécessaire d'avoir recours, d'une manière simultanée, à tous les moyens évoqués : psychothérapie, orthophonie et relaxation.

DANS LE DOUTE

Il est préférable de consulter un spécialiste afin d'avoir un avis. En effet, si l'enfant a besoin d'une aide, celle-ci peut demander du temps. Or, les apprentissages de la lecture et de l'écriture, effectués au cours préparatoire, s'appuient sur une bonne maîtrise de la langue orale. Aussi ne faut-il pas attendre l'âge de cinq ans avant de se préoccuper d'un trouble du langage qui ne semble pas vouloir disparaître.

Le refus des médicaments

Prendre un cachet, un sirop ou un suppositoire n'est pas une expérience agréable, mais elle est parfois nécessaire. Avant l'âge de six ou sept ans, il est difficile de faire admettre à l'enfant que ces désagréments sont « pour son bien », surtout s'il ne se sent pas malade. Parfois, tout ce qui fait intrusion dans son corps suscite une véritable terreur.

À grand renfort de cris

Impressionnantes pour les parents, certaines scènes peuvent se reproduire tous les jours : l'enfant serre les dents, recrache, se roule par terre, hurle ou s'enfuit. On le comprend : s'il n'en voit pas l'aspect positif, pourquoi accepterait-il en toute sérénité de laisser pénétrer des gouttes dans son nez ou ses oreilles, des pilules dans sa gorge et des suppositoires dans son anus ? Le corps de l'enfant est une enceinte bien protégée, et il est normal qu'il en soit ainsi.

Si vous souhaitez éviter le traumatisme des grandes scènes à répétition, voici quelques conseils.

Être simple et positif

- **Soyez sûr de vous.** Vous n'avez pas à vous excuser auprès de votre enfant de lui administrer un médicament. Ne lui montrez pas non plus que vous trouvez son sirop ignoble et que ce traitement n'est peut-être pas indispensable. Se soigner fait partie de la vie, c'est tout.

- **Soyez ferme et direct.** Votre enfant doit sentir qu'il ne vous vient pas à l'esprit qu'il pourrait ne pas prendre son médicament. Quand c'est l'heure, c'est l'heure. Il n'y a pas à discuter.
- **Ne le menacez pas.** Avec le médecin, vous souhaitez qu'il aille mieux ; c'est la raison pour laquelle vous considérez qu'il doit suivre son traitement, c'est tout.

Faciliter les choses

- Les médicaments existent souvent sous plusieurs formes ; discutez-en avec le médecin. Si votre enfant ne supporte pas les suppositoires, demandez si le médicament existe sous une autre forme, mieux acceptée.
- **Mélangez le médicament à prendre par voie orale** à une boisson appréciée, si le médecin n'y voit pas d'inconvénient ; un comprimé peut ainsi être mélangé à une cuillerée de compote ou de confiture ; un sachet ou un sirop peut être dilué dans un peu de jus de fruits ou de lait – pas en trop grande quantité, car si l'enfant ne boit pas tout, il n'aura pas la dose prévue de médicament. En revanche, ne faites jamais passer un comprimé pour un bonbon, car cette assimilation est dangereuse.
- **Essayez diverses méthodes et faites preuve d'imagination :** un peu de pommade sur le suppositoire fait glisser ; une seringue sans aiguille permet de placer un liquide sur le côté de la bouche de l'enfant ; se concentrer sur la télévision aide à supporter les gouttes dans les oreilles, lesquelles sont moins désagréables si elles sont tiédies. Pour les gouttes dans les yeux, allongez l'enfant les yeux fermés et déposez

la goutte dans le coin intérieur de l'œil ; quand il ouvrira les yeux, la goutte se répandra sur la cornée.

- **Expliquez à votre enfant ce que vous lui faites,** comment et pourquoi. Avec des mots simples, expliquez-lui le principe de sa maladie ; il peut comprendre que les « petits combattants » qui luttent à l'intérieur de son corps pour chasser les virus ont besoin d'aide ; les médicaments trouvent ainsi leur raison d'être. Au moment du soin, expliquez brièvement ce que vous allez faire, puis faites-le sans attendre. Pour faire oublier le goût du sirop ou du cachet, prévoyez un petit verre de jus d'orange.
- **Expliquez la durée du traitement.** On peut encadrer les jours sur un calendrier et en rayer un ou dessiner une étoile à chaque fois que l'enfant a pris ses médicaments. Se rendre compte qu'il reste peu de jours de traitement aide l'enfant à mieux le supporter. Quant à l'heure du suppositoire, des gouttes ou de la piqûre, elle peut, par exemple, sonner au réveil chaque soir. À la sonnerie, on y va.

ASTUCE

Quand cela est possible, apprenez à votre enfant comment faire.

- Montrez l'exemple sur vous-même : « J'ouvre la bouche, je tire la langue, je place le comprimé le plus loin possible et je bois une grande gorgée d'eau. »
- Encouragez-le à imiter vos gestes sans rien dans la bouche.
- Faites-lui essayer avec un petit pois ou un morceau de carotte cuite.
- Augmentez la taille du morceau jusqu'à ce qu'elle atteigne celle du comprimé.
- Soyez patient : certains enfants y parviennent plus vite que d'autres.

- **Amenez votre enfant à coopérer** et à devenir acteur de son traitement, plutôt que de le subir. Il peut, par exemple, gérer seul son calendrier ou aller chercher la boîte de cachets. En général, cela est plus efficace avec la perspective d'un cadeau ou d'une récompense promise à la fin du traitement.

À l'hôpital

Votre enfant doit passer des examens ou recevoir des soins qui réclament une hospitalisation. Il va quitter sa famille pour un lieu inconnu. Pour que ce séjour soit une expérience et non pas un traumatisme, votre enfant doit être préparé.

Expliquer

Mieux l'enfant comprendra le fonctionnement de son corps, l'action de sa maladie, la raison et la nature des soins qu'il va recevoir, mieux il les acceptera. Pour des parents angoissés, parler peut se révéler difficile, mais le silence est cruel pour l'enfant, car il n'a aucun moyen à sa disposition pour donner sens à ce qu'il vit. Seuls les mots vrais et adaptés à son âge ont un effet rassurant. L'enfant sait alors que l'hôpital et les soins sont destinés à le soigner et à le guérir.

En rupture avec son existence d'avant, l'enfant est confronté à sa solitude, parfois à sa douleur et à l'impuissance de ses parents à le soulager – et à faire face eux-mêmes. Aussi, le dialogue est-il fondamental. Si l'enfant n'ose pas interroger, car il sent ses parents trop émus, il faut aller au-devant de ce questionnement.

Rester près de lui

Les hôpitaux admettent la présence prolongée des parents dans les services d'enfants. Mais si vous devez vous absenter, veillez à rester proche, à la fois symboliquement et affectivement, de votre enfant. Apportez-lui ses jouets favoris, téléphonez-lui, laissez-lui de petites surprises dans son tiroir, racontez-lui tout ce qu'il se passe à la maison… Vous éviterez ainsi les effets de la souffrance psychique, qui se révèle parfois pire que la souffrance physique.

APACHE ET SPARADRAP

L'association pour l'amélioration des conditions d'hospitalisation des enfants (Apache) a beaucoup agi. Disponible sur son site (apache-chez.com), l'excellent guide qu'elle a publié fait le tour de la question et vous aidera en cas de besoin (carnet d'adresses, documentation, charte de l'enfant hospitalisé...). L'association Sparadrap (sparadrap.org) aide à préparer ses enfants à un soin, un examen, une visite médicale ou une hospitalisation.

Le sens du toucher

Un enfant utilise beaucoup son sens tactile. C'est la raison pour laquelle il lui est si difficile de ne « toucher à rien » ! Un objet ne peut être appréhendé par son seul regard. Ici ou là, des musées s'ouvrent pour les enfants, que les Américains nomment joliment des « Please Touch Museums ».

La promenade des doigts

Pour l'enfant, la main est un outil privilégié d'exploration et d'évaluation. Pour ne pas laisser cette sensibilité tactile disparaître, au fil du temps, au profit de la vision, laissez-le se servir de ses mains autant qu'il le souhaite et autant que possible.

Voici quelques idées :

- Jouez à reconnaître avec les doigts des objets cachés dans un sac.
- Jouez à identifier une personne dans un groupe les yeux bandés.
- Concevez un repas à manger avec les doigts (petits pois, cubes de jambon, etc.).
- Permettez-lui, les mains bien lavées, de participer à la préparation des plats.
- Attirez son attention sur la sensation tactile (le tissu d'un siège, le cuir d'un sac, le duveteux d'une peluche, etc.).

À fabriquer ensemble : le tableau à toucher

Pour développer la sensibilité tactile et la manière de l'exprimer, fabriquez un tableau de découverte, qui aidera votre enfant à se concentrer sur son sens du toucher et à formuler. Il peut jouer les yeux ouverts, mais la discrimination tactile – la faculté de distinguer avec les doigts une texture d'une autre – sera plus fine les yeux fermés.

- Prenez un grand carton épais ou une planche de contreplaqué, de la colle et des éléments qui, une fois collés, formeront autant de surfaces aux textures diverses : des feuilles, des écorces, de la mousse, du sable, des aiguilles de pin, des pétales, du papier journal, du coton, du velours, du plastique, de la toile émeri, de la laine, du gros sel, de la fourrure… Complétez cette liste à votre gré.
- Sur le carton, dessinez un grand chemin entouré de petits jardins situés de part et d'autre.

  Encollez le chemin et saupoudrez-le de sable : cela fera la route.
- Encollez chaque jardin et collez-y une surface différente. Faites ce travail avec votre enfant, qui choisira les surfaces à coller. Discutez des caractéristiques de chaque jardin afin d'utiliser le vocabulaire approprié – doux, rugueux, lisse, dur, mou, froid, piquant…
- Laissez sécher, puis retournez le carton pour être sûr que les surfaces tiennent bien.

  Vous avez un tableau, que vous pouvez décorer et peindre, et qui représente une suite de surfaces aux textures diverses reliées par un chemin.

Comment jouer avec ce tableau ?

Votre imagination est reine. Voici quelques idées.

- Suivez d'abord la route les yeux ouverts et discutez des sensations en visitant les jardins.
- Faites de même les yeux fermés. Votre enfant constatera combien ses doigts voient mieux quand ses yeux ne voient plus. Encouragez-le à exprimer ce qu'il ressent, à laisser parler ses doigts.
- Toujours les yeux fermés, demandez-lui, en suivant le chemin, de s'arrêter aux adresses indiquées : se rendre au jardin le plus doux, le plus frais, ou rejoindre le petit bois, la plage de cailloux…

ASTUCE

Vous vous apercevrez à quel point ce jeu est agréable et plaisant. Et n'oubliez pas non plus que la sensibilité tactile ne se limite pas aux doigts : on sent également avec la plante des pieds, les joues, les lèvres, la surface de la peau...

Des jouets et des jeux

Au cours du développement de l'enfant, l'expérience du jeu est fondamentale. C'est un moyen privilégié pour apprendre sur le monde et sur lui-même, pour découvrir son corps et ses capacités, comprendre ses émotions, expérimenter son langage et ses relations aux autres...

Ce qui se joue

Par le jeu, l'enfant acquiert la maîtrise du monde. Il s'entraîne à manipuler les objets, à contrôler son corps en courant et en sautant, à revivre des difficultés psychologiques qu'il a dû affronter dans la journée, à mettre en acte ses pensées et ses sentiments, à exprimer ce qu'il est encore incapable de formuler avec des mots, à s'adapter aux autres…

En observant les jeux d'un enfant, on comprend comment il perçoit la réalité et comment il construit son monde, quels sont ses désirs, ses préoccupations, ses problèmes…

Le lien avec l'apprentissage

Dans la petite enfance, le jeu et l'apprentissage sont étroitement associés, et ce lien est essentiel : il sera un atout pour l'avenir quand, scolarité oblige, ils seront séparés. Notre société est devenue tellement obnubilée par les jouets éducatifs et le désir de précocité que la notion de plaisir et de gratuité a souvent été évacuée. Les Américains ont inventé le concept de « learning game », jeu d'apprentissage. C'est inutile, car tout jeu apprend.

En ce qui concerne les jouets dits d'éveil ou d'apprentissage, il convient de préciser une chose : si le jeu est l'occasion d'apprendre à maîtriser le monde et à se maîtriser soi-même, le terme « apprendre » prête à confusion, parce que, pour l'enfant, il n'existe pas de différences entre jouer et se développer, jouer et apprendre – apprendre à manipuler, apprendre comment ça marche, apprendre à faire comme papa et maman… Mais attention : à travers les compétences que l'enfant y révèle, le jeu ne doit pas être récupéré par l'adulte pour devenir un prétexte à l'entraînement ou à l'apprentissage.

Le jeu et le jouet servent à jouer, c'est tout. L'enfant doit pouvoir jouer pour le plaisir, même s'il s'impose ce plaisir dans l'effort ; il se livre à des apprentissages réels, parce que plus de capacités signifient plus de jeux possibles, donc davantage de plaisir, et parce qu'il y est poussé par une pulsion fondamentale, qui est le désir de vivre, de grandir, et la curiosité de connaître. C'est donc à l'enfant de mettre de la complexité dans ses jeux, et non pas aux adultes de lui fixer des défis ou de l'entraîner à mieux faire.

Du plaisir avant tout

Oubliez ce qu'avancent les adeptes acharnés de la performance et de l'apprentissage précoce ! Car les enfants apprennent très bien quand on les laisse faire, pour peu qu'ils disposent du matériel nécessaire et d'un environnement affectueux. Sans arrêt, ils exercent leur esprit sur toute chose qu'ils découvrent, et à travers leurs rêveries, ils construisent un savoir et développent un imaginaire riche de promesses. Alors, offrir à un enfant un jouet « pour apprendre » est un non-sens.

Il faut redire l'évidence : le jeu est avant tout une activité de plaisir et une occasion de rires, de préférence partagés – l'enfance est le temps de tous ces plaisirs-là. Il développe l'estime de soi, la confiance en soi, les compétences relationnelles et une vision positive de l'existence. Pour nous, adultes, c'est souvent notre capacité à trouver du plaisir à la vie et de l'humour aux situations qui fait la différence entre une bonne et une mauvaise journée.

Le rôle des parents

Jouer avec son enfant, c'est se mettre à son écoute et à sa disposition. C'est lui qui choisit le jeu : laissez-vous guider. C'est lui qui reste le maître du jeu et qui décide des règles. Ne le faites que si vous vous sentez détendu et disponible, car il percevra très vite que vous vous forcez ou que vous êtes préoccupé. Mieux vaut peu de temps, avec une bonne qualité d'attention et de présence, que davantage de temps, où l'enfant sent que l'adulte n'est là qu'en apparence.

L'enfant a besoin de la parole de l'adulte, qu'il mette des mots sur son jeu. Parfois, il peut avoir besoin d'être incité, aidé, soutenu dans ses découvertes et encouragé ; il a surtout besoin que l'adulte n'attende rien d'autre de ce moment que du bonheur partagé. Cela lui donne confiance en lui et dans ses compétences propres. Là encore, c'est l'importance et la valeur que vous accordez à son jeu qui comptent.

Se défouler

Chahuter, se culbuter, jouer avec ses parents développe une bonne sécurité physique et un attachement affectif solide. Cela fait beaucoup pour le bien-être mental et émotionnel. Si les enfants testent leurs limites physiques, ils attendent de vous que vous sachiez édicter des règles claires ; chacun a le droit de dire stop, il est interdit de faire mal, et le jeu continue tant que tous y prennent plaisir et qu'il n'existe pas de prise de risque. Vive les batailles de coussins qui défoulent l'agressivité d'une manière ritualisée !

Perdre ou gagner

Faut-il laisser l'enfant gagner ? Parfois, ce n'est pas un service à rendre à un jeune enfant : tout d'abord, parce que, s'il s'en rend compte, sa victoire perd toute valeur à ses propres yeux ; ensuite, parce qu'il vaut mieux lui apprendre à supporter ce type de frustration, à condition que le jeu soit un jeu de hasard où chacun est à égalité. Si vous jouez aux dominos ou aux dés, inutile de le laisser gagner : le hasard s'en chargera. Mais j'ai connu des parents qui faisaient la course en courant à toutes jambes : là, ça ne va plus !

En jouant avec d'autres, l'enfant apprend qu'il existe des règles que tous doivent respecter et qu'il faut compter avec le hasard. Ce que l'enfant apprend de plus important, c'est que, s'il perd, le monde ne cesse pas d'exister : il perd une partie, mais peut gagner la suivante. Pour cela, il faut souligner le plaisir du jeu et lui faire comprendre que gagner ou perdre n'est pas le signe d'une supériorité ni d'une infériorité personnelle.

Jouer seul

Encourager le jeu de l'enfant signifie savoir quand s'en mêler ou non. On peut aider l'enfant à démarrer un jeu, mais sans essayer d'imposer sa propre idée du jeu ou la meilleure façon de procéder. Laissons-le prendre les initiatives et demander de la compagnie quand il en a besoin.

Certains enfants réclament l'aide des adultes pour jouer : il faut alors se demander si le jouet en question n'est pas trop compliqué ou si, de cette façon, il veut faire appel à la présence attentive de l'adulte. Quand il demande sans cesse qu'on joue avec lui, c'est souvent dans le but de savoir si son occupation est aussi importante pour les adultes que pour lui.

Si ce doute est apaisé, l'enfant aura moins besoin d'une participation active.

Peu à peu, il est bon que l'enfant apprenne à jouer sans le recours permanent à l'adulte. L'inciter à jouer un peu seul dès son plus jeune âge, c'est l'aider à développer son autonomie et sa créativité. Attention : seul ne veut pas dire isolé.

Ne pas intervenir

Certains parents ne peuvent s'empêcher de se mêler du jeu de leur enfant : si ce dernier n'utilise pas le jouet selon le mode d'emploi, ils interviennent d'une façon directive pour indiquer la marche à suivre, alors que c'est justement là que l'enfant fait preuve d'imagination et d'esprit scientifique ! Si un enfant ne semble pas comprendre tout de suite comment se servir du jouet, il faut résister à l'impulsion de se précipiter pour expliquer exactement ce que l'objet permet.

Laisser l'enfant trouver seul comment ça marche, c'est lui permettre de développer son aptitude au raisonnement déductif par essais et erreurs ; c'est aussi lui laisser la fierté de l'avoir fait tout seul. Quand un enfant est dans son coin, seul avec son jouet, en train de bricoler, l'air absorbé et parlant tout seul, il est essentiel de ne pas intervenir : son jouet est à lui ; il est normal, surtout lorsqu'il est neuf, qu'il veuille être le premier à l'utiliser.

Un temps libre n'est pas un temps vide

Il est essentiel de permettre à l'enfant d'avoir du temps libre, au calme, pour des jeux non structurés ou pour simplement ne rien faire. Le jeu libre, l'activité spontanée, est la meilleure manière de mettre en scène et, souvent, de résoudre les problèmes existentiels. Parfois, cela se traduit par des jeux déroutants, voire destructeurs : laissez-le mettre du fouillis, se tromper, inventer et faire les choses à son idée. Pour se sentir bien et se respecter lui-même, l'enfant doit se sentir maître de son destin, et c'est ce qu'il trouve dans le jeu libre.

Il a également besoin de jeux libres à l'extérieur ; c'est difficile en ville, et il faut chercher des grands parcs où les enfants peuvent s'ébattre en sécurité dans une relative liberté de mouvement. Ces moments développent l'attention, la vigilance et les capacités de réflexion, toutes capacités cruciales pour son développement émotionnel et ses apprentissages.

S'ENNUYER POUR CRÉER

Il convient de rester très attentif aux emplois du temps réglés, surchargés, avec des temps libres très restreints. Avoir l'occasion de s'ennuyer et devoir trouver quelque chose pour s'occuper développe la créativité : cela fait des enfants pleins de ressources. Un temps « vide » permet à l'espace psychique de s'organiser. Il est donc loin d'être un temps perdu.

Un bon jouet, qu'est-ce que c'est ?

Un jouet est un objet qui sollicite le jeu. Colorés, vifs et attrayants, les jouets sont souvent d'une utilisation assez complexe, ou bien offrent plusieurs niveaux d'utilisation, posant ainsi des problèmes à résoudre et affinant les compétences de l'enfant ; de plus, ils constituent sa propriété et restent donc à sa disposition quand il le désire.

Les jouets ne sont donc pas seulement un atout supplémentaire dans l'environnement du jeune enfant, ils constituent un outil essentiel pour le développement harmonieux de ses capacités physiques, psychologiques, sensorielles et affectives.

Ils comblent des besoins d'exploration, de curiosité, de manipulation, de sécurité et de découverte primordiaux.

Alors, qu'est-ce qu'un bon jouet ?

- Simple, sûr et solide : un bon jouet possède en réalité peu de qualités en dehors de la simplicité, la sûreté, la solidité et un aspect multifonctions. Mais, aujourd'hui, l'enfant tend à vivre dans un monde automatisé et informatisé, fait d'écrans et de boutons. Nombreux sont alors les jouets qui le fascinent par ce que les puces intégrées leur permettent de faire. Il faut en tenir compte et chercher à équilibrer les objets qui entourent l'enfant.

  Pour développer le jeu, le matériel vaut mieux que les jouets : du sable, de l'eau, de la peinture, du papier, de la pâte ou des vieux vêtements donnent davantage la possibilité de développer l'imagination, la créativité et les découvertes.

- Une libre disposition : votre enfant préfère vos objets à ses jouets ? C'est normal, car il est à l'âge de l'imitation ; ce qu'il aime, c'est faire comme vous : c'est ainsi qu'il apprend à devenir un adulte. Et puis, il n'est pas idiot et repère vite que vos objets sont plus compétents et plus amusants, parce qu'ils font plus de choses que les siens : il sait que votre téléphone permet d'appeler pour de vrai les gens qu'on aime – pas le sien.

En réalité, les objets les plus ordinaires de la vie quotidienne peuvent aider l'enfant à mettre en acte – et souvent à résoudre – certains de ses problèmes les plus profonds, pourvu qu'on lui en laisse la libre disposition et qu'il puisse jouer au grand.

Cette libre disposition concerne également les jouets qu'on lui offre. Il faut admettre qu'il pourra s'en servir à sa guise, et pas nécessairement comme prévu ; sinon, cette attitude éliminera toute spontanéité et aboutira à contrôler quelque chose qui doit permettre à l'enfant d'exercer sa liberté, d'être responsable de lui-même et d'échapper avec soulagement, pour le temps du jeu, à la domination des adultes.

En général, les jouets structurés sont plus complexes et contiennent plus de détails que les jouets non structurés ; par ailleurs, ils ne peuvent être utilisés que dans une seule situation : tandis que la poupée qui pleure ou qui rit ne peut être employée que dans des cas particuliers de détresse ou de plaisir, la poupée de chiffon peut tenir tous les rôles et prendre toutes les positions ; de même pour les camions spécialisés et autres véhicules sophistiqués.

DES IDÉES DE JOUETS

- Tous les jeux de construction qui permettent de simuler : tantôt un aéroport, tantôt une ferme, tantôt une maison de poupée, tantôt un garage.
- Les figurines, à qui peuvent être confiés des rôles différents.
- Les pâtes à modeler et les pâtes à sel, que l'enfant peut manipuler sans but préalable.
- Des papiers, des cartons, des boîtes à œufs ou des boîtes de camembert, des crayons de couleur, des craies, une ardoise, des crayons gras, des feutres, de la peinture, des pinceaux, des ciseaux, de la colle...
- Tous les jouets pour faire semblant.

Tous ces jouets ne coûtent pas cher. Ce ne sont pas ceux pour lesquels les fabricants font de la publicité à la télévision, mais ce sont ceux avec lesquels votre enfant jouera le plus.

Les jouets non structurés offrent le plus de choix pour les jeux et les découvertes, laissant ainsi la plus grande part à la créativité de l'enfant qui, à chaque fois, peut tester de nouvelles expériences. En eux-mêmes, ils ne contiennent pas une idée préconçue de l'adulte sur la manière dont l'enfant est supposé s'amuser, ne donnant donc lieu ni à l'échec ni à la désapprobation. Leur seule limite est l'imagination de l'enfant : moins le jouet en fait, plus l'enfant en fera, plus il sera non pas spectateur, mais acteur de ses jouets et de ses jeux. C'est ainsi qu'on acquiert une confiance en soi.

Un choix équilibré

Chaque catégorie de jouets a ses avantages, permet des jeux différents et apporte des choses importantes à l'enfant. Avant de lui choisir un nouveau jouet, regardez bien ceux qu'il possède et tentez d'équilibrer, en tenant compte de ses goûts, bien entendu.

- **Les jeux avec instructions à suivre :** ils ont des règles et un but à atteindre, tels que les puzzles, les pions à enfoncer dans des trous, les lotos, les kits ou les modèles réduits à monter. Ils développent l'esprit logique en apprenant à respecter les séquences, les classements et les ordres, à établir une stratégie pour résoudre un problème, à travailler par essais et erreurs et à prévoir les effets de ses actions.
- **Les matériaux de construction et de création :** ce sont tous les objets qui peuvent être empilés, assemblés, manipulés ou modelés pour fabriquer quelque chose. Ils développent l'habileté, la créativité et l'esprit mathématique.
- **Les objets réels :** disponibles dans la nature ou à acheter, ils ont pour particularité d'appartenir à la vie courante. Par exemple : des habits ou du maquillage d'adulte pour se déguiser, du sable, de l'eau, du bois ou des emballages,

une bicyclette ou un tricycle, un ballon, du papier et des crayons, des outils de bricolage ou des accessoires de cuisine, des marionnettes, des livres, une balançoire… Ils sont une source inépuisable d'acquisitions et d'expériences.

- **Les jouets proprement dits :** ce sont souvent des représentations miniatures, plus ou moins fidèles, du monde adulte, qui stimulent aussi bien les jeux solitaires ou en groupe. Par exemple : les peluches, les poupées, les petits personnages, les voitures, les animaux de la ferme, la trousse de médecin… Ils aident l'enfant à grandir en lui permettant de « jouer » la réalité, en la modifiant à volonté afin de mieux l'apprivoiser. Ils développent également le langage en faisant inventer, structurer et raconter des histoires, et en empruntant parfois aux expressions des adultes.

- **Les écrans :** on peut mettre dans cette catégorie tous les jeux qui ont un écran pour support, que cet écran appartienne à une console, un ordinateur, une tablette ou le téléphone de maman. Nos enfants sont des « digital natives », c'est-à-dire qu'ils sont nés dans le monde numérique et qu'ils apprennent cette langue dès le plus jeune âge. Aucune crainte qu'ils en soient exclus. Néanmoins beaucoup d'études ont alerté sur les risques d'un temps trop important accordé aux jeux sur écran par rapport aux jeux dits classiques. Chacun développe des compétences particulières et doit avoir sa place. C'est pourquoi, avant six ans, le temps de jeux sur écran, comme le temps de télévision, doit être contrôlé et limité par les parents. Le cerveau est encore immature et le risque de dépendance est important. Il est précieux de privilégier les activités où l'enfant est actif avec l'ensemble de son corps et de sa créativité, et où il donne une place à l'autre.

L'ami imaginaire

On appelle l'ami imaginaire le personnage que s'inventent certains enfants pour leur tenir compagnie. Bien qu'il soit invisible, ce compagnon tient une grande place dans la vie de l'enfant, donc dans celle de la famille. Il joue avec l'enfant, lui raconte des histoires et fait souvent les bêtises à sa place.

Cette invention est avant tout le fait d'enfants uniques ou aînés : pour se construire un personnage, il faut avoir le temps de rêver, seul dans sa chambre. Les puînés ou les enfants rapprochés sont ramenés à la réalité par leur frère ou leur sœur, et ils n'ont nul besoin de s'inventer un compagnon puisqu'ils en ont déjà un. Cette invention est également le fait d'enfants très imaginatifs, ce qui est une qualité.

Inventer pour comprendre

L'enfant use de sa vie imaginaire pour résoudre des conflits internes dont il ne viendrait pas à bout autrement. Parce qu'il joue ses peurs, il les dédramatise et les tient à distance. Si les adultes ne sont pas sollicités pour tenir une place dans ces jeux, le mieux à faire est de les respecter et de ne pas s'en mêler. Tant que l'enfant sait quand il doit revenir à la vie quotidienne et ne confond pas l'imaginaire et le réel, il ne fait que se développer selon son âge.

Comment réagir ?

Le mieux est de ne pas intervenir, sauf si votre enfant vous le demande explicitement.

Quelle attitude adopter quand il vous en parle ? Entrez dans son jeu tout en gardant une distance suffisante afin qu'il comprenne que vous n'êtes pas dupe et que vous savez qu'il ne l'est pas non plus.

Souvent, l'enfant se sert de cet ami pour lui faire endosser la responsabilité de ses actes : c'est lui qui l'a bousculé et lui a fait renverser le verre, c'est lui qui l'empêche de dormir parce qu'il parle trop… Une solution ingénieuse et respectable, qui aide à distinguer le bien du mal, à condition que l'enfant puisse sortir de son jeu et faire la différence avec la vérité. Au parent de lui renvoyer : « Tu as bien de la chance que ce soit ton ami qui ait fait cela. Tu sais combien il a eu tort. J'aimerais que tu lui dises de ne pas recommencer. »

ASTUCE

S'il vous semble que votre enfant passe trop de temps dans ses rêves, donnez-lui plus d'occasions de jouer avec d'autres enfants. N'hésitez pas à le ramener à la réalité lors des échanges, des repas, du bain… L'ami imaginaire doit savoir s'effacer et trouver ses limites pour laisser place au réel.

Essais, échecs et succès

Parmi les expériences qu'offre le jouet, figure celle des échecs répétés qui mènent à la réussite. L'enfant essaie, par exemple, de faire une construction, qui est encore difficile pour lui.

Si l'adulte, le voyant en difficulté, intervient pour faire la tour, l'enfant n'en ressent qu'une satisfaction superficielle, qui n'a rien de commun avec l'immense fierté qu'il ressentira à vous montrer la tour qu'il aura réussi à bâtir – peut-être plusieurs jours plus tard, mais tout seul. L'enfant a besoin d'être encouragé, et non pas qu'on fasse à sa place.

L'arrivée d'un second enfant

Même si les parents ont programmé, annoncé et préparé la venue d'un nouveau bébé et même s'ils s'en réjouissent, ils ne peuvent se défaire d'une inquiétude : comment l'aîné va-t-il prendre cela ? Le Petit Prince va-t-il accepter de perdre son trône ?

Un nouvel équilibre à trouver

Jusque-là, votre enfant était au cœur de vos préoccupations et l'objet de vos espoirs ; il avait l'impression de combler vos attentes. Il est alors facile de comprendre qu'il ne déborde pas d'enthousiasme à la nouvelle de l'arrivée d'un rival. Après tout, à trois ans, on se sent encore petit par certains côtés et on n'a pas toujours envie de devenir un grand.

À la naissance, l'enfant va s'apercevoir que ce bébé suscite un intérêt inversement proportionnel à sa taille. Chacun s'émerveille et couvre le nouveau venu de cadeaux. Il y a de quoi en concevoir quelque dépit ! C'est donc une épreuve que votre enfant va traverser, dont il sortira grandi.

BON À SAVOIR

Une naissance est une période délicate pour chaque membre de la famille. Les équilibres et les rôles se modifient, et chacun doit trouver sa place. Dans la quasi-totalité des cas, tout rentre dans l'ordre en quelques mois.

Partager la nouvelle avec lui

Inutile d'attendre pour informer votre enfant de cette nouvelle grossesse ; faites-lui-en part dès que possible. Mais sans doute s'est-il déjà rendu compte d'un changement ; avec une intuition très sûre, il a ressenti chez sa mère l'attente, la joie, les doutes, une transformation de caractère et une fatigue, autant d'indices qui lui font comprendre qu'il se passe quelque chose d'important. Tant que l'enfant en ignore la raison, ces signes risquent d'être une cause d'anxiété. Plutôt que le laisser poser des hypothèses, partagez la nouvelle avec lui.

Ces neuf mois vont lui sembler très longs, surtout s'ils sont axés sur la nouvelle naissance, mais il mettra cette période à profit pour se préparer, même s'il est incapable d'imaginer la situation à venir. À vous de partager ces moments avec lui : il sera heureux de discuter prénoms ou couleur du papier peint. Associé, il se sentira grand et aura moins envie de redevenir un bébé.

La jalousie est inévitable...

D'une manière ou d'une autre, l'aîné sera confronté à la jalousie, même s'il attendait impatiemment ce petit frère ou cette petite sœur, même si elle ne se manifeste pas tout de suite et si elle est invisible : il est difficile de l'exprimer devant des parents émerveillés par le bébé et si sûrs du plaisir de leur grand.

Pour ne pas déplaire, pour ne pas perdre une place déjà menacée, certains enfants sont très gentils et refoulent leur agressivité.

La détresse de l'enfant se montre de diverses façons : des paroles ou des gestes agressifs envers le bébé, un changement de caractère, des problèmes de sommeil ou d'alimentation…

Leur but est d'attirer l'attention sur une souffrance et de vérifier l'attention parentale. Tout rentrera dans l'ordre si les parents ne manifestent ni condamnation ni culpabilisation.

Il est fréquent que la rivalité n'apparaisse pas au moment de la naissance : cette petite chose ridicule, qui ne sait faire que pleurer, n'est pas un rival bien dangereux. Elle surgit quelques mois plus tard, quand le puîné se déplace, se met debout, attrape les jouets de son aîné et commence à prendre une vraie place.

L'enfant jaloux a besoin de se sentir entouré et compris. Des parents calmes et patients, qui l'écoutent tout en le protégeant de ses pulsions agressives, le rassureront sur la constance de leur amour.

... et bénéfique

En offrant une occasion à l'enfant de mûrir, la jalousie le rend responsable. Lorsqu'il aura traversé cette épreuve, il sera plus compétent sur les plans affectif, relationnel et social.

Au lieu de régresser, de nombreux enfants choisissent cette chance pour devenir plus autonomes. Fiers d'être devenus l'aîné, ils montrent qu'on peut maintenant compter sur eux. Pour cela, il importe de solliciter leur aide et de les valoriser.

Comment valoriser votre aîné ?

- Laissez-le venir à la maternité. Vos retrouvailles seront une fête, où vous lui donnerez toute votre attention.
- Votre enfant ne sera heureux de devenir un grand que si cela s'accompagne d'avantages que le bébé n'a pas – se coucher plus tard, aller avec son père à la piscine... – et non de devoirs supplémentaires – montrer l'exemple, être raisonnable...

- Rassurez votre enfant, car il a peur de perdre votre amour. Souvent, il devient infernal dans le seul but de savoir s'il a toujours autant d'importance à vos yeux. À vous de lui démontrer que votre tendresse est intacte. Réservez-lui des moments et laissez-lui décider de l'emploi du temps.
- Faites preuve de patience : puisque le bébé vous intéresse tellement, il serait étonnant que l'aîné n'essaie pas de régresser – en redemandant un biberon, en parlant mal... Tolérance et humour viennent à bout de ces comportements.
- Offrez-lui un baigneur. Votre enfant aura plaisir à faire sur cette poupée les mêmes choses que vous faites à votre bébé. D'autres jours, il lui fera subir, sans risques de représailles, toute la violence qu'il ressent.
- Parlez-lui de son enfance. C'est l'occasion de sortir les albums photo et de lui montrer les films. Il sera ravi de découvrir que lui aussi a été un bébé.
- Laissez-le s'occuper du bébé. Partagez des moments amusants, attirez son attention sur ce drôle de tout-petit et montrez-lui qu'il le reconnaît déjà. C'est le meilleur moyen d'en faire des « copains ». L'empêcher d'approcher du couffin et montrer de l'appréhension risqueraient au contraire d'accroître la rivalité entre eux.

Acceptez l'émotion, pas l'acte

Votre enfant a le droit d'être en colère, jaloux, mécontent... Tout cela est respectable et compréhensible ; en revanche, un passage à l'acte agressif sur le bébé est interdit. Cela doit être posé comme règle. Vous pouvez dire par exemple : « Je ne te demande pas d'aimer ce bébé, mais je t'interdis de lui faire du mal, parce que ton papa et moi nous l'aimons et c'est notre devoir de le protéger. »

Les besoins de l'enfant à cet âge

Montrer son affection à son enfant, c'est le considérer comme une personne à part entière, dont les pensées sont dignes de respect. C'est ignorer ses erreurs, parce qu'elles sont autant de leçons, et le guider sans jugements ni blâmes. C'est lui dire qu'il est quelqu'un de bien. C'est accepter qu'il soit en désaccord avec une idée parentale…

De l'affection

C'est volontairement que j'emploie le mot « affection » et non le mot « amour ». J'ai la certitude qu'aucun des enfants dont les parents ont acheté cet ouvrage ne manque d'amour.

L'affection est différente : elle recouvre toutes les petites preuves d'amour que l'on peut donner à l'enfant au quotidien. L'enfant n'a pas seulement besoin qu'on l'aime, ni qu'on lui dise qu'on l'aime (quoique ce soit très important, évidemment) : il a besoin qu'on le lui montre. Faire vivre son enfant dans un ensemble de règles très strictes, avec punitions et châtiments à la clé, est sans doute une façon de montrer de l'intérêt à l'enfant, et sans doute de l'aimer, mais est-ce cela dont l'enfant a besoin pour grandir heureux et épanoui ?

De la considération et du respect

Montrer son affection à son enfant consiste bien davantage à lui donner de soi-même, de son temps, de son intérêt.

le considérer comme un être humain dont les …, les désirs et les craintes sont dignes d'être pris en …ération.

…'est ignorer ses erreurs, parce qu'elles sont autant de …ons, et le guider d'une main sûre, sans jugement ni blâme.

C'est convaincre son enfant, au jour le jour, qu'il est quelqu'un de bien, même si l'essentiel des messages qu'il reçoit signifie le contraire (« Tu es trop petit pour… », « Tu as encore fait tomber… », « Arrête de faire cela », etc.).

C'est accepter qu'il ne joue pas avec ses jouets, même ceux que l'on a payés cher, qu'il n'ait pas envie d'aller à son cours de poterie, qu'il ne soit pas d'accord avec ce que vous estimez être une excellente idée de loisir…

C'est ne pas promettre une histoire alors que vous restez plongé dans votre roman.

Le petit enfant se sent aimé dans la mesure où ses parents prennent du temps pour lui et se sentent concernés par ses désirs sans qu'il ait sans cesse à les reformuler. Il aime que l'on soit à l'écoute de ses problèmes et que l'on sympathise. Il aime qu'on lui lise des histoires et qu'on joue avec lui. Il aime être chahuté et chatouillé. Il aime qu'on l'aide à s'habiller et à attraper les objets trop hauts pour lui. Il aime qu'on l'aide à retrouver son « chiffonou » (doudou, nounours, etc.) et que l'on partage avec lui la gravité de cette perte.

C'est seulement parce qu'on aura montré à l'enfant qu'on l'aime, avec des actes et non uniquement avec des mots ou des câlins, qu'il deviendra à son tour capable de donner de l'affection autour de lui.

De la compréhension

Les adultes se comportent souvent comme s'ils n'avaient jamais été enfants ou comme s'ils en avaient tout oublié. D'où un grand nombre de conflits et de malentendus entre les parents et leurs enfants qui ne devraient pas être. Bien souvent, si les parents réfléchissaient aux motivations de leurs enfants pour tel acte qui leur a déplu, ils ne pourraient plus se fâcher de la même façon. Ils comprendraient que l'enfant, dans sa logique à lui, est tout à fait fondé à se conduire de cette façon, ou encore qu'il s'est comporté ainsi pour leur plaire. Au lieu de quoi ils tentent de le raisonner, de faire valoir la supériorité de leur point de vue et de lui démontrer qu'il a eu tort.

Comme l'écrit Bruno Bettelheim : « L'enfant est malheureux d'avoir été contrecarré. La supériorité de raisonnement de l'adulte donne à l'enfant le sentiment d'une défaite. En colère ou triste, il ne peut affirmer ses arguments ni comprendre ceux de ses parents. L'enfant se sent vaincu, mais nullement convaincu, par la raison parentale, ce qui est une expérience frustrante et débilitante. Il ne peut désobéir, mais il agit contre ses convictions, ce qui est affligeant. »

Tenir compte de son point de vue

Pour éviter cela, il faut que les parents comprennent et tiennent compte, autant que faire se peut, des points de vue et des désirs de l'enfant, aussi éloignés fussent-ils des leurs. Une fois qu'ils auront compris les pensées de l'enfant, ils pourront alors lui expliquer pourquoi cette attitude n'est pas en accord avec son but.

Le fait d'être pris au sérieux est très important pour l'enfant. C'est le contraire de vouloir à tout prix qu'il ait la même façon de voir les choses que les adultes. Ce vœu des parents est tout simplement impossible : leur cadre de référence et leurs expériences sont trop différents. C'est aux adultes de savoir que deux personnes peuvent avoir raison en même temps et tenir des discours différents, selon le point de vue où l'on se place.

Bruno Bettelheim raconte l'exemple d'un petit garçon perdu dans un grand magasin. La mère dit : « Paul s'est perdu », mais Paul dit : « Maman m'a perdu » Et, de fait, n'est-ce pas elle qui a lâché la main de l'enfant pour s'intéresser à des marchandises qu'elle trouvait, à cet instant précis, plus intéressantes que lui ?

Une seule technique pour comprendre les raisons des comportements de nos enfants : nous mettre à leur place et essayer de voir avec leurs yeux, nous souvenir de ce que nous aurions pensé, aimé ou fait à son âge. Ne comptons pas sur eux pour nous dire pourquoi ils agissent de telle ou telle façon : bien souvent, leurs motivations sont inconscientes ou trop complexes, ou encore nous rendons, par notre attitude réprobatrice, toute franchise impossible. J'entends souvent des parents demander à leur enfant : « Mais enfin, pourquoi tu ne viens pas dans le bain quand je t'appelle ? Tu sais bien qu'après je m'énerve, l'eau refroidit, tout va de travers. » Mais l'enfant, jusqu'aux années d'adolescence, est bien peu doué pour l'introspection. Il ne répond pas aux « pourquoi » parce qu'il ne connaît pas lui-même la réponse.

Du respect

Respecter son enfant signifie le traiter comme quelqu'un de valable. L'image qu'il se fera de lui-même et la confiance qu'il aura en lui dépendront en grande partie de la manière dont, profondément, nous l'aurons considéré. Lui accordons-nous le droit d'avoir des opinions, le droit de se tromper ? C'est avec l'image que nous lui renvoyons de lui-même qu'il construira celle qu'il gardera de lui toute sa vie.

Le respect que nous portons à notre enfant se traduit par nos paroles et nos actes. Bien souvent, nous ne ferions pas à un ami ou à une relation ce que nous faisons à notre enfant. Or, n'est-il pas bien plus valable et plus important à nos yeux ? Avec une relation, nous avons à cœur d'être à l'heure à nos rendez-vous, d'écouter sans l'interrompre, de ne pas l'obliger à aimer notre cuisine ou à finir son assiette, de lui parler poliment, de ne pas le traiter de stupide s'il est en désaccord avec nous, de ne pas lui interdire de toucher aux objets et de faire en sorte qu'il se sente bien chez nous.

Bien souvent, les parents parlent à leur enfant avec irritation et ressentiment, sans que l'enfant sache au juste pourquoi. L'énervement peut venir d'ailleurs, du travail ou de la fatigue, mais c'est l'enfant, parce qu'il est le maillon faible de la chaîne, ou parce qu'en cherchant bien on a toujours quelque chose à lui reprocher, qui subit les conséquences de cet état de fait.

Attention : l'enfant est très sensible à ces reproches. Incapable de faire la part des choses, il se sent profondément quelqu'un de mauvais, d'incapable et indigne d'amour.

Je n'insisterai pas. Chacun trouvera, dans son propre comportement ou celui de la société, les manques de respect qui blessent son enfant et lui donnent une mauvaise image de lui-même. Il ne s'agit pas, bien évidemment, de tout approuver de son comportement, mais de lui dire les choses de manière qu'il puisse les entendre. Dans notre bouche, la simple phrase « Pourquoi as-tu fait cela ? » n'est pas une innocente demande de renseignements, mais un reproche dissimulé, et l'enfant ne s'y trompe pas. Acceptons, si possible, qu'il soit différent de nous et qu'il n'ait que l'âge qu'il a… Traitons l'enfant avec respect. Ce n'est qu'ainsi qu'à son tour, il respectera autrui.

UN MANQUE DE RESPECT GÉNÉRALISÉ

Un grand nombre d'attitudes, pourtant courantes, traduisent un réel manque de respect pour l'enfant :

- Quitter la pièce avant que l'enfant ait fini de parler, ou ne pas lui montrer, par un signe ou un regard, qu'on l'écoute.
- Lui poser une question et ne pas prêter attention à sa réponse.
- Lui demander de faire un puzzle et ne pas regarder le résultat.
- Lui demander d'aller au lit au milieu de son dessin animé préféré.
- Passer rapidement sur son beau dessin, mais revenir longuement sur le jouet cassé.
- Promettre, puis ne pas tenir.
- N'avoir jamais le temps...

Il réclame trop d'attention

Tout le monde a besoin de l'attention des autres, qui marquent ainsi leur reconnaissance. Mais un enfant voudrait souvent l'attention exclusive de ses parents et supporte mal de les voir occupés à autre chose ou avec quelqu'un d'autre.

Pourquoi ?

Quelle que soit la quantité d'attention qu'on donne à certains enfants, ils en demandent toujours davantage : ils suivent leurs parents de pièce en pièce, suscitant parfois une sensation d'étouffement ; ils font des bêtises de préférence quand leur mère est au téléphone ; ils interrompent les conversations et sont toujours « dans les pattes » des adultes…

Dans certains cas, ces enfants ne reçoivent effectivement pas toute l'attention dont ils ont besoin. Ils ont l'impression, souvent exacte, qu'on ne fait pas attention à eux s'ils sont sages, silencieux et qu'ils jouent tranquillement dans leur chambre ; alors, ils attirent l'attention par tous les moyens, par des bêtises, par des demandes incessantes, par des colères, en refusant de manger ses haricots ou d'aller se coucher.

D'autres demandent beaucoup d'attention parce qu'ils ne se sentent pas en sécurité ; de ce fait, ils sont très dépendants et se sentent perdus sans un adulte pour s'occuper d'eux ou pour rester auprès d'eux. Cet état est parfois transitoire et résulte d'une difficulté particulière, ou bien s'est installé.

D'autres encore ont été habitués à compter sur autrui plutôt que sur eux-mêmes et à avoir un adulte à leur disposition : à terme, ils seront moins autonomes dans leurs jeux et leurs comportements.

Enfin, il y a tous ceux qui se disent que le temps et l'attention qui leur sont donnés sont autant que le frère ou la sœur n'aura pas !

Comment réagir ?

La première chose à faire, la plus évidente, est de donner beaucoup d'attention à votre enfant quand il n'en demande pas, même s'il est sage et que vous êtes occupé ailleurs. Quelques idées :

- Proposez vous-même une partie de dominos ou trouvez le temps, en épluchant les légumes, de bavarder ensemble.
- Il vous sera plus facile de dire : « Je passe un quart d'heure avec toi, tu choisis ce que tu veux que nous fassions ensemble, puis tu joueras seul le temps que je fasse mon courrier. »
- Chaque parent devrait trouver chaque jour un moment d'attention vraie pour chacun de ses enfants, aussi court soit-il. Un moment de vraie disponibilité, le soir au coucher par exemple, à inclure dans la routine quotidienne.
- Si vous promettez votre attention à votre enfant, tenez votre promesse. « Je suis à toi dans deux minutes » veut vraiment dire deux minutes pour votre enfant.
- Si vous lui consacrez un quart d'heure, ne vous laissez pas interrompre par le téléphone.
- Quand vous êtes avec votre enfant, donnez-lui l'impression qu'il est plus important pour vous que tout au monde, non que vous ayez hâte de vous débarrasser de lui pour passer à autre chose.

Si vous avez l'impression que votre enfant reçoit, chaque jour, une quantité suffisante d'attention et qu'il continue néanmoins à en réclamer davantage, recourez à une autre technique : après lui avoir expliqué que vous n'êtes pas disponible, ignorer votre enfant peut lui montrer votre détermination. Vous pouvez vous comporter ainsi avec l'enfant qui jalouse son frère ou sa sœur, alors que vous avez déjà passé du temps avec lui, ou avec celui à qui vous avez demandé de ne pas vous déranger et de faire son puzzle à côté de vous.

Soyez clair dans ce que vous demandez. Par exemple, dites-lui : « Je t'aide à démarrer ton puzzle. Puis tu le continues seul. Je regarderai quand tu auras fini. » Puis ne répondez plus jusqu'à ce que le puzzle soit fini.

Aide-le à devenir autonome

Notre société valorise à l'excès l'autonomie et l'indépendance précoces de l'enfant : de plus en plus tôt, il doit être capable de dormir seul, manger seul, s'habiller seul, jouer seul, lire seul… La crèche puis la maternelle se fixent comme but l'autonomie de l'enfant. Pour le bénéfice de qui ? L'enfant « qui se débrouille seul » ne doit pas être celui dont on ne s'occupe plus ; le temps qu'on ne passe plus à s'occuper du corps de l'enfant devrait être dégagé pour jouer ou parler avec lui.

Il est fréquent que le rythme de l'enfant et celui que ses parents voudraient lui voir adopter ne soient pas les mêmes… Notre société valorise la précocité sous toutes ses formes, notamment chez les enfants, mais cela ne correspond pas forcément à un développement équilibré. Or on ne peut devenir autonome que lorsqu'on se sent solide sur ses jambes, en appui ferme sur ses acquis.

Dans notre monde où tout s'accélère, on attend souvent des enfants qu'ils accélèrent aussi leur développement. Le respect du rythme d'acquisition de chaque enfant fait partie de ce travail que les parents ont à faire.

Chacun son style

Faire confiance à son enfant, c'est faire preuve de patience avec lui et respecter sa progression. On le veut autonome, débrouillard, alors qu'il n'est qu'un petit enfant qui avance à son rythme. Il n'y a rien de spécialement valorisant à être en avance dans un domaine particulier, pas plus qu'il n'y a de honte à prendre son temps dans un autre.

Chez les plus petits, il est fréquent que le développement ne suive pas le même rythme chez chacun. Tel qui marche plus tôt sera propre plus tard. Tel qui a parlé tard sera rapide dans la confection des puzzles, etc. On juge toujours l'avancée d'un enfant sur les mêmes critères « visibles » : il marche, il ne porte plus de couches, il écrit son nom, il compte jusqu'à cent, etc. En réalité, ces comportements ne sont que la conséquence de progrès intérieurs plus fondamentaux, mais aussi plus discrets. Être propre, par exemple, cela signifie comprendre ce que les adultes attendent, avoir conscience des processus internes de son propre corps, avoir acquis le vocabulaire adéquat, etc., toutes choses qui ne se voient pas directement.

Aussi, ne comparez jamais votre enfant à celui du voisin...

On attend trop souvent des enfants qu'ils fassent seuls des choses qu'ils ne sont pas capables de faire, du fait de leur âge ou de leur développement, et cela mine leur confiance en eux. Ils veulent faire plaisir, et ne se sentent pas à la hauteur.

L'enfant se sent heureux lorsque ses parents sont fiers de lui et de ce qu'il fait. Alors mieux vaut attendre que l'enfant aille vers sa prochaine acquisition à son rythme propre, quand il l'aura « décidé » et qu'il se sentira prêt. Toute insistance risque de le bloquer inutilement.

ASTUCE

La croissance des enfants est progressive. Il n'y a rien à réglementer arbitrairement, sauf à prendre le risque de blesser l'enfant, en lui faisant sentir si jeune qu'il inquiète ou déçoit ses parents.

Profitez avec joie de l'étape qui est là, faites confiance au temps et croyez aux vertus de la patience.

Certains enfants insécurisés et manquant d'assurance ont besoin qu'on les aide à trouver la confiance en eux ; ils doivent apprendre qu'ils ne peuvent pas avoir « tout tout de suite » et attendre leur tour. Ils ont besoin de louanges, surtout si cela va dans le sens de l'autonomie que vous souhaitez obtenir.
Si, à votre demande, votre enfant vous a laissé travailler une demi-heure, félicitez-le, et remerciez-le en lui donnant ce qu'il souhaite le plus : du temps partagé avec vous.

Il vous interrompt sans cesse

Si votre enfant vous interrompt très souvent, c'est sans doute parce que son attitude est efficace, malgré ce que cela peut avoir d'exaspérant pour vous. Expliquez-lui clairement quand et comment il peut vous interrompre et demander votre attention, et quand il ne le peut pas. Ne le laissez pas croire que vous n'êtes pas intéressé par ce qu'il a à vous dire : simplement, ce n'est pas le bon moment. Faites-lui un petit signe de la main pour montrer que vous avez entendu sa requête, mais que vous ne pouvez pas y accéder.

Enfin, il existe une façon correcte d'attirer l'attention que votre enfant peut apprendre, même s'il ne l'appliquera pas systématiquement avant plusieurs années. Par exemple, commencer sa phrase par : « Excuse-moi », puis attendre la réponse ; ou, s'il vous parle pendant que vous téléphonez, chuchoter plutôt que parler à haute voix.

Les questions d'attention sont importantes ; l'enfant a des choses à communiquer et les répétera jusqu'à ce qu'elles soient entendues. Pour se sentir en sécurité, il a besoin de parents compréhensifs et ouverts ; sinon, il trouvera des moyens pour les obliger à s'intéresser à lui : refuser de manger, rejoindre le lit parental la nuit, tomber malade... Alors, ne vaut-il pas mieux tendre l'oreille et donner raisonnablement de son temps ?

Son temps de parole

Pour un enfant, il est frustrant d'attendre que vous ayez fini de bavarder pour enfin pouvoir vous parler. Alors, n'exigez pas trop de lui.

Aidez-le à patienter, fournissez-lui de quoi s'occuper – du papier et des crayons près du téléphone –, donnez-lui quelque chose à boire ou à manger...

S'il interrompt les conversations, à table, avec les adultes, veillez à ce qu'il ait, lui aussi, son temps de parole.

Il a des choses à dire et ne sait tout simplement pas quand les dire. Lorsque plusieurs grands parlent ensemble, il est parfois difficile de prendre la parole. Lui demander : « Et toi, qu'en penses-tu ? » lui évitera de vous interrompre pour donner son avis.

Le sommeil

Quels que soient les problèmes de sommeil de votre enfant, sachez qu'ils sont courants et que les plaintes les plus fréquentes, chez le pédiatre ou le psychologue, concernent ce domaine sensible. Toutes les familles connaissent les refus d'aller se coucher et les réveils nocturnes... ou très matinaux.

Quels sont ses besoins ?

Autour de trois ans, un enfant a besoin de dix à treize heures de sommeil par tranche de vingt-quatre heures, sieste incluse. Ces besoins varient d'un enfant à un autre et sont propres à chacun. Aussi, avant de se plaindre des problèmes de son enfant, faut-il être sûr qu'il doit dormir davantage. Souvent, ce n'est pas un problème pour l'enfant, mais pour le parent !

DORMIR POUR BIEN GRANDIR

Un temps de sommeil suffisant est indispensable à une bonne croissance et à une vie de bonne qualité. Dormir sert, bien entendu, à récupérer de sa fatigue physique et nerveuse, mais c'est également pendant le sommeil que les informations et les apprentissages de la journée s'organisent, que la mémoire se structure, que le système nerveux se construit et que l'hormone de croissance est principalement sécrétée.

Arrêter la sieste ?

En ce domaine, si les différences individuelles sont notables, la plupart des enfants font encore des siestes régulières jusqu'à quatre ans. Cela dépend en partie du nombre d'heures de sommeil de nuit ; les enfants réveillés très tôt à cause des contraintes professionnelles de leurs parents doivent pouvoir dormir dans de bonnes conditions après le déjeuner. Tous doivent pouvoir se reposer.

On ne peut forcer à dormir un enfant qui n'a pas sommeil : mieux vaut le laisser feuilleter un livre ou manipuler un jouet plutôt que de l'obliger à rester pendant une heure immobile dans le noir.

Les problèmes de sommeil viennent le plus souvent du fait que les besoins de l'enfant n'ont pas été respectés et qu'il ne lui a pas été permis de considérer son lit comme un lieu agréable.

Prévenir les problèmes de sommeil

Ces conseils seront utiles aux parents dont l'enfant présente des problèmes occasionnels seulement. Il est toujours plus facile de prévenir que de guérir.

- **La durée et le rythme du sommeil de l'enfant changent avec le temps.** Être vigilant aux besoins de votre enfant permet d'éviter des erreurs qui sont source de conflits – par exemple, exiger d'un enfant qui a passé ce stade qu'il fasse encore la sieste, ou attendre d'un enfant de trois ans qu'il dorme autant qu'un an auparavant.
- **Le sommeil est un phénomène naturel : il gagne à être traité comme tel.** Il se manifeste par des signes qu'on peut apprendre à son enfant à repérer. Alors pourquoi ne pas le laisser gérer sa quantité de sommeil ? Après avoir été placé dans des conditions propices à l'endormissement – au calme, dans son lit ou dans sa chambre, avec une lumière tamisée –, c'est à lui de décider lorsqu'il fermera les yeux. La seule règle est qu'il reste tranquille et n'empêche pas les autres de dormir.

- **Le sommeil survient quand c'est le bon moment,** quand le cerveau est prêt à se mettre au repos, ce qui est annoncé par des signes physiologiques : l'enfant bâille, ses yeux le piquent, il ralentit son activité… C'est le passage du marchand de sable, chaque soir à la même heure. Si votre enfant est déjà au lit, il s'endormira ; s'il est encore à table ou devant la télévision, il luttera contre le sommeil par l'énervement. Ce moment passé, il faudra attendre le cycle suivant… soit une heure et demie plus tard.

- **Faites des activités calmes dans la demi-heure qui précède le coucher** afin que l'enfant se détende et sente le sommeil venir. Préférez l'écoute de chansons douces à la bataille de polochons…

- **Attention aux jeux sur écrans en fin de journée :** la lumière bleue dégagée par ces derniers est connue pour provoquer l'éveil, donc des troubles du sommeil.

- **Si, par votre exemple, l'enfant a compris que dormir est une expérience agréable,** il s'opposera moins au coucher que si le lit est le lieu où on l'envoie pour le punir.

- **De nombreux conflits se règlent quand on n'impose plus à l'enfant de dormir,** mais qu'on le convainc simplement qu'à une certaine heure, chacun regagne ses quartiers.

- **Une attitude rassurante et ferme a toujours aidé les enfants à apaiser leurs craintes,** donc à dormir. L'heure d'aller au lit ne doit pas faire partie des choses négociables – sauf exception, bien entendu. Tout le monde se couche. Des horaires réguliers, accompagnés d'un rituel agréable, sont très utiles pour prévenir d'éventuelles difficultés.

Favoriser un bon sommeil

Dans la journée, un enfant doit avoir reçu sa dose d'affection parentale. Sinon, il cherchera à se rattraper pendant la nuit, lorsque ses parents sont « disponibles ». Par exemple, il ne s'endormira pas tant que son père ne sera pas rentré, ou il viendra rejoindre ses parents dans leur chambre, à deux heures du matin, un jouet à la main… L'enfant protestera d'autant plus au moment du coucher qu'il se sentira frustré. Un enfant a besoin d'échanges intimes, corporels et complices avec les adultes qui comptent pour lui. Quand il n'en a pas assez, il en réclame bruyamment.

L'enfant doit apprendre à gérer les séparations dans la journée pour mieux supporter celles du soir. En effet, sa capacité d'endormissement est liée à sa sécurité intérieure. S'il est sécurisé, ses parents pourront être rassurés, et les choses s'arrangeront rapidement. Parfois, c'est l'un des parents qui a du mal à se séparer de son enfant.

Le rituel du soir

À trois ans, ce qui désigne le scénario immuable précédant le sommeil de l'enfant est en général bien institué. Ne le négligez pas : il est d'une importance déterminante pour rassurer votre enfant. Si l'habitude est prise d'éteindre la lumière et de se quitter après avoir bordé l'ours et bu un dernier verre d'eau, les rappels répétés ont beaucoup moins de raisons d'être. Lire une histoire, se faire un câlin, allumer la veilleuse et enlacer son doudou sont des actes qui calment, qui aident à se séparer de ceux qu'on aime et qui amènent au sommeil.

Ce rituel doit avoir un terme, c'est à vous de le mettre ; tandis qu'il ne faut pas donner l'impression à l'enfant qu'on veut se débarrasser de lui, il ne faut pas non plus le laisser prolonger les choses. Tout est une question de souplesse et d'appréciation personnelle.

BON À SAVOIR

Si ce rituel du sommeil évoluera dans sa forme, il ne disparaîtra pas ; jusque vers dix ou douze ans, les enfants se préparent au sommeil par une suite de gestes qui les rassurent : préparer ses habits du lendemain, border son lit d'une certaine façon... Et vous, n'avez-vous pas un rituel pour mieux vous endormir ?

A-t-il peur du noir ?

Dans tous les contes, la nuit est synonyme de mystère et d'effroi ; du trou noir du sommeil peuvent surgir peurs et fantasmes déguisés en monstres et en démons.

À partir de deux ou trois ans, l'imagination prend le pouvoir et peut être terrifiante : l'enfant ne sait pas encore séparer le réel de l'imaginaire, si bien qu'il projette sur l'écran noir de la nuit le contenu de ses angoisses, de ses conflits et de son agressivité. Ses nuits se peuplent de monstres, de voleurs et d'animaux, tous plus terribles les uns que les autres.

Sur le moment, les parents d'aujourd'hui peuvent être surpris ; eux qui ont pris soin de ne jamais menacer du croque-mitaine se trouvent désarçonnés par ce qu'ils qualifieraient volontiers de sornette. Mais si les loups se font rares dans nos villes, les peurs, elles, sont restées ; et si les sorcières n'existent que pour de rire, la peur, elle, est là pour de vrai.

Rares sont les enfants qui, entre deux et cinq ans, n'ont pas eu peur de l'obscurité. Une anxiété banale, qui se traduit par un refus du coucher, une crainte de rester seul, des pleurs… et une venue en cachette dans le lit des parents. Les retrouverai-je demain ? Ne seront-ils pas absorbés par la nuit ? Et que font-ils, tous les deux dans leur lit ? Les troubles du sommeil sont parfois une manière de chercher une réponse à ces questions.

Comment réagir ?

Il faut faire la part des choses : l'enfant est-il réellement effrayé, ou a-t-il trouvé un moyen efficace pour faire marcher ses parents ? Dans le premier cas, il a besoin d'être rassuré par un adulte qui saura dédramatiser la situation.

- **Le soir, laissez un éclairage.** Parmi les conditions assurant un sommeil paisible, le fait de pouvoir se repérer dans l'espace lorsqu'on se réveille en pleine nuit compte beaucoup. S'il fait noir, l'enfant est perdu. Souvent, il appelle ses parents pour qu'ils viennent le rassurer ; mais s'il voit assez, grâce à une petite lumière qui vient de la veilleuse ou du couloir, il sort vite de son rêve et se rendort. Laisser une veilleuse ne s'oppose pas à l'autonomie de l'enfant, au contraire, elle la renforce. Dès qu'il saura s'en servir, confiez-lui une lampe de poche ; depuis son lit, il pourra explorer les recoins sombres de sa chambre afin d'en faire fuir les monstres.
- **La nuit, chassez les cauchemars.** Si votre enfant vous appelle à la suite d'une peur ou d'un cauchemar, commencez par allumer doucement la lumière – le variateur, qui permet de contrôler l'intensité lumineuse, est un bon investissement, ou bien seulement la lumière du couloir. Aidez-le à se rassurer et à retrouver son espace. Murmurez quelques phrases positives magiques, qu'il pourra se répéter dans sa solitude : « Tout va bien, papa et maman sont là, rien ne peut t'arriver, tu es en sécurité. » Quittez la chambre quand l'enfant est calmé, mais sans attendre qu'il se rendorme.

- **Le jour, donnez-lui confiance en lui.** Les problèmes de la nuit se résolvent le jour. Comment ? En parlant avec l'enfant de ses peurs. On peut lui demander de les dessiner : on combat mieux ce qu'on connaît bien. Jouer avec lui à l'aveugle ou à colin-maillard permet d'apprivoiser les sensations qu'on a dans le noir. Mais le plus important est de lui expliquer que ces peurs sont fréquentes à son âge ; elles signalent qu'il grandit et qu'il doit renoncer à des choses de sa petite enfance, et cela, parfois, fait peur. Ses frayeurs disparaîtront quand il grandira et se sentira plus fort. En attendant, ses parents veillent à sa sécurité. Si rien ne vient empêcher sa résolution, la peur du noir prendra fin, d'une manière spontanée, vers huit ou dix ans.

C'est un lève-tôt !

Parfois, il n'y a rien de plus irritant que l'appel d'un enfant à six heures du matin, quand le réveil doit sonner à sept. Sans parler des dimanches, où on rêve d'une grasse matinée…

Si votre enfant, bien reposé, affamé et en pleine forme, vous réveille tous les jours trop tôt à votre goût, que pouvez-vous faire ?

S'il vous prive de votre compte de sommeil ou si vous vous inquiétez de le savoir seul éveillé dans la maison, vous pouvez lui apprendre à se rendormir ou à jouer calmement dans son lit, ou dans sa chambre, jusqu'à l'heure du lever. Toutefois, n'espérez pas qu'il puisse tenir jusqu'à 10 h du matin…

Avant tout, il faut être sûr qu'il a assez dormi.

Si votre enfant se couche à une heure raisonnable et s'il se réveille tôt sans avoir eu son compte de sommeil, assurez-vous tout d'abord que cela n'est pas dû à un excès de lumière ou de bruit dans sa chambre.

Mais certains enfants se réveillent sans cause apparente. Si c'est le cas, voici quelques façons de l'inciter à retourner dormir. Mais n'espérez aucun miracle : s'il fait déjà jour, cela sera très difficile ; quoi qu'il en soit, les progrès seront limités. S'il passe de 6 h à 6 h 30, ce sera déjà très bien.

Souvent, un jeune enfant réveillé ne sait pas comment passer le temps. Voici quelques conseils pour l'occuper le matin.

- **La veille, prévoyez quelques occupations** à glisser dans son lit ou dans sa chambre ; si elle est parfaitement sûre, il pourra y jouer en toute sécurité en vous attendant. Remplissez un grand sac de jouets du matin : des objets divers, à renouveler de temps à autre, auxquels il n'aura droit qu'à ce moment de la journée. Glissez ce sac à côté de son lit en vous couchant et récupérez-le en vous levant.
- **Enregistrez-lui des histoires.** Le matin, votre enfant pourra en écouter une, et entendre votre voix sera un grand plaisir. De nouveau, réservez ces enregistrements pour le matin uniquement, afin de bénéficier de l'effet de surprise et de découverte.
- **Si votre enfant a faim et soif le matin,** placez sur sa table de nuit, le soir en vous couchant, un biberon, des fruits secs, des biscuits, du fromage…
- « Intéresser » le résultat favorise la réussite. À vous de fixer l'enjeu d'une façon progressive : au début, un quart d'heure de patience pendant plusieurs jours de suite mérite récompense, puis une demi-heure…
- **Achetez un réveil** conçu spécialement à cet effet : il indique quand l'enfant doit rester au lit et quand il peut se lever. Chaque soir, réglez-le selon l'horaire du lendemain matin.
- **Enfin, rappelez-vous que vous demandez à votre enfant de faire un gros effort** pour vous faire plaisir, un effort

qui consiste à retenir l'envie qu'il a de vous retrouver le plus vite possible. S'il y parvient, montrez-lui votre plaisir et votre fierté.

- **Et quand c'est enfin l'heure,** montrez clairement votre joie à le rejoindre et à commencer la journée avec lui.

A-t-il son compte de sommeil ?

Voici les questions à se poser : a-t-il toujours moins dormi que les enfants de son âge ? Ses horaires sont-ils réguliers ou varient-ils d'un jour à un autre ? Est-il de bonne humeur le matin ? Se traîne-t-il de fatigue avant la sieste ou le coucher ?

Profitez d'une semaine de vacances pour le laisser dormir à son rythme et à ses heures. Vous saurez ainsi avec précision s'il est du matin ou du soir et combien d'heures de sommeil lui sont nécessaires.

- **Si l'enfant se relève après le coucher :** le père est souvent le plus efficace pour régler ce problème. S'il est ferme, il peut lui montrer que les deux parents sont d'accord sur le fait de devoir rester dans sa chambre, ce qui est un point essentiel. La première fois, ramenez l'enfant gentiment, mais sans traîner ; la deuxième, faites semblant de ne pas le voir, puis raccompagnez-le moins gentiment. L'enfant ne doit surtout rien gagner à se relever, ni le droit de rester ni la faveur d'une sucrerie.
- **Testez différentes attitudes :** cela suffit parfois pour qu'au bout de quelques jours, il prenne l'habitude de se rendormir.

  Soyez ferme et direct en lui disant de retourner dormir ou de rester calme dans son lit jusqu'à ce que vous veniez le chercher. Pour certains enfants, le ton convaincu de la voix suffit.

  Vous pouvez aussi le rassurer. Certains enfants anxieux

craignent de ne pas se réveiller à temps pour ce qu'ils ont à faire, donc se réveillent bien avant. Dites-lui bien que vous le réveillerez ou, mieux, confiez-lui un réveil.
Ne vous précipitez pas au premier appel. Attendez cinq ou dix minutes avant d'aller dans sa chambre.

- **Le laisser seul devant la télévision ?** Certains enfants de trois ans se lèvent seuls le matin dans la maison encore endormie, s'installent dans la salle de séjour, allument la télévision et regardent les dessins animés en attendant que leurs parents se lèvent.
  Cette tranquillité parentale fait courir un trop grand risque à l'enfant : toutes les bêtises sont possibles, tous les programmes accessibles. Laisser un enfant de cet âge errer pendant une heure ou deux dans la maison ne paraît pas raisonnable.

L'heure du conte

Au coucher, lire des histoires à son enfant est l'un des rituels les plus courants. C'est l'un des meilleurs moyens de l'amener au sommeil et de partager avec lui un grand moment de plaisir et de découverte.

Une expérience émotionnelle

Tous les enfants aiment qu'on leur lise des histoires, qu'on les leur relise, qu'on dialogue avec eux sur ce qu'on a lu. Dès le plus jeune âge de leur enfant, les parents peuvent intervenir comme médiateurs pour lui faire découvrir et aimer les livres.

L'expérience émotionnelle qu'il vit là non seulement créera une relation particulière avec l'adulte lecteur, mais laissera une trace profonde dans son esprit.

Pour lui, les livres sont une manière de passer du langage oral au langage écrit : le vocabulaire est plus riche, les tournures plus complexes et les conjugaisons inhabituelles. Mais l'adulte lecteur est libre de réinventer certaines phrases s'il les trouve difficiles à comprendre. Attention : l'enfant adore qu'on lui raconte les mêmes histoires plusieurs fois et il repère vite les différences apportées au texte ! Une autre tâche de l'adulte est de mettre le ton : un bon lecteur est capable de faire vibrer son auditeur, de le faire rire comme de le surprendre.

Les habitudes familiales

Dans le domaine du livre, de l'écrit et de la lecture, le rôle des parents est déterminant. Leur enfant de trois ans adorera ce moment si les parents :

- **prennent le temps de communiquer** avec lui, plutôt que de se mettre ou de le mettre devant la télévision ;
- **le questionnent** et lui laissent le temps de répondre, s'ils répondent à ses questions, cherchant parfois ensemble les réponses dans des livres ;
- **lui lisent des histoires** et vont ensemble à la bibliothèque ;
- **attirent son attention,** dans la vie quotidienne, sur les mots – inscrits sur le paquet de céréales, sur une affiche… – et sur l'utilité de lire – une recette de cuisine, un mode d'emploi…

Quel livre choisir ?

- **Regardez les revues pour enfants,** souvent très appréciées, car les histoires qu'elles contiennent évoquent, d'une façon imagée, la vie de tous les jours.
- **Fixez-vous des critères :** la sollicitation de l'imaginaire et du rêve, la maîtrise des peurs, la meilleure connaissance de l'existence, la poésie du texte, la magie du dessin…
- Avant d'acheter un livre, posez-vous les questions suivantes : le sujet est-il en accord avec l'âge de l'enfant ? Le texte est-il rythmé, clair, riche ? Les dessins sont-ils attirants, vifs, pleins de détails à repérer ? Le livre est-il bien fait et résistant ? Êtes-vous d'accord avec ce qui est dit ou montré ? Avec la morale transmise ? Supporterez-vous de lire ce livre cent fois ?
- **Regardez avec soin les illustrations,** qui sont d'une importance majeure. Loin d'être le simple support de

l'histoire, elles sont ce qui attire l'œil de l'enfant d'une façon prioritaire tant qu'il ne sait pas lire. Parfois, le texte ne comprend que quelques lignes et les images forment l'essentiel ; il faut donc qu'elles possèdent une valeur informative en elles-mêmes. Et grâce à elles, vous pourrez dialoguer avec votre enfant au sujet de l'histoire ; rapidement, il pourra lui-même entreprendre de la raconter.

Les contes, formidables passeurs

Les contes occupent une place à part : ils n'appartiennent pas d'une manière spécifique à la littérature enfantine ; ils sont innombrables, anciens et issus de nombreux pays. D'une valeur humaine universelle, ils reprennent souvent les mêmes thèmes, les mêmes personnages, les mêmes symboles… C'est dire s'ils correspondent à des vérités ou à des peurs, et visent à répondre à des questions profondes.

Si chaque conte contient une part de surnaturel, il répond à une logique interne qui ne choque pas l'enfant. Que ces récits aient été mis en forme par Perrault, Andersen, Grimm ou d'autres, ils abordent tous des conflits psychologiques que les enfants connaissent bien, et ils les aident ainsi à les résoudre. Ils ne craignent pas de parler de la vieillesse, de la mort, de la jalousie, de la haine, de la méchanceté… mais ils finissent toujours bien.

L'enfant comprend qu'il aura, lui aussi, des épreuves à traverser, mais qu'il saura en venir à bout. Dans les contes, on réussit parce qu'on est petit, malin, généreux, jamais parce qu'on est fort et riche. La morale triomphe.

Les contes sont indispensables à l'enfant : ne vous privez pas de les lire et de les relire.

ALLEZ À LA MÉDIATHÈQUE !

La médiathèque est un lieu où vous pouvez emmener votre enfant avec grand profit. D'une part, il pourra aller seul fouiller dans les bacs et les rayonnages, feuilleter les ouvrages et choisir ceux qui lui plaisent.
D'autre part, les bibliothécaires vous conseilleront ou vous suggéreront des titres, selon ce que vous cherchez.
Aller à la médiathèque, c'est être un grand : la preuve, vous prenez également des livres ou des CD pour vous. Et emprunter un livre ou un CD qu'on doit rendre pour qu'il soit prêté à d'autres permet à l'enfant d'apprendre le respect et le soin pour les manipuler.

L'enfant de 4 à 5 ans

À quatre ans, l'enfant est doté d'une belle énergie !

Créatif, malin, curieux de tout, il est sans arrêt en action… au point de ne plus savoir quand s'arrêter.

La ronde de ses « pourquoi » donne parfois le tournis, mais prouve l'ampleur de son vocabulaire.

Quant à l'autonomie, elle progresse si vite que certains parents ressentent comme un manque de leur petit bébé…

Qui est-il ?

Après le bel équilibre de ses trois ans, l'enfant traverse de nouveau une période difficile, faite de ruptures, au cours de laquelle il aura besoin à la fois de fermeté et de sécurisation. Il est intarissable à la maison, souvent infatigable...

Il galope partout

Autour de l'âge de quatre ans, l'enfant mesure en moyenne entre 97 et 104 cm et pèse entre 14 et 18 kg. Ces chiffres sont bien entendu des moyennes, les filles étant plus facilement en dessous et les garçons au-dessus.

Ses besoins de dépenses physiques sont grands : galoper en jouant au cheval, sauter, grimper aux arbres, faire des galipettes, filer sur son tricycle, s'enfuir en courant si vous lui courez après sont parmi ses activités favorites. Il descend les escaliers seul en alternant les pieds.

Il invente

Bavard et imaginatif, l'enfant de quatre ans est à l'âge des grandes inventions : il imagine des histoires riches, colorées et invraisemblables, et s'étonne parfois qu'on ne soit pas dupe. Il se veut le personnage central de ses aventures, imagine mille vies à ses compagnons imaginaires avec qui il discute beaucoup, et se montre fier de ses réalisations. Il a encore parfois besoin qu'on l'aide à faire la part entre le réel et l'imaginaire, et entre ce qui lui appartient et ce qui ne lui appartient pas ; il rapporte volontiers de l'école des objets dont on n'est pas très sûr qu'ils lui aient été donnés.

L'enfant se montre excitable, autoritaire et parfois difficile ; des signes de tension interne peuvent apparaissent : il se ronge les ongles, fait des cauchemars, bafouille ou présente un tic. Ces caractères un peu paradoxaux témoignent du fait qu'il traverse une étape psychologique délicate, qui débouchera l'année suivante sur un nouvel équilibre. Il a de plus en plus conscience qu'il est un individu autonome, à la fois différent et proche de tous les autres enfants de son âge, sûr de ses droits, mais encore impuissant à les faire respecter.

Il adore les gros mots

Son humour est souvent exagéré et bruyant ; il rit de ses gros mots, surtout les plus obscènes de son vocabulaire, ou de ses inventions ; le mieux est encore de ne pas réagir ou de sourire avec lui, car il continuera de plus belle s'il vous sent choqué.

S'il rit très souvent, il pleure également davantage, ou pleurniche s'il n'obtient pas satisfaction.

En sus de l'agressivité verbale, un retour de l'agressivité physique est également observé ; l'enfant peut facilement taper ou donner des coups de pied. Tantôt jaloux tantôt affectueux, il est toujours victime des mêmes peurs – des animaux, des personnages différents, du départ de sa mère…

Moins soucieux de plaire, moins obéissant et peu respectueux des affaires d'autrui, il est en revanche très conscient de ses possessions et s'en vante – sa famille, ses jouets, ses vêtements neufs… Il aime aussi troquer.

Il est très autonome

Si l'enfant n'a pas un gros appétit, il se nourrit assez pour qu'il ne soit plus nécessaire de le faire manger ; il montre des préférences et des rejets alimentaires nets ; s'il partage la table familiale, il a encore du mal à se tenir assis à sa place pendant tout le repas et à respecter la parole des autres.

De nombreux enfants de quatre ans ne dorment plus à la sieste, l'après-midi, même si cela dépend des nuits qu'ils font et même si cela varie beaucoup d'un enfant à un autre. Les rituels du soir ont repris leur importance, et les parents sont rappelés s'ils ont omis de coucher la poupée ou de remplir le verre d'eau. La plupart des enfants font des nuits complètes, sauf ceux qui se réveillent pour aller aux toilettes, ce qu'ils font souvent seuls, ou pour aller rejoindre le lit parental. Les rêves sont souvent effrayants, et il arrive que l'enfant se réveille en hurlant, mais il devient peu à peu capable de raconter ses cauchemars.

De jour et le plus souvent de nuit, il va seul aux toilettes quand il en ressent le besoin. Inutile de l'accompagner : mieux vaut lui apprendre à se débrouiller seul. Il en est de même pour le bain : l'enfant à qui on a appris à se laver, à se rincer et à s'essuyer le fait très bien. Il s'habille seul si on place les habits dans le bon sens et dans le bon ordre, et sait fermer les boutons accessibles. La plupart savent attacher leurs chaussures.

Il sait se repérer dans le temps et l'espace

Sa compréhension du temps et sa manière de l'exprimer ont fait de grands progrès : l'enfant manie aisément le passé, le présent et le futur ; il enrichit son vocabulaire de nombreuses expressions relatives au temps ; peu à peu, il se repère dans les saisons, les mois et les jours de la semaine. Il sait à peu près dans quel ordre se succèdent les événements de la journée.

Il se repère également mieux dans l'espace et dans son quartier : il sait comment se rendre à la boulangerie ou à l'école, à quel endroit il doit s'arrêter pour traverser… Les petits mots tels que « devant », « derrière », « à côté », « au milieu », « tout près », « profond » ou « au-dessus » sont en général compris et bien utilisés. Excepté ces points particuliers, son vocabulaire s'est beaucoup enrichi : il compte mille cinq cents mots en moyenne, et il demande sans arrêt la signification de ceux qu'il ne connaît pas. Il est bavard, pose de nombreuses questions et fait des phrases plus longues.

Il est très créatif

L'enfant de quatre ans commence à savoir compter jusqu'à dix ou quinze et dénombrer correctement trois objets. En présence d'objets différents, il sait ordonner selon un critère : il arrive peu à peu à trouver le plus gros, le plus long, le plus lourd… Il peut aussi classer des objets selon leur couleur et en reconnaître quelques-unes.

L'enfant est dans une phase créative extraordinaire : il dessine, peint, colorie, modèle de la pâte, découpe, colle et fait des constructions compliquées ; aidé, il peut aussi broder ou enfiler de petites perles ; vous devez encourager ses réalisations, car, dans les années qui viennent, ses productions risquent de devenir plus conformistes et moins imaginatives. Plus habile avec ses ciseaux, il commence à savoir découper en ligne droite. Ses dessins de bonhomme commencent à être bien identifiables, avec une tête, un corps, des bras et des jambes.

Désormais, il réclame des histoires longues et apprécie également la poésie ; il aime qu'elle joue sur les mots, car il est plus attiré par cet aspect libre, humoristique, plein d'absurde et de non-sens que par l'histoire elle-même. L'exagération le fait rire. Il apprécie aussi beaucoup les livres d'information sur des sujets divers qui répondent à sa curiosité insatiable.

Dans l'écrit, il est capable de reconnaître des lettres, en particulier celles qui composent son prénom, et peut-être des mots. Il s'entraîne à les écrire, n'importe où sur la page ou bien coupés en deux sur deux lignes différentes.

L'enfant est intéressé par la télévision : il commence à suivre les histoires simples et aime plus que tout revoir les dessins animés qu'il connaît par cœur. Il est capable de chanter juste plusieurs comptines – qu'il sait mimer – ainsi que de petites chansons. Il aime taper sur un piano et tenter d'y reproduire des airs.

Il est expansif

Les jeux que l'enfant de quatre ans préfère sont ceux qu'il partage avec ses camarades – de préférence réels, mais également imaginaires ; on joue aux soldats ou au médecin, ou encore on colle aux scénarios des feuilletons télévisés du moment.

Très actif et très expansif, il a besoin de jouer dehors et de se dépenser beaucoup. C'est l'âge des jeux de ballon ou des structures en bois dans les parcs, des jeux dans l'eau ou avec l'eau.

À l'intérieur, il aime toutes les activités artistiques, les cartes à coudre, les jeux de construction et les puzzles qu'il fait d'une manière de plus en plus habile. Enfin, il apprécie toujours autant se déguiser et jouer des saynètes.

Il noue des amitiés fortes

Bien qu'il soit très fier de sa mère et désireux de la montrer, l'enfant de quatre ans s'oppose facilement à elle et cherche à échapper à son autorité. Conscient de son sexe, le petit garçon peut même, si c'est le cas de son père, adopter quelques expressions ou comportements « machistes ». Il se vante de son père auprès de ses copains et adore faire des choses seul avec lui.

L'enfant est profondément attaché à son foyer, à sa maison et aux membres de sa famille ; il aime les voir réunis autour de lui ou partir avec eux en balade, en visite, en excursion ou en voyage. Toute aventure le ravit. S'il rivalise encore volontiers avec un frère ou une sœur plus âgée, il peut avoir des sentiments maternants et jouer au grand envers un petit timide ou bien en larmes.

L'enfant peut avoir désormais des amitiés très fortes et des querelles fréquentes avec ses camarades ; on discute et on se dispute verbalement. Les sexes commencent à se séparer pour les jeux et pour les activités, et cela ira en s'accentuant dans les prochaines années.

L'ÂGE DES QUESTIONS INTIMES

L'enfant âgé de quatre ans s'intéresse à sa croissance, à son corps, à son nombril... Il aime qu'on lui raconte des anecdotes relatives au temps où il était encore tout petit ; il s'interroge pour savoir par où les bébés entrent et sortent du ventre des mamans. Il est très curieux de l'intimité des autres et volontiers voyeur.

Regarder ses dessins

Votre enfant est à l'âge où il dessine beaucoup, avec enthousiasme et imagination. C'est une activité extraordinaire. Laissez toujours à sa disposition du papier, des crayons, des feutres et des crayons gras afin qu'il puisse s'y adonner autant qu'il le souhaite.

Une projection de soi

Pour un enfant de cet âge, dessiner n'est pas seulement produire avec plaisir une belle œuvre qui suscitera l'admiration de ses parents et qui, avec un peu de chance, sera accrochée sur la porte du réfrigérateur, c'est avant tout trouver un équilibre affectif et projeter sur le papier ce qu'on ne sait pas encore dire avec des mots : la confiance en soi, la place de son père dans son cœur, l'angoisse de grandir, la joie, la peur, la tristesse… L'enfant est tout entier dans ses dessins. C'est la raison pour laquelle ces productions sont tellement indispensables à un enfant, d'une telle richesse pour ses parents et aussi parlants pour un psychologue.

Savoir interpréter des dessins d'enfants demande une véritable compétence et une grande expérience, ce qui ne saurait être résumé ici. Toutefois, voici quelques éléments de ce qu'il est possible de lire dans une série de dessins réalisés par un enfant sur une période donnée – un dessin isolé ne suffit pas à permettre une interprétation.

Quelques éléments d'interprétation

- **La place du dessin dans la feuille :** la manière dont l'enfant situe son dessin dans la feuille fournit des indications sur la façon dont lui-même se place, ou se sent placé, dans son environnement. Selon que son dessin n'occupe qu'un petit coin de la feuille ou la remplit tout entière, on perçoit son repliement ou sa sûreté. S'il se dessine lui-même d'un côté ou d'un autre de la feuille, cela traduit un élan plus ou moins grand vers l'avenir.
- **La vigueur du tracé :** on retrouve dans l'interprétation des dessins des analogies avec l'analyse graphologique, en particulier dans le tracé et la pression du trait. Selon que le dessin est délicat, précis, soigneux et léger, ou au contraire rapide, ferme et éclaté, cela donnera des indications sur le tempérament de l'enfant, sur sa sensibilité, son énergie, sa vitalité…
- **La force de certains symboles :** des symboles tels que l'eau, le soleil, la lune, l'arc-en-ciel, la maison, les chemins, les fenêtres et l'arbre sont très expressifs et se retrouvent chez presque tous les enfants, avec des significations proches. Si le soleil représente la place accordée au père, le chemin celui de la vie, plus ou moins semé d'embûches, l'eau figure la mer et la maison son propre moi, plus ou moins accueillant et ouvert sur l'extérieur. Toutefois, ces interprétations sont complexes et ne peuvent être détachées de leur contexte.
- **Les couleurs choisies :** d'une manière générale, on peut se fier à l'impression plus ou moins gaie, tonique, vive, douce, ou au contraire sombre, qui se dégage du dessin. En règle générale, un enfant qui va bien fait des dessins gais, riches et colorés. S'il a des problèmes, ses dessins en seront affectés et deviendront différents ; peut-être les couleurs

seront-elles plus ternes ou plus sombres – et le tracé plus répétitif, l'expression plus agressive ou plus renfermée.

- **Le dessin de la famille :** il est toujours l'un des plus significatifs. La place respective des personnages comme leur taille n'est pas seulement fonction de la réalité, mais avant tout de l'importance que l'enfant leur accorde. Le petit frère a-t-il été oublié ? Le père est-il plus petit que la mère, alors que c'est le contraire dans la réalité ? Le chat est-il aussi grand que l'enfant lui-même ? Les personnages se touchent-ils ? Tout cela signifie quelque chose.

QUAND LES DESSINS SONT MENAÇANTS

Si, sans raison apparente, votre enfant se met à dessiner des avions de guerre chargés de bombes, des maisons sans fenêtres « à cause des loups », des ciels chargés de gros nuages noirs ou de grandes montagnes qui bouchent le paysage, peut-être est-il temps, ses dessins sous le bras, d'emmener votre enfant consulter un psychologue.

L'écouter commenter

Ce que dit l'enfant dans ses dessins réclame le même respect que ce que sa bouche énonce. Il est inutile, quand un enfant apporte de nouveaux dessins, de s'enthousiasmer d'une manière excessive ; mais il serait injurieux à son égard de les jeter tout de suite ou de ne pas simplement leur accorder l'importance qu'ils méritent.

Pour en savoir plus sur ce que l'enfant a voulu exprimer, le mieux est de lui demander de commenter son dessin, ses personnages, ses couleurs…, sans juger ni interpréter ni influencer d'aucune manière. Parfois, il refusera de parler, d'autres fois il sera intarissable, et on apprendra beaucoup.

Petites maladies, grands plaisirs

Il n'est pas question ici des pathologies graves qui immobilisent longuement l'enfant ou nécessitent son hospitalisation, mais des infections bénignes qui, quand elles se reproduisent trop souvent, empoisonnent la vie des enfants – et des parents.

Des bénéfices secondaires

La plupart des maladies bénignes possèdent une composante psychologique à ne pas sous-estimer. En effet, nos maladies d'enfant n'appartiennent-elles pas, par certains côtés, à nos meilleurs souvenirs ? La chaleur du lit où on pouvait se rendormir, la présence attentive et exclusive de sa mère… L'enfant malade devient quelqu'un d'important, au centre des préoccupations et suscitant l'inquiétude. N'est-ce pas là une position enviable ?

Tout cela fait partie de ce que les psychologues nomment les « bénéfices secondaires », c'est-à-dire ce que l'enfant gagne en étant malade.

Ce gain peut être une source de plaisir : l'enfant malade redevient un peu un bébé, qu'on soigne, assiste et manipule. Ce retour en arrière temporaire est parfois indispensable à l'enfant et répond à un besoin profond, pour souffler, pour marquer un temps d'arrêt ; le plus souvent, il sera suivi d'une nouvelle vague de grands progrès.

La maladie introduit une rupture dans la routine de l'enfant : il a davantage de solitude et de temps pour penser ;

il voit tourner la vie autour de lui et, en son absence, constate qu'elle continue, à l'école comme à la maison. Cela peut provoquer une maturation, qu'on pourrait traduire par : « Je ne suis pas au centre du monde et il peut tourner sans moi… »

Parfois, l'enfant découvre qu'être malade est une situation fort intéressante : il mobilise l'attention de sa mère, se fait dorloter, offrir de petits cadeaux, n'est plus grondé, n'est pas obligé de manger, peut regarder la télévision… C'est tellement plus agréable que d'être en bonne santé, que l'enfant va peu à peu, d'une manière inconsciente, finir par accentuer des symptômes mineurs pour retrouver l'état de malade.

Un plaisir partagé

La mère joue un grand rôle dans la façon dont l'enfant vit sa maladie, car elle-même témoigne souvent d'un comportement ambigu : d'un côté, cette maladie l'ennuie et l'empêche d'aller travailler, désorganise la maison, suscite une inquiétude et ne correspond pas à l'image idéale de l'enfant en pleine forme ; d'un autre côté, elle lui offre à son tour des bénéfices secondaires. Ne va-t-elle pas jouer le rôle merveilleux de celle qui soigne, entoure et dorlote son tout-petit, tout à elle ? Elle partage alors avec son enfant le plaisir de retrouver la relation fusionnelle, quand son bébé dépendait entièrement d'elle.

Si ce plaisir, conscient de la part de la mère, ne dure qu'un temps, il fait du bien à tout le monde. S'il dure trop ou s'il reste inconscient, il n'est pas sans effet sur la prolongation ou le renouvellement des troubles.

Le langage du corps

Le terme « somatisation » recouvre une idée simple : trop jeune pour exprimer ses peurs ou ses conflits, l'enfant les traduit en un langage corporel. Cet effet du psychisme sur le physique a été expérimenté par tout le monde, au moins une fois dans sa vie, à travers le mal au ventre au matin d'un examen ou le nœud dans la gorge au moment de prendre la parole en public.

Le langage commun rend bien compte de ce phénomène : « J'étais malade d'angoisse », « Cette histoire me rend malade », « J'en ai plein le dos » En général, l'enfant est incapable de réaliser seul ce qui l'habite psychologiquement, que ce soit la jalousie à l'égard d'un nouveau-né, l'inquiétude d'une vérité cachée, la peur de l'école ou celle de n'être pas aimé. Ce qu'il ne peut dire en paroles, son corps l'exprime en symptômes, qui sont les mots du corps.

Dans ce cas, le mécanisme cessera le jour où l'enfant se sentira entendu et compris.

Un médecin ou un psychologue peut aider les parents à comprendre ce que dit l'enfant à sa manière ; et si les médicaments peuvent le soulager, ils n'atteindront pas les causes, et la maladie reviendra. Ainsi, tandis que certains enfants font des otites à répétition, attendant qu'on leur dise quelque chose que leurs oreilles attendent, d'autres se font des plaies et des bosses à un rythme anormal. Ces enfants ne sont pas des simulateurs : leur souffrance, physique et psychologique, est réelle et demande à être entendue.

Que faire ?

Comment se comporter avec un enfant atteint d'une petite maladie ? Voici quelques conseils.

- **Expliquez-lui sa maladie avec des mots simples :** dites-lui ce dont il souffre et ce qui se passe dans son corps. Quand on sait qu'un microbe a envahi l'organisme, mais qu'il se défend, aidé par les médicaments, et que c'est pour cela qu'on a de la fièvre, on se sent déjà mieux.

- **Expliquez-lui le pouvoir qu'il a sur son corps :** être en bonne santé, ça s'apprend et se mérite. Il se débarrassera plus vite de sa maladie s'il visualise son corps en train de se défendre, s'il n'est pas obsédé par ses bobos et s'il pense à tout ce qu'il fera une fois guéri.
- **Ne le surprotégez pas :** ne le traitez pas comme une petite chose fragile et délicate. Des phrases telles que : « Si tu ne mets pas ton bonnet, tu vas encore avoir une otite », ou « Ne restes pas dans les courants d'air, tu vas t'enrhumer », répétées quotidiennement, sont des appels à la maladie. Pourquoi ne pas plutôt lui dire : « Je sais que tu ne t'enrhumeras pas, car tu es très fort, mais tu te sentiras plus à l'aise avec ce bonnet qui te va si bien. » Et il n'est pas inutile de rappeler que ce n'est pas le courant d'air qui rend malade, mais la rencontre avec un virus transporté par quelqu'un d'autre.
- **Ne vous affolez pas pour un rien :** ne faites pas intervenir le médecin au moindre éternuement. Mieux vaut faire confiance à votre enfant : « Tu as peut-être attrapé un rhume, mais comme tu es en bonne santé, ton corps va s'en débarrasser très vite. »
- **Ne rendez pas la maladie séduisante :** cela arrive si elle est associée à des choses agréables telles que des cadeaux et des attentions. C'est la bonne santé qu'il faut récompenser, pas la maladie. Pourquoi ne pas offrir un cadeau à votre enfant pour le féliciter de n'avoir pas été malade depuis tant de mois ? Voilà qui l'incitera à se maintenir en forme !
- **Donnez l'exemple :** l'enfant se comporte souvent comme ses parents. Il aura tendance à se complaire dans la maladie si l'un de ses parents, ou les deux, se plaint souvent, passe

beaucoup de temps chez le médecin et s'alite au moindre rhume. À l'inverse, l'exemple d'individus en bonne santé, qui n'écoutent pas leurs petits malaises, mais les traitent comme des aléas de l'existence, a des chances d'influencer l'enfant.

- **Ne voyez pas que la maladie :** dans certaines pathologies chroniques qui réclament une surveillance permanente de l'enfant, les parents ont parfois tendance à ne plus voir en lui que le malade potentiel. En l'identifiant à sa maladie et en projetant sur lui leur angoisse, ils risquent de le handicaper sur le plan psychologique. À terme, une surprotection anxieuse peut faire plus de mal que la maladie elle-même.

Il est douillet, il se plaint tout le temps...

Certains enfants s'accommodent des « bobos » et supportent rapidement les frustrations de l'existence, tandis que d'autres ne semblent jamais contents, vite contrariés ou dérangés...

Des enfants différents

De certains enfants, on dit que ce sont de vrais « durs ». S'ils tombent dans leur course, ils se relèvent et continuent. On dirait que les plaies et bosses n'ont pas de prise sur eux. Ce sont généralement des enfants actifs et volontiers « casse-cou ». À l'inverse, certains pleurent même lorsque l'on ne voit rien, s'affectent du moindre bouton et hurlent à la plus petite égratignure ou à la seule vue du flacon d'alcool. Ils donnent l'impression de souffrir beaucoup, en tout cas d'être exagérément sensibles à toute souffrance, si minime soit-elle. Seuls le pansement, le bonbon et le gros câlin viennent finalement à bout des pleurs.

La visite chez le médecin avec l'un de ces enfants particulièrement douillets relève du parcours du combattant. L'enfant pleure longtemps préventivement. Il faut user de ruses et de promesses pour parvenir à l'examiner ou pour lui faire son vaccin. Pour certains, même la prise de médicaments, en particulier des suppositoires, déclenche une crise.

Un cercle vicieux

Qu'ont donc de particulier ces enfants ? Pourquoi sont-ils si douillets ?

Il s'agit en fait d'un mécanisme qui, une fois mis en place, est devenu une habitude, parce qu'il satisfaisait plus ou moins tous les participants de la pièce. En effet, l'enfant ne « met en scène » sa douleur que devant témoin.

Un exemple, que l'on peut observer tous les jours dans les squares et les jardins, permettra de démonter le mécanisme. Un enfant court, tombe et s'érafle légèrement le genou. Il reste en arrêt, un peu sous le choc. Sa mère se précipite pour le relever. Cette inquiétude manifeste signale à l'enfant qu'il a sans doute quelque chose de grave. Cela déclenche sa peur, puis ses larmes. Cela confirme à la mère la gravité de la chute. Elle culpabilise sans doute (« J'aurais dû l'empêcher de courir, mieux le surveiller… ») et se précipite sur l'armoire à pharmacie. Elle est tendre, consolante, gratifiante. Tout entière consacrée à son enfant.

L'enfant est piégé : il apprend que donner de l'importance à une petite douleur permet d'obtenir un surcroît d'affection. Il va devenir encore plus douillet.

L'enfant manipule de façon inconsciente son entourage. Non qu'il fasse du cinéma. Il est inconscient des mécanismes qui le meuvent et devient réellement de plus en plus sensible à la douleur (la sensation physiologique reste la même, mais la douleur « psychologique » augmente). Son but est de se faire plaindre et consoler afin de devenir le centre de l'attention de ceux qui l'entourent, plus particulièrement de sa mère, car c'est toujours avec elle que cela « marche » le mieux.

Il se sent plus aimé, plus intéressant quand il pleure ou se plaint (c'est un mécanisme que l'on retrouve dans la maladie). On voit que les bénéfices que l'enfant tire de ses plaintes sont importants ; c'est pourquoi il est difficile de sortir de ce cercle vicieux.

Sortir de l'engrenage

Je rappelle que je n'évoque ici que les petits bobos et que les solutions proposées ici ne concernent que les situations bénignes. Voici donc quelques idées pour éviter de laisser s'installer une tyrannie inconsciente de la part de votre enfant.

- Faire semblant de n'avoir rien vu. Continuer son activité comme si de rien n'était. Cela suffit souvent à prévenir toute réaction de l'enfant.
- Avant d'intervenir ou de manifester de l'inquiétude, apprécier la gravité. Toute écorchure ne mérite pas un pansement et, de fait, elle cicatrisera plus facilement si elle est exposée à l'air.
- Si l'enfant réagit, on peut lui offrir sa sympathie (« Oui, je comprends, cela pique un peu, c'est désagréable »), embrasser le bobo ou souffler dessus avec une formule magique et renvoyer l'enfant à ses activités.
- On peut apprendre à l'enfant à se soigner tout seul en jouant au médecin avec son propre corps. Il peut lui-même laisser couler de l'eau froide sur l'écorchure, passer un glaçon sur la bosse ou se mettre un morceau de sparadrap. Tout cela est tellement intéressant qu'il en oublie de pleurer.
- Si l'on doit administrer des soins à l'enfant, on peut essayer de distraire son attention ou de jouer sur l'humour. Certains médecins sont formidables pour cela. Inutile de le prévenir plusieurs jours à l'avance qu'il va avoir une piqûre : cela ne ferait que renforcer son anxiété et ses cris. En revanche, juste avant le soin, il est préférable de ne pas mentir et d'avertir l'enfant de ce qu'on va lui faire et de ce qu'il ressentira. Il n'y a qu'en étant honnête avec lui qu'il

finira par vous croire lorsque vous lui direz que cela ne fait « absolument pas mal ».

Et pour celui qui se plaint tout le temps ?

Ce n'est qu'une autre version du cas précédent, mais qui peut, si l'on n'y prend pas garde, durer toute la vie. Cet enfant a toujours mal quelque part. Un jour c'est la gorge, un autre la tête, un troisième le ventre ou le genou. Il geint.

Quand la plainte gagne en importance, les parents finissent par consulter, mais jamais rien ne ressort de l'examen médical. Jérôme s'est ainsi plaint longtemps d'une douleur à la hanche. Les parents ne réagissant pas assez vite, il s'est mis à boiter et à geindre à chaque fois qu'il posait le pied par terre. Tournée des spécialistes, radios, on évoque même le cancer des os. Jérôme n'avait rien… hormis une petite sœur qui restait à la maison quand, lui, il allait à l'école et retenait donc toute la journée l'attention de sa maman. Les symptômes ont cessé quand on s'y est intéressé et que l'on a compris leur signification.

Le piège est que l'on s'inquiète toujours un peu. Et si, cette fois, c'était vraiment l'appendicite ? Rassurez-vous, dans ce cas, les plaintes seront différentes et continueront même si vous avez répondu dix fois auparavant : « Ce n'est rien, vis ta vie sans y penser ! »

Comment réagir ?

L'enfant qui se plaint tout le temps témoigne d'un besoin d'être câliné et de retrouver le doux temps des soins corporels donnés par la mère. La première chose à faire est de donner à l'enfant son plein de temps, de soins et de tendresse en dehors de toute plainte de sa part, afin qu'il ne croie pas avoir besoin de geindre pour que l'on s'occupe de lui.

- Si vous avez repéré ce qui motive ses plaintes, expliquez-le-lui en le rassurant. Par exemple : « Je vois bien que chaque fois que je donne le biberon au bébé, tu sembles avoir mal quelque part. Je sais que c'est parfois difficile d'être un aîné, on se sent un peu jaloux de tout le temps consacré au bébé. Moi (ou ma sœur), c'était pareil. On va partager un secret tous les deux. Chaque fois que quelqu'un dira que le bébé est mignon et que tu te sentiras jaloux, fais-moi un clin d'œil, comme ça, je le saurai. »
- Montrez-lui, en parallèle, qu'il y a d'autres manières, plus agréables pour tous, d'attirer votre attention. Valorisez les moments où il se comporte comme un grand, par exemple quand il vous aide dans vos tâches. Soyez alors reconnaissante de ses efforts. S'il dit, tout fier : « Regarde, Maman, ce que j'ai fait ! », prenez le temps de le féliciter.
- Donnez moins d'attention ou ignorez les plaintes ou les « mauvais » moyens d'attirer votre attention. Si votre enfant vient vous dire qu'il a mal quelque part, conseillez-lui de s'allonger un moment et retournez à vos affaires. N'y prêtez plus attention. Sauf si c'est réellement nécessaire, bien sûr !
- Soyez vous-même un modèle de ce que vous voudriez qu'il soit. Certains petits enfants qui se plaignent tout le temps ne font en fait qu'imiter les grands ! Si vous évoquez sans cesse vos peines et vos douleurs, vos médecins et vos médicaments, votre enfant fera probablement de même. Faites attention à ce que vous dites en présence de l'enfant, même en réponse à une simple question comme : « Comment allez-vous ? »

LES GARÇONS, ÇA NE PLEURE PAS !

Et pourquoi pas ? Élever votre fils dans cette idée afin d'en faire un « dur » n'est pas une bonne idée. Vous ne vous occupez pas des causes des plaintes, mais vous lui apprenez à garder à l'intérieur de lui ses sentiments et ses émotions. Refouler ainsi sa sensibilité peut faire de lui un adulte figé qui aura du mal à communiquer en profondeur avec les autres et avec lui-même.

Être bilingue : un atout

Apprendre très tôt une seconde langue constitue toujours une richesse pour l'enfant, à la condition que chaque langue et chaque culture soient valorisées.

Qu'est-ce qu'un enfant bilingue ?

En général, on considère que le bilinguisme se réfère à deux types d'enfants :

- ceux à qui on a appris à parler deux langues dès le plus jeune âge ;
- ceux qui ont commencé à parler dans une autre langue que celle du pays où ils se trouvent.

En d'autres termes, soit l'enfant est né de deux parents de langues différentes – et chacun a parlé la sienne à l'enfant –, soit il est issu d'une famille migrante, où la « langue du dedans » n'est pas la même que la « langue du dehors ». Dans ces deux cas, même si l'enfant ne parle effectivement qu'une seule langue ou s'il perd une partie de ses compétences dans la première langue, il est malgré tout considéré comme bilingue.

Culture d'origine, culture d'accueil

D'une manière générale, le bilinguisme est un atout ; c'est ce qu'ont bien compris les parents qui inscrivent leur enfant dans une école bilingue ou qui organisent très tôt des séjours à l'étranger. Ils savent que plus l'enfant est jeune, plus il apprend facilement une seconde langue.

Pourtant, l'image du bilinguisme a longtemps été négative ; on l'accusait, à tort, d'être source de confusion ou de retard scolaire. Ainsi, dans de nombreuses familles migrantes, les parents essaient de parler français, pensant qu'utiliser leur langue maternelle risque de handicaper leur enfant. Diverses études montrent qu'il n'en est rien : une première langue bien maîtrisée n'a aucun effet négatif sur la maîtrise du français ni sur la scolarité. Parler plusieurs langues est un atout dans l'existence.

Néanmoins, il arrive qu'un enfant, qui jusque-là parlait la langue de ses parents et qui, à l'école, a dû se mettre au français, se trouve confronté à des difficultés langagières graves, qui entraînent des risques d'échecs scolaires. Cela touche souvent les familles migrantes, où la première langue, encore mal parlée, est dévalorisée par la famille elle-même : l'enfant ressent qu'on lui demande de renier sa culture d'origine pour adopter sa culture d'accueil, et cela se fait dans une grande douleur ou de violentes résistances, même si les parents poussent leur enfant dans ce sens ; on peut même observer une cassure dans le développement langagier de l'enfant.

Pour éviter l'échec scolaire

Le bilinguisme est positif pour l'enfant et constitue une source de richesse si les deux langues sont valorisées dans sa famille et si l'enfant ne renie aucune des cultures que ces langues véhiculent. Dans ce cas, la seconde langue devient un outil de pensée supplémentaire et un gage de progrès.

En revanche, si la langue de base, accompagnée de ses valeurs socioculturelles, est rejetée au profit d'une langue socialement plus prestigieuse, l'enfant est plongé dans une insécurité et une confusion qui risquent d'empêcher les progrès dans les deux langues.

Ce fait doit être connu de tous ceux qui accueillent les enfants migrants dans les écoles maternelles et qui ont pour tâche de leur apprendre le français. Valoriser leur langue d'origine est le premier pas à franchir, qui est fondamental si on veut que l'enfant se développe correctement sur le plan linguistique et qu'il ne se retrouve pas en échec scolaire.

HIER ET AUJOURD'HUI

Dans de nombreux pays et époques, les enfants étaient ou sont culturellement bilingues : les jeunes Bretons ou les jeunes Alsaciens apprenaient le français à l'école, tandis que la langue régionale était parlée à la maison ; du fait de la colonisation, les enfants africains apprenaient le français en plus de leur dialecte ; en France, le latin était la langue de l'enseignement jusqu'au XVIIIe siècle, et le français la langue des échanges internationaux...

La tendance actuelle est d'apprendre le plus tôt possible une seconde langue aux jeunes enfants. Je considère qu'il est bon de commencer dès que la première est acquise, car les enfants n'ont aucune difficulté, apprenant par imprégnation – ce qui ne sera pas le cas des collégiens.

Nous sommes tous bilingues

Notre mère ne parlait pas exactement la langue de notre père : chacun avait son accent, son vocabulaire, ses tics de langage, selon sa culture, son origine régionale, sa profession…

Confrontés à ces deux sortes de langage, nous ne parlons ni exactement comme l'un ni exactement comme l'autre. C'est cette forme de bilinguisme d'origine, plus ou moins marqué selon les cas, cette écoute stéréophonique, qui fait ce que nous sommes, riches d'une langue et d'un imaginaire particuliers.

L'apprentissage du temps

Parce qu'elles sont très abstraites, les notions de temporalité sont difficiles à appréhender. Elles se mettent en place peu à peu, au fil des mois et des années, mais il n'est pas toujours aisé de savoir où un enfant en est de sa compréhension.

Présent, futur et passé

L'apprentissage de l'heure n'est pas encore accessible à un enfant de quatre ans environ. Car, avant d'y parvenir, il est fondamental de savoir se situer dans le temps. L'enfant apprend cela en trois étapes :

- le **concept d'immédiateté est le premier acquis :** l'enfant conjugue les verbes au présent et sait ce que signifient des mots tels que « maintenant » ou « tout de suite » ;
- **le futur vient ensuite :** « demain » signifie d'abord ce qui n'est pas encore arrivé ou ce qui n'arrivera pas avant longtemps, puis prend son sens du « jour après cette nuit » ;
- **le passé, encore plus difficile à saisir, vient en dernier ;** pendant longtemps, pour l'enfant, « hier » regroupe un temps qui va de ce qui vient de se passer à « quand j'étais bébé ».

Des points de repère

Divers jeux peuvent à la fois vous permettre de savoir où en est votre enfant de sa compréhension des notions temporelles et l'aider à mieux se situer. En effet, la connaissance de ces concepts aide beaucoup à appréhender le reste du langage adulte et les réponses à tous ses « Pourquoi ?... »

Fournissez-lui des repères concrets : évitez d'employer, quand vous lui parlez, des mots comme « hier » et « demain », qui n'ont pour lui aucun sens précis. Mieux vaut l'aider à se situer par rapport à des points de repère concrets. Il doit sentir que le temps, donc son emploi du temps, est rythmé et revient périodiquement : il y a l'heure du lever et du coucher, l'heure de jouer, l'heure de manger à tel ou tel repas ; il y a les jours d'école et les jours à la maison... Dessiner l'emploi du temps d'une semaine type et l'afficher permettent à l'enfant de se repérer ; on peut ensuite jouer en lui posant des questions telles que : « Que fait-on le matin ? »

Puis vous pouvez entraîner votre enfant à manier les concepts que recouvrent les mots « avant », « après », « pendant ce temps-là ». Servez-vous de questions telles que : « Que fais-tu après ton petit-déjeuner ? », « Et juste après le déjeuner ? », « Que fait-on avant de se coucher ? » Le mot « hier » peut alors être défini comme « le jour avant cette nuit », et « demain » peut être appelé « le jour juste après cette nuit ».

Ce qui revient chaque année

Quand l'enfant manie mieux le langage et qu'il se situe mieux dans le temps, il se met à employer correctement le futur et le passé des verbes ; vous pouvez alors introduire des repères plus larges : les saisons, Noël, les anniversaires, « quand tu étais petit », « quand tu seras grand » Ces notions doivent toujours être rattachées au vécu de l'enfant : « Il y a deux ans » n'a pas de sens, mais « Quand tu avais deux ans » ou « Quand tu étais à la crèche » en ont davantage. De même, les saisons n'existeront pour votre enfant que si vous le laissez expérimenter, avec ses cinq sens, les bourgeons qui sortent, les arbres qui fleurissent, les feuilles qui jaunissent, les châtaignes qu'on ramasse…

ASTUCES

- Le temps est plus facile à comprendre si on se sert d'un calendrier sur lequel on peut cocher les jours, dessiner les saisons, entourer les dates des anniversaires et voir approcher celles des vacances.
- Attirez son attention sur la position du soleil. Montrez-lui la lune et ses diverses phases qui reviennent chaque mois. Insistez sur tout ce qui permet de comprendre les cycles.

Les âges de la vie

- Parler du passé et de l'avenir se fait plus facilement quand on se plonge dans un album de photographies.
- « L'année où j'ai connu ton père », « La première année où nous sommes allés en vacances avec toi », « Quand tu avais un an et que ta grand-mère est venue vivre à la maison » sont des façons d'aborder le temps qui aident beaucoup l'enfant à se repérer.
- Faites avec lui un arbre généalogique avec des photographies. L'important est que l'enfant comprenne qu'il est né à la croisée de deux lignées et qu'il prend sa place dans une histoire familiale.

Demandez à ses grands-parents de lui raconter comment était le monde lorsqu'ils étaient enfants, ou bien d'évoquer des anecdotes quand vous-même aviez son âge.

Entre fabulation et mensonge

Chacun d'entre nous fait des entorses à la vérité, rationalisant ses petits mensonges par l'adage : « Toute vérité n'est pas bonne à dire. » Mais si nous surprenons notre enfant en flagrant délit de mensonge, nous en sommes bouleversés !

L'imaginaire et le réel

L'imagination d'un enfant est très active ; il découvre qu'il peut, avec les mots, être plus puissant qu'avec les actes. Dans le réel, les adultes sont toujours plus forts que lui ; alors, lui qui se sent si petit va se servir des mots et de son imagination pour devenir tout à coup très fort et grand : il va inventer n'importe quoi, des pseudo-mensonges, des rêves fabuleux, et ses désirs vont devenir réalité – il dira à son copain que son père possède un hélicoptère et à sa grande sœur qu'il a trouvé un trésor dans le jardin.

Ces fantaisies n'ont rien de commun avec les mensonges des adultes, et il serait dommage de les qualifier ainsi. Si l'enfant déforme les faits, c'est qu'il n'a pas une notion claire, jusque vers six ans, de ce qui distingue l'imaginaire du réel. Il croit que s'il y pense très fort, le vase peut ne plus être cassé ou son ours en peluche devenir un vrai.

Quand il ment d'une manière consciente, c'est en général dans un but précis : se rendre intéressant, cacher un acte dont il se sent coupable, éviter un châtiment… Mentir pour tromper l'autre et faire semblant en imagination sont deux notions très différentes, et peu à peu l'enfant apprendra à faire la part des choses. Dire la vérité s'apprend ; mais il faut comprendre pourquoi l'enfant ment.

Se rendre intéressant

Avant tout, l'enfant désire qu'on s'intéresse à lui et qu'on l'aime. Comme il confond encore ce qui est et ce qu'il désire, il raconte des histoires fabuleuses, où il tient le beau rôle : il aura agi d'une façon exceptionnelle, ou il aura été le témoin d'une scène extraordinaire.

Ce type d'inventions, qui ne relèvent pas du mensonge à strictement parler, lui permettent de compenser ce qu'il ressent comme un manque : il s'invente une famille plus riche, un père plus glorieux… L'enfant qui fabule beaucoup a sans doute besoin qu'on fasse davantage attention à lui et qu'on accorde de l'importance à ce qu'il est et à ce qu'il fait.

Jouer du pouvoir des mots

D'autres affabulations permettent à l'enfant d'expérimenter le pouvoir extraordinaire des mots. Pour peu qu'on y croie, la pensée est toute-puissante, permettant tous les voyages, les plaisirs et autres vengeances. Appeler cela fable ou invention, et le remettre en question montrent à l'enfant qu'il existe une limite à son imaginaire quand il veut le communiquer. Dire un mensonge et être cru souligne que ses pensées n'appartiennent qu'à lui et que nul ne peut lire en lui ; il développe ainsi son jardin secret à l'abri des inquisitions.

Éviter les problèmes

Les mensonges qui ressemblent à ceux des adultes sont utilitaires et témoignent de l'intelligence de l'enfant, qui se sert de la puissance de la parole pour éviter de faire de la peine à l'autre, pour y trouver un avantage, ou encore pour échapper à une punition.

Copier les adultes

L'enfant à qui l'on ment – toujours dans son intérêt, bien entendu, parce qu'il est trop petit pour qu'on lui dise la vérité… – le sent très bien et adopte cette attitude, à son tour, comme un mode de communication privilégié. Puisque ses parents le font, c'est bien !

Que faire ?

La réaction des parents et de l'entourage est déterminante pour la suite des événements ; il convient de trouver le juste milieu, entre un comportement trop crédule ou trop tolérant, qui laisserait l'enfant s'habituer à ce genre de discours, et un comportement trop sévère, qui risquerait de le contraindre à inventer un second mensonge pour justifier le premier. Voici quelques pistes à explorer.

Le laisser fabuler

Si l'enfant fabule sans autre but que de se rendre intéressant ou de jouer avec son imagination, il ne convient pas de l'en empêcher : cela n'est pas du mensonge et ne doit donc pas être traité comme tel. L'enfant ne cherche ni à être « réaliste » ni à éviter une punition ; au fond de lui-même, il sait que vous ne croyez pas tout à fait à ses histoires, et il veut juste que vous lui prêtiez attention.

Vous pouvez entrer dans son jeu en lui faisant comprendre que vous n'êtes pas dupe, par exemple en employant le conditionnel : « On dirait que je suis une reine qui s'est enfuie de son pays… » Si vous avez compris que l'enfant ne dit pas ce qu'il croit réellement être vrai, mais ce qu'il souhaite, alors vous pouvez renchérir pour en faire un jeu.

Contrairement à la moquerie, l'humour est toujours une façon de se sortir des situations délicates. En revanche, si l'enfant se raconte seul des histoires fabuleuses sans vous faire participer, ne vous en mêlez pas et respectez son intimité.

Ne pas lui mentir

Ne mentez jamais devant votre enfant et ne lui mentez pas : ne prétendez pas devant le contrôleur qu'il a cinq ans alors qu'il en a quatre ; ne lui affirmez pas que son poisson rouge est parti en vacances alors que vous l'avez trouvé le ventre en l'air ; évitez également tous les petits mensonges qui permettent de ne pas perdre la face ou de ne pas blesser autrui.

Pour vous, la différence entre le véritable mensonge, qui vise à tromper l'autre, et le mensonge social est évidente, mais cela ne l'est pas pour votre enfant, qui n'oubliera pas la façon dont mentir vous a sorti d'affaire. Aussi, pour l'instant, il est important que vous soyez un modèle d'honnêteté et de franchise.

S'il vous surprend à mentir, le mieux est de l'admettre, de s'expliquer et de s'excuser, puisque c'est ce que vous voulez lui voir faire. Être quelqu'un qui admet ses erreurs est un bon modèle.

Quant aux mensonges que vous lui faites parce que vous pensez que la vérité n'est pas de son âge, sachez qu'ils lui font plus de mal qu'une vérité exprimée avec des mots bien choisis. C'est la confiance que votre enfant a placée en vous qui se joue là.

ATTENTION !

Ne pas lui mentir, ce n'est pas non plus tout lui dire. Bien des choses ne le concernent pas ou bien sa maturité ne lui permet pas de les assimiler.

Développer le sens du réel

L'enfant à qui on a appris la précision et l'attention sera plus exact quand il relatera un fait. Développer le sens du réel n'empêche pas de raconter des histoires, mais cela enseigne la différence entre les deux.

Selon cette approche, les mots exacts sont indispensables. Les choses ont un nom, et si nous ne le connaissons pas, les dictionnaires sont là pour nous aider, même dans les domaines plus délicats ou plus techniques.

Ne craignez pas de surcharger la tête de votre enfant : il est à l'âge où l'acquisition du vocabulaire est la plus facile. Répondre à ses questions d'une manière rigoureuse, claire, brève et conforme à la réalité permet de lui apprendre à relater un fait avec la même rigueur.

Ne pas douter de sa parole

Une attitude à déconseiller est de laisser entendre à l'enfant, quand on n'en est pas sûr, qu'il pourrait avoir menti : « As-tu pris un chocolat dans ma boîte ? » ; « Non, maman » ; « Tu en es bien sûr ? » Si votre enfant ment, il ne changera pas sa version à la seconde question ; et s'il dit vrai, il sera blessé de ne pas être cru et se dira qu'il pourrait aussi bien, la prochaine fois, prendre un chocolat et prétendre que non. Dans un cas aussi bénin, et surtout si vous n'êtes pas sûr de vous, mieux vaut choisir de faire confiance.

Ne pas chercher à l'acculer

S'il est manifeste que votre enfant ment, s'il affirme droit dans les yeux que ce n'est pas lui, pourquoi lui demander d'avouer ? S'il se sent malheureux d'avoir fait une bêtise, il le sera encore plus de mentir. Mieux vaut lui dire : « Je sais que tu as cassé cet objet, et j'en suis fâché. Je pense que tu te sens coupable et triste, et que tu ne l'as pas fait exprès. Je vais te punir malgré tout, parce que tu n'avais pas à pénétrer dans ma chambre sans mon autorisation. »

Ne pas le forcer à avouer

Il est mauvais, et un peu sadique, de pousser l'enfant dans ses derniers retranchements pour le contraindre aux aveux. L'enfant qui a fait un premier mensonge revient rarement dessus, et préférera en inventer un second pour protéger le premier et s'enferrer davantage. Par orgueil, pour gagner, l'enfant s'enfonce contre toute évidence. Mais lui apprendre la franchise ne consiste pas à lui faire admettre sa faute à tout prix.

Si vous dédramatisez la situation, il vous en saura gré. À vous, l'adulte, de dire : « D'accord, restons-en là. Peut-être un jour me diras-tu ce qui s'est réellement passé. Pardonne-toi ta bêtise si tu l'as faite et pardonne-moi de t'avoir soupçonné si tu n'y es pour rien. »

Ne pas le pousser au mensonge

Renforcer l'honnêteté consiste parfois, simplement, à ne pas pousser un enfant à mentir, et c'est également le féliciter dès qu'il a spontanément le courage de venir à vous en disant : « J'ai fait une bêtise… » Dans ce cas-là, que faites-vous ? Si vous êtes trop sévère, votre enfant se dira qu'il aurait eu tout intérêt à mentir…

Éviter les récidives

Il convient de se demander pourquoi un enfant a éprouvé le besoin de mentir, ce qui ne l'a sans doute pas satisfait et a renforcé sa culpabilité.

Qu'il soit cru ou non, un mensonge est très douloureux pour un enfant. Or, il est possible d'éviter la récidive : il suffit de rendre la franchise aussi attrayante que le mensonge. L'adage selon lequel la faute avouée est à moitié pardonnée est plein de bon sens ; si vous punissez votre enfant trop souvent et trop durement, il prendra le risque de mentir, car cela, se dira-t-il, ne pourra pas être pire.

Mettez-vous à la place de votre enfant et essayez de comprendre pourquoi il a fait ceci ou cela. À son âge, ses pulsions ou sa maladresse sont plus fortes que sa morale. Il est inutile de lui demander ses raisons, car il est encore incapable de vous répondre. Quand on sait cela, on a moins envie de se fâcher.

La valeur morale

Si le mensonge offre de nombreux avantages – être tout-puissant, éviter la punition… –, pourquoi l'enfant en vient-il à dire la vérité ? Peut-être est-ce là la véritable question à se poser.

Dire la vérité, c'est assumer les conséquences de ses actes et agir selon une valeur morale. Peu à peu, l'enfant se rendra compte qu'il a plus d'avantages encore à ne pas mentir : il se sentira plus en accord avec lui-même et répondra à une demande importante de ses parents. La valeur supérieure qu'est l'estime de soi sera donc renforcée par la vérité. Mais, pour découvrir cela, l'enfant devra parcourir un long chemin avec l'aide et l'exemple de ses parents.

Sur la sexualité

Les questions portant sur la sexualité doivent être traitées comme toutes les autres. Les enfants ne sont pas des idiots : c'est faire injure à leur intelligence que de leur opposer le silence ou de les contraindre à croire des choses fausses.

Qu'est-ce qui l'intéresse ?

Vers l'âge de trois ans, les enfants ont commencé à séparer le monde entre les hommes et les femmes, s'interrogeant sur ce qui les différencie. La curiosité est devenue plus grande, et les questions se sont exprimées. Parfois, il y a eu un déclencheur : une émission de télévision, une affiche de publicité, une grossesse, un accouchement dans la famille…

Entre trois et quatre ans, les enfants veulent savoir en quoi les hommes et les femmes diffèrent, quel sera leur rôle quand ils seront grands, d'où ils viennent, comment on fait un enfant, par où il sort… Leurs questions peuvent être soit directes – « Comment il est rentré, le bébé ? Et par où il va sortir ? » –, soit indirectes – « Moi aussi, j'en aurai des enfants ? »

Sous prétexte d'informer et pour ne pas trop s'émouvoir, on se cache volontiers derrière les notions techniques. Mais n'oubliez pas de parler d'amour. Une relation saine à la sexualité passe avant tout par un dialogue ouvert et simple sur tout ce qui s'y rapporte.

Parler vrai

- **Dites simple, dites peu, mais vrai.** Des livres peuvent vous aider. Soyez attentif à ne pas transmettre à votre enfant votre éventuel malaise concernant la sexualité. Il a besoin de se sentir bien dans son corps, content et confiant dans son sexe.
- **Même s'il est de son âge de s'inventer des fantasmes multiples,** votre enfant ne croira pas longtemps aux diverses sornettes ; l'époque n'est plus vraiment aux naissances dans les choux et dans les roses… Aujourd'hui, les enfants sont confrontés à des sources d'information multiples : la télévision, les magazines, l'école, les activités, les camarades…
- **Dans ce domaine comme dans tant d'autres, il est inutile d'être exhaustif.** Votre enfant ne vous demande pas un cours sur la reproduction des êtres humains. En général, une réponse simple, claire et aisée suffit.
- **Employez les mots justes pour décrire les parties du corps,** comme vous le faites pour le bras ou pour la jambe. Utilisés simplement, ils ne produiront aucun effet particulier sur votre enfant, mais ils l'aideront à considérer la sexualité comme un domaine tout à fait normal.
- **N'omettez pas les dimensions du désir et du plaisir,** qui sont le plus souvent occultées du discours parental, alors qu'elles forment, bien plus que l'anatomie, l'essentiel de la curiosité de l'enfant. Quels que soient vos mots, le message à faire passer est que les parents font un enfant parce qu'ils le désirent très fort et des câlins parce qu'ils s'aiment profondément, et que cela leur donne beaucoup de plaisir.
- **Il est préférable que le père parle à son fils et la mère à sa fille,** car chacun ne parle bien que de ce qu'il connaît bien. Mais c'est parfois impossible. Dans les explications des

mères sur « comment on fait les bébés », il est important de ne pas oublier le rôle du père. La femme ne fait pas un enfant toute seule et, sans un homme, jamais un enfant ne grandirait dans son ventre. Il faut être deux, homme et femme, adultes, et n'appartenant pas à la même famille, pour s'aimer sur le plan sexuel et faire un enfant. Voilà le type d'explication qui aide un enfant à grandir.

- **Si la conception de l'enfant est plus complexe que cela ou si la science s'en est mêlée, inutile d'entrer dans les détails** à cet âge. Il suffit « d'ouvrir la porte » par une phrase comme : « Il y a plusieurs manières, aujourd'hui, de faire les bébés. Il faut toujours une petite graine qui vient d'un homme et une petite graine qui vient d'une femme, et que ces deux petites graines s'unissent et grandissent dans le ventre d'une femme. Le plus souvent…, mais pour nous… » Faites simple. Vous aurez tout le temps d'y revenir, selon ce que vous avez choisi de dire.

ET S'IL NE DEMANDE RIEN ?

Certains enfants ne posent pas de questions à leurs parents sur les points qui concernent la sexualité. Peut-être ces derniers ont-ils déjà tout expliqué depuis longtemps. Ou peut-être que les enfants ont senti une gêne chez les adultes ou qu'ils se sont heurtés à une attitude qui leur a fait préférer le silence.

Dans ce cas, il est souhaitable d'aller au-devant d'eux en leur fournissant d'une manière spontanée les informations qui correspondent à leur âge. Il faut aussi savoir que la curiosité a ses cycles et ses thèmes : un enfant peut paraître très intéressé par la sexualité, puis, ayant obtenu des réponses qui le satisfont, ne plus en parler pendant six mois.

Le mettre en garde

On parle de plus en plus des abus sexuels : cela ne signifie pas qu'ils sont aujourd'hui plus fréquents, mais que les enfants osent s'exprimer et que leur parole est davantage prise en compte. Si protéger totalement son enfant est impossible, il est toutefois nécessaire d'essayer. Tout parent désireux de mettre en garde efficacement son enfant se trouve vite confronté à deux dilemmes : comment informer sans pour autant inquiéter ou rendre craintif ; comment assurer la sécurité de son enfant tout en respectant son légitime désir d'indépendance.

Bien entendu, les enfants sont vulnérables. Mais il faut raison garder : à l'immense majorité d'entre eux, il n'arrivera jamais rien. L'angoisse parentale ne protège pas les enfants. Il est important de savoir que plus de la moitié des enfants mis en danger le sont par une personne qui est connue d'eux, dont ils ne se méfient pas, alors que tous ont spontanément peur des étrangers, de ceux qui ont « une drôle de tête ».

Parler à son enfant de l'existence des abus sexuels n'est pas facile : c'est lui faire perdre une part de leur innocence en évoquant des choses difficiles, dont il ignore tout. Mais c'est le prix à payer pour la prévention ; on est plus vigilant quand on est au courant des dangers potentiels. On peut dire par exemple : « Personne, pas même un adulte proche, n'a le droit de toucher les parties intimes de ton corps. » Et il faut lui apprendre à se méfier de ceux qui lui demandent le secret : un baiser ou un câlin « normal » n'a pas à être caché.

Rassurer un enfant inquiet

Les histoires d'enfants enlevés, abusés, violés ou assassinés font régulièrement la une des médias. Un enfant peut entendre et s'inquiéter. S'il pose des questions, il est important de lui répondre et de le rassurer.

On peut le rassurer en lui disant que la plupart des gens aiment les enfants et leur veulent du bien, mais que certains, qui vont très mal, peuvent parfois s'en prendre aux enfants. Et parce qu'on ne peut pas les reconnaître à leur aspect physique – ils n'ont pas nécessairement une tête de méchant –, le mieux est de ne pas parler aux inconnus quand on est seul.

Cette règle-là et quelques autres – ne pas suivre une personne sans votre accord, vous parler s'il se passe des choses qui le mettent mal à l'aise… – doivent être énoncées d'une manière régulière et vérifiées chaque fois que possible.

« Ton corps est à toi »

Préparer son enfant à se défendre contre les abus sexuels, c'est, de la manière la plus précoce, lui faire comprendre que son corps n'appartient qu'à lui. Cela signifie respecter sa pudeur, mettre des limites claires entre les membres de la famille, lui apprendre à se laver tout seul dès l'âge de quatre ans…

NE PAS LE SURPROTÉGER

À l'instar des enfants timides, les enfants qui sont surprotégés sont, d'une manière paradoxale, plus vulnérables que les autres, car ils n'ont pas appris à se débrouiller ni à se défendre par eux-mêmes. Malgré leur anxiété, il est important que les parents donnent à leur enfant une autonomie en rapport avec son âge.

C'est en apprenant peu à peu la liberté que l'enfant se prépare à affronter le monde.

Et pourquoi ?...

Par le langage, l'enfant explore le monde et veut tout savoir de lui. À coups de « Pourquoi ? », il exprime une curiosité normale, souhaitable et légitime. Les explications des adultes sont un bon outil de connaissance si elles s'adaptent à son âge.

Ses questions vous parlent de lui

La période des « pourquoi » que traverse chaque enfant peut être épuisante :

« Maman, pourquoi les feuilles tombent des arbres ?

— Parce que c'est l'automne.

— Pourquoi c'est l'automne ? Pourquoi les feuilles du sapin ne tombent pas ? Et celles des plantes vertes ? Pourquoi les fleurs meurent même si elles sont dans l'eau ? » Etc. pendant des heures.

Ce questionnement témoigne de l'intérêt de l'enfant pour le monde qui l'entoure et qu'il découvre. On dirait qu'il a soudain ouvert les yeux sur son environnement et qu'il veut tout en savoir. Mentalement, il découvre les lois de causes à effets : il en déduit que tout ce qui se passe répond à un « pourquoi » et nous, ses parents, avons réponse à tout !

Par ses interrogations, l'enfant raconte également ses craintes, ses préoccupations et ses passions. Plutôt que de lui répondre directement, pourquoi ne pas parfois lui renvoyer sa question : « Et toi, qu'en penses-tu ? Comment imagines-tu que les nuages se déplacent dans le ciel ? » Plus il avance en âge, plus vous le prenez en considération et plus ses questions gagnent en maturité, concernant la sexualité, la maladie, la mort, Dieu ou le père Noël.

Bien écouter sa question et y répondre avec précision, c'est bien, mais cela n'est pas toujours suffisant ; il peut être important de comprendre pourquoi votre enfant pose, en ce moment, beaucoup de questions sur la mort, par exemple. A-t-il été bouleversé par un décès ? Fait-il écho à un de vos soucis ? A-t-il peur pour quelqu'un qu'il aime ? Une question peut en cacher une autre, plus profonde et plus anxieuse.

Parfois, l'enfant pose plus de questions qu'on ne peut y apporter de réponses et ne semble pas véritablement s'intéresser aux explications. La « machine à pourquoi » s'emballe… Peut-être l'enfant a-t-il trouvé là une manière de retenir votre attention, ou de retarder le moment de se coucher… Vous avez aussi le droit de dire stop.

Vos réponses en disent long sur vous

Les réponses que vous donnez à votre enfant sont de l'éducation tout autant que de l'information ; elles influenceront les questions qu'il posera plus tard. Vous sent-il ouvert ou réticent ? Êtes-vous heureux de partager vos connaissances ? ou devoir tout expliquer vous ennuie-t-il ? Vous sentez-vous obligé d'avoir réponse à tout ? ou vous accordez-vous le droit de ne pas savoir ?

Le parent lassé a parfois envie de répliquer la première chose qui lui passe par la tête pour se débarrasser de l'importun, ou avec un trait d'humour… Pourtant, répondre à ses questions, y compris en avouant son incompétence sur le sujet, est le meilleur moyen de garder vivant son désir de connaissance. En revanche, le rabrouer lui fait comprendre que vouloir s'instruire est mauvais, et lui dire qu'il est trop petit pour telle préoccupation est absurde : s'il a l'âge de la question, il a aussi celui de la réponse ! Tout dépend en quels termes cette dernière est exprimée et si le contenu est approprié à cet enfant.

Soyez précis, concis, bref ; s'il veut plus de détails, il vous en demandera. Une seule consigne : ne lui mentez jamais. La confiance qu'il a en vous dépend de cette franchise.

Ordre et désordre

Tous les parents le savent : qui dit jeune enfant dit fouillis dans la maison. Car notre notion du rangement et de l'ordre lui est étrangère. Mettre ses jouets dans une boîte ou au fond d'un placard lui semble absurde : quoi de plus pratique que de les garder sous la main ?

Le fouillis est pour lui un cocon

Ce que nous appelons désordre de l'enfant est en réalité un ordre très personnel. Comme l'adulte, l'enfant cherche à organiser son espace d'une manière appropriée et déplace à sa façon ses objets dans la maison. Il a besoin de fouiller, d'explorer et d'emporter ses jouets là où se tiennent ses parents.

Pourtant, il a aussi besoin d'ordre et de références, car c'est un moyen pour lui de s'y retrouver et de créer un monde rassurant. Si les choses sont prédictives – mes petites voitures sont dans la boîte bleue et les biscuits dans le placard –, l'enfant se sent en sécurité dans son existence, qui prend sens.

Pour la plupart des parents, une pièce en ordre est plus agréable et plus pratique pour trouver ce qu'on cherche : l'intérêt du rangement est évident.

À l'inverse, non seulement l'enfant n'est pas gêné par son désordre, mais il aime sa chambre ainsi ; tandis que l'ordre est anonyme, le désordre est personnel ; et là où vous ne voyez que fouillis, l'enfant voit un coin à lui, marqué du souvenir de ses jeux. C'est son cocon, il s'y sent bien.

Cela compris et respecté, il existe des avantages à apprendre à l'enfant à ranger : les livres sur l'étagère ont moins de risques de finir déchirés ; les jouets dans la boîte perdront moins vite leurs pièces… Apprendre à ranger est salutaire pour l'enfant aussi. Les bonnes habitudes le préparent aux attentes de l'école : ranger, c'est être capable de repérer, de trier, de classer, de différer son désir et de se confronter au principe de réalité – toutes choses liées à un développement psychologique harmonieux.

Le sens de la propriété

Vers l'âge de quatre ans, le rangement commence à prendre sens. D'une part, l'enfant a la notion de la propriété et tient à marquer son territoire ; ranger, c'est donc éviter de se faire prendre ses jouets par son petit frère…

D'autre part, il a acquis la propreté : sur le plan psychique, cela signifie qu'il est dégagé de certaines contraintes ; il a moins besoin de manipuler et de maîtriser ses objets en permanence et moins besoin de s'opposer. Il devrait donc se montrer plus disposé aux demandes de rangement.

Enfin, l'enfant est à un âge où le désir d'imiter ses parents est très important. En voyant ses parents mettre de l'ordre, il désire vite faire avec et comme eux.

Des tempéraments divers et variés

Au-delà des comportements propres aux enfants, il existe chez eux les mêmes différences que chez les adultes : tandis que la plupart ne sont heureux que dans un vrai bazar et le reforment très vite, d'autres ont besoin que certaines affaires soient rangées à leur idée, selon un ordre qu'ils ont déterminé, et se mettent en colère si on y touche.

Il nous appartient d'apprendre à notre enfant le rangement, mais en respectant son tempérament et sans oublier que l'ordre intérieur est beaucoup plus important que l'ordre extérieur. Or, celui-là dépend plus des limites et de la cohérence des règles éducatives que de l'aisance d'un rangement.

Des intérêts contradictoires

En matière de rangement, les intérêts des parents et de l'enfant sont opposés : tandis que les premiers souhaitent que la chambre soit relativement rangée, le second veut avoir ses affaires à portée de main.

Ces intérêts contradictoires ne doivent pas empêcher les parents d'enseigner l'ordre, mais contribuent à les armer de tolérance et de patience. Développer chez son enfant le sens de l'ordre demande du temps et de la disponibilité ; et il arrive souvent que lorsque l'enfant a enfin acquis les rudiments de l'ordre et mis en place quelques automatismes, l'adolescence survient, qui remet tout en cause…

Pas trop de contraintes

Exiger de l'enfant plus qu'il ne peut fournir n'est pas juste : un petit rangement chaque soir, pour se coucher dans une chambre apaisée, et un grand rangement chaque semaine, pour que chaque jouet retrouve sa place et ses morceaux, semblent raisonnables. Vouloir faire vivre son enfant dans une chambre impeccable, attendre de lui qu'il obéisse à un ordre parfait et qu'il ne laisse rien traîner demanderait d'exercer une contrainte excessive qui, à terme, risquerait de se révéler nuisible.

L'enfant acceptera d'autant mieux de ranger ce qui peut l'être si vous tolérez certains lieux de désordre. Tout enfant a besoin d'un coffre ou d'une simple valise où il peut mettre, en vrac, un joyeux bazar dans lequel il plonge périodiquement avec émotion. En général, c'est là qu'on retrouve tout ce qui avait bizarrement disparu. On peut dire qu'il s'agit de l'équivalent, chez l'adulte, de l'armoire du grenier, où on entasse de vieux objets chargés de souvenirs, inutilisables, mais impossibles à jeter.

Du respect...

Tenir ses affaires dans un ordre minimal, c'est une question de respect :

- **le** respect des objets tout d'abord : il est plus agréable de lire un ouvrage ni déchiré ni corné, de faire un puzzle complet ou de jouer avec toutes les cartes ;
- le respect des personnes, ensuite : **à la maison comme dans toute communauté, des règles régissent la vie de tous les jours ; chacun doit y mettre du sien pour que les pièces communes soient des lieux agréables ;**
- à l'inverse, respecter l'enfant, **c'est accepter que sa façon de ranger soit à son image et non à la vôtre. Dans sa chambre, il a besoin de se sentir chez lui.**

... et de l'organisation

Un enfant range plus volontiers quand c'est facile et bien pensé. À vous d'aménager l'espace dans cet esprit. Voici quelques conseils qui vous y aideront.

- Pour ranger ses habits, accrochez un portemanteau à sa hauteur, disposez un panier pour les gants et les bonnets et un placard à chaussures facile à ouvrir. Il reste ensuite à installer une habitude. Une phrase telle que : « Pas de goûter tant que les affaires ne sont pas rangées » devrait vous y aider.

- Délimitez les espaces de jeu. Si deux enfants partagent la même chambre, chacun doit posséder son espace propre pour ranger ses jouets personnels, en plus des casiers communs. Expliquez-leur que le désordre de l'un ne doit pas empiéter sur l'espace vital de l'autre.

- Dans la maison, il est bon que l'enfant sache qu'il ne peut pas s'étaler n'importe où et n'importe quand. S'il vient jouer au salon, c'est avec votre autorisation et sous réserve qu'il range avant le dîner.

- Simplifiez le rangement : pour chaque type de jouet, prévoyez de grandes boîtes en plastique à empiler ou à glisser sous le lit ; pour les peluches et les poupées, des paniers d'osier ou un hamac de corde suspendu à bonne hauteur ; pour les livres, les crayons et les boîtes de jeux, des étagères accessibles.

Ranger, c'est grandir

D'une manière régulière, faites un tri dans ce qui peut parfois ressembler à une caverne d'Ali Baba : à la poubelle, ce qui est cassé et irrécupérable ; à donner, ce qui n'est plus de son âge, mais qui reste en bon état ; à ranger en haut de l'armoire, ce avec quoi il ne joue pas encore ou qui fait double emploi ; tous les mois, sortez un nouveau jouet et mettez-en un hors circuit. Faites tous ces rangements en compagnie et avec l'accord de votre enfant ; pas question de disposer de ses jouets derrière son dos. D'ailleurs, se débarrasser de ses vieux jouets, c'est le signe qu'on a grandi.

EN FAIRE UN JEU

Pour que l'enfant participe au rangement de sa chambre – il ne saura pas l'effectuer tout seul avant longtemps –, il est bon d'en faire un jeu plutôt qu'une corvée ; l'adulte aide l'enfant et explique ce qu'il réalise. Si ce rangement se fait dans la joie – et pourquoi pas en musique ? – et si l'on montre bien comment s'y prendre, l'enfant aura à cœur de collaborer.

De la politesse

L'apprentissage de la politesse est une œuvre de longue haleine. On a l'impression de répéter mille fois les mêmes formules. Pourquoi est-ce si difficile ? Pourquoi des enfants éveillés et intelligents ont-ils tant de mal à mémoriser des règles simples ?

D'une manière claire

La politesse qu'on peut attendre d'un enfant dépend de son âge et de son niveau de développement ; mais il ne faut pas non plus sous-estimer ses capacités : un enfant de quatre à cinq ans peut parfaitement apprendre à ne pas couper la parole ou à ne pas sortir de table sans en demander l'autorisation. Un enfant ne peut pas non plus être parfait tout le temps ; il comprend vite que, selon les lieux et les situations, il doit plus ou moins contrôler son comportement.

Vers quatre ans, les bases ont déjà été posées : l'enfant connaît les quatre mots magiques – bonjour, au revoir, s'il te plaît et merci – et commence à appréhender ce que signifient le respect et le partage. Les règles les mieux intégrées seront les règles les plus simples et les plus claires, exprimées en termes positifs et répétées à chaque fois que cela s'avérera nécessaire.

- La méthode la plus efficace consiste à **enseigner une seule règle à la fois**. Si dire merci vous semble prioritaire, concentrez-vous sur cette demande.
- **Valorisez l'exemple : il reste le moyen le plus efficace d'enseigner la politesse.** L'enfant modèle son attitude sur celle des adultes de référence. Il est donc toujours

utile de jeter un regard objectif sur ses propres habitudes. Si les parents n'appliquent pas eux-mêmes les « bonnes manières » qu'ils prônent, leurs exigences seront sans effet.

- **Établissez des règles pour la maison :** votre enfant peut vite comprendre qu'une certaine façon de s'exprimer ne doit pas franchir la porte de la maison, de même qu'une certaine courtoisie et un certain respect sont nécessaires entre les membres de la famille. Si ces attitudes lui sont enseignées et demandées, et si ses parents les appliquent, cela deviendra une habitude. Au fil des années, l'influence des camarades se fera prépondérante et l'enfant aura tendance à adopter les règles du groupe. Pourtant, sans se décourager, il faut continuer à faire respecter les règles importantes à la maison.
- **Si vous expliquez à votre enfant que vous tenez à la politesse** et si vous le félicitez à chaque fois que son comportement le mérite, cela portera ses fruits. C'est long, mais cela sera efficace.

L'attrait des gros mots

Avec l'école maternelle, les gros mots sont apparus ; et si les premiers « caca boudin ! » ont fait plutôt rire les parents, les suivants les amusent beaucoup moins. Quelle attitude adopter ?

Expliquez votre position : en général, un jeune enfant ne connaît pas le sens des gros mots, des jurons et des insultes qu'il répète, car il les a entendus à l'extérieur – dans le meilleur des cas ! À vous de lui expliquer que ces mots ont un sens très grossier, qu'ils peuvent être insultants et que vous ne souhaitez pas le voir s'exprimer de cette façon. Par la suite, vous pouvez lui donner des mots de remplacement pour exprimer sa colère ou son désaccord.

Ne vous choquez pas : l'enfant de cet âge est volontiers provocateur. S'il sent qu'il peut déclencher une réaction intéressante chez vous en disant des gros mots, il continuera. À ses yeux, ces mots seront alors dotés d'un pouvoir magique : celui de vous faire réagir.

Faites celui qui n'entend pas. Votre enfant va crier. Vous lui expliquez : « Je refuse de t'entendre quand tu me parles ainsi. Emploie des mots corrects et mes oreilles vont sûrement se déboucher. »

Faites celui qui ne comprend pas. « Que dis-tu ? Je ne comprends pas ces mots, ils ne font pas partie de mon vocabulaire. Peux-tu parler autrement ? »

Dites-lui calmement que vous n'appréciez pas ce langage et que vous souhaitez qu'il cesse d'employer ces mots. Ne vous énervez pas, ne criez pas. Si ces mots sont sans valeur, votre enfant cessera de les utiliser.

D'où viennent les gros mots ?

Si votre enfant emploie des gros mots, c'est qu'il les a entendus quelque part.

- À l'école, dans la cour de récréation : dites-lui que si ses camarades parlent ainsi, à la maison vous n'utilisez pas ce vocabulaire.
- À la télévision : si vous assistez à un film avec votre enfant, expliquez-lui que ces mots restent vulgaires et interdits. Ils sont employés là pour choquer, dans une situation qui n'est pas la sienne.
- Parfois dans votre bouche : c'est auprès de ses parents qu'un enfant acquiert l'essentiel de son vocabulaire. Quand nous sommes en colère, nous ne contrôlons pas toujours ce que nous disons. Mais lui, il entend, retient et répète,

se sentant légitimé à le faire. Impossible d'obtenir de nos enfants qu'ils s'expriment mieux que nous !

L’empreinte familiale

L’atmosphère qui règne à la maison ainsi que les relations que ses parents entretiennent seront déterminantes dans la conception que l’enfant se fera de l’existence comme dans l’élaboration de sa personnalité.

Des fondations pour l’avenir

Les activités quotidiennes partagées avec ses parents et ses éventuels frères et sœurs sont autant d’expériences plaisantes ou désagréables qui dessineront le caractère de l’enfant. Des apprentissages heureux lui donneront confiance dans son avenir ; pénibles, ils lui laisseront croire que le monde entier est inhospitalier.

Les parents sont le modèle essentiel de l’enfant ; si ce dernier reçoit une grande quantité d’affection, il sera à même d’en donner à son tour ; s’il est critiqué pour ce qu’il est, il se critiquera également et s’en voudra de n’être pas comme il devrait être. Il s’accordera la valeur que les autres lui confèrent et, si ses parents gardent calme, fermeté et confiance, il sera rassuré dans ses peurs.

Que les parents soient un modèle pour leur enfant, tous le savent plus ou moins, mais le vivre est parfois difficile. On dit à son enfant : « Calme-toi ! », alors qu’on est soi-même rentré très énervé après une heure d’embouteillage ; on exige de lui qu’il ne se dispute pas avec son frère, alors qu’on se chamaille tous les jours avec son conjoint ; on le voudrait parfait, alors qu’il nous incombe de lui offrir une enfance qui le fortifiera pour le restant de sa vie. C'est d'autant plus ardu que nous n'avons pas dépassé les problèmes et autres frustrations de notre propre enfance.

Les divergences entre les parents

Les conflits répétés entre ses parents sont une des choses les plus douloureuses et les plus destructrices pour un enfant. Si les disputes sont conjugales, il faut en discuter en tête à tête, hors de la présence de l'enfant. Des adultes responsables ne devraient pas laisser leurs soucis personnels perturber gravement et durablement l'ambiance générale du foyer ; il y a un temps pour les mises au point à deux et un autre pour la vie de famille, chaleureuse et rassurante.

Si les divergences des parents portent sur la façon d'élever leur enfant, il est bon d'en discuter à froid, hors de sa présence plutôt que sur le fait. Enseigner à un enfant ce qu'on estime être un bon comportement – la politesse, l'attention aux autres, le courage ou toute autre qualité selon les valeurs familiales – réclame de la constance, nécessitant donc que les parents se soutiennent mutuellement. Le contraire est une source de confusion pour l'enfant.

Il en est de même pour les principes éducatifs. L'un est pour la méthode forte, l'autre pour l'indulgence… Discutez entre vous et trouvez un accord, mais pas au moment où votre enfant vient, pour la troisième fois, de se relever pendant la nuit ou quand il recrache ses épinards ! Adopter une attitude commune face à l'enfant lui ôte la possibilité de jouer de votre désaccord et de l'envenimer, ce qui n'est bon pour personne.

Les dangers d'un désaveu

Vous devez être d'accord sur ce que le « non » signifie : est-ce un mot comme un autre, qui peut enchaîner sur « Bon, d'accord » – ce qui devient vite difficile à gérer –, ou est-ce un mot qui possède du sens et sur lequel, parce qu'on l'utilise avec précaution, l'on ne revient pas ? Rien n'est plus mauvais pour l'autorité parentale que la situation où l'un des parents lève l'opposition de l'autre. Il vaut mieux dire : « Je ne suis pas d'accord pour que tu fasses du vélo dans la rue, et tu le sais, mais puisque ton père t'a donné l'autorisation, vas-y, mais fais très attention » ; ou : « Ta mère t'a déjà dit non, inutile de venir me demander à moi, en espérant que je dirai oui », plutôt que de commencer une scène en vous accusant mutuellement d'irresponsabilité ou de surprotection.

L'enfant saura que vous êtes différents, que vos avis peuvent être opposés, mais que vous vous respectez et que vous présentez face à lui un front uni. À l'occasion, discutez entre vous pour savoir si, oui ou non, votre enfant a le droit de faire du vélo dans la rue et à quelles conditions.

Une autre attitude désastreuse consiste à faire le jeu de l'enfant contre l'autre parent : « Je te donne la permission, mais on ne le dira pas à ton père, parce qu'il n'est pas d'accord. »

La richesse des différences

Pour des parents, il est inutile d'être d'accord sur tout : deux individus ne peuvent réagir comme s'ils n'étaient qu'un. Et une personne n'est pas tous les jours dans la même disposition ; tout dépend de son humeur, du stress, des événements… Vouloir être en parfait accord éducatif relève de l'utopie ; l'essentiel est de ne pas passer plus de temps à reprendre son conjoint que son enfant ! L'un peut supporter qu'on crie à côté de lui, et l'autre non ; chez grand-père, on peut manger devant la télévision ou sauter sur le lit, mais pas à la maison…

Peu importent ces différences, ou plutôt tant mieux, car elles sont source d'enrichissement pour l'enfant et lui enseignent que nous sommes distincts et changeants. Comme il l'est également, il finira par comprendre la règle fondamentale qui sous-tend tous ces comportements : on évite de faire à autrui ce qui le dérange particulièrement – et chacun est dérangé par des faits différents.

L'enfant peut appréhender ces incohérences apparentes et les vivre très bien s'il sent que ses parents éprouvent du respect l'un pour l'autre et se soutiennent dans leur tâche éducative. Deux parents, deux échos différents d'une existence partagée, c'est prendre conscience du monde en stéréo, ce qui est beaucoup plus intéressant qu'en mono !

La violence des tensions

Au sein d'une famille, une ambiance électrique, où chacun est à cran, peut être simplement due aux tensions qui ont été accumulées à l'extérieur et qu'on fait supporter aux autres : c'est un père irritable et surmené, qui ne pense, en rentrant, qu'à lire tranquillement son journal ; c'est une mère épuisée, que l'accumulation des tâches rend indisponible ; ce sont des enfants énervés et chahuteurs, d'autant plus infernaux qu'ils n'auront pas reçu l'attention qu'ils demandaient. Si tout le monde souffre de cette agressivité flottante, les enfants, quant à eux, sont abîmés.

Il est si facile de se laisser déborder par les soucis et les devoirs ; on accumule les fatigues et les frustrations sans toujours réaliser l'effet néfaste de ce stress sur le caractère général et l'atmosphère de la maison. Puis, un jour, on se surprend à se dire qu'on râle tout le temps, ou qu'on s'irrite un peu vite…

Parfois, il est nécessaire de faire le point, de prendre le temps de réfléchir et de voir ce qu'il est possible de changer dans sa vie quotidienne, puis de s'y tenir. Quelles tâches ménagères peut-on déléguer ? Comment se faire aider pour dégager du temps ? Quelles techniques de relaxation apprendre afin de laisser ses soucis à la porte et retrouver la joie d'être ensemble, en famille ?

LES MOTS QUI BLESSENT… CAR VOTRE ENFANT VOUS CROIT

« Tu es vraiment méchant » ; « Si j'avais su ce qui m'attendait, je n'aurais pas eu d'enfant » ; « Qu'est-ce que j'ai fait au Bon Dieu pour avoir des enfants pareils ? » ; « Si tu continues, j'appelle le contrôleur qui va te mettre en prison » ; « Tu me tues avec tes questions » ; « Tu me rends malade » ; « Tu es bête ou tu le fais exprès ? » ; « Vivement la rentrée des classes que je sois débarrassé de toi ». Autant de discours parentaux qu'on entend parfois et qui blessent durablement un enfant.

Le besoin de respect et de stabilité

À tout âge, mais d'autant plus qu'il est jeune, un enfant a besoin d'une structure familiale régulière, de calme, de routine et de souplesse. Si les règles lui permettent de se sentir en sécurité, le plaisir d'être réunis rend les limites acceptables.

Parents et les enfants ont des droits et des devoirs qui, à l'occasion, peuvent être discutés ensemble. Faite de fermeté et de respect, cette structure démocratique est, de l'avis de tous les spécialistes, celle qui répond le mieux aux besoins de l'enfant et qui réduit au minimum le niveau des tensions et des conflits.

Par leur exemple, les parents enseignent à leur enfant ce qu'ils souhaitent lui voir faire et s'efforcent de maintenir au foyer une atmosphère de confiance, de chaleur et de tolérance. Ils ne font pas tant « pour » leur enfant qu'« avec » lui ; ils ne le forcent pas à être prématurément autonome, mais respectent son individualité et lui accordent une grande marge de liberté.

Pour bien grandir, un enfant a besoin d'encouragements, de sécurité, de stabilité, d'optimisme, de gentillesse, d'humour… Avec de la bonne volonté – et tous les parents en ont – et de l'intuition – elle se travaille et se développe –, il n'est pas si compliqué de devenir des parents acceptables, ou, mieux encore, des parents passables, c'est-à-dire bons mais pas parfaits, des parents dont l'enfant apprend à pouvoir se passer – ce qui reste tout de même le but de l'éducation.

Les quatre principaux ingrédients

La réflexion : l'éducation des enfants pose d'innombrables questions. Y réfléchir tranquillement, à deux, est se donner une chance de trouver la solution.

1 **L'émotion :** un enfant est très fort pour faire monter en ses parents des émotions négatives violentes – la colère, la tristesse, l'exaspération, la déception… Cela est vrai à tout âge. Il est bon de ne pas trop attendre pour s'entraîner à gérer ses émotions sans les faire « payer » à son enfant. Ne pas se laisser emporter par sa propre violence, répondre par la patience et la tolérance sont le meilleur moyen d'être véritablement éducateur.

2 **L'intuition :** parfois, on sent ce qu'il est juste de faire ou de dire. Si ce n'est pas sous le coup d'une émotion trop forte, on se fait confiance. Dans le fond, on connaît son

enfant, son caractère et ses besoins, et on sait quelles sont ses propres limites. Si une voix intérieure parle avec calme et conviction, il est précieux de l'écouter.

3 **L'action :** c'est le but de tout. Il n'y a pas de doute : éduquer et aimer, cela se fait avec des actes plus qu'avec des mots.

Les disputes dans la fratrie

Nous avons parfois une vision quelque peu idéalisée de la famille, où les frères et sœurs se soutiennent, se confient l'un à l'autre et jouent ensemble gentiment... Mais les rivalités et les conflits sont normaux, ce qui n'empêche pas que les parents doivent apprendre à leurs enfants une manière tolérable de les vivre.

Trouver sa place

Les disputes sont-elles naturelles parce qu'elles font partie de la vie et que, saines, elles permettent à chacun de se situer ? Ou bien les qualifions-nous de naturelles, parce qu'elles sont très fréquentes et que nous ne savons pas comment les empêcher ?

Une chose est sûre : ensemble, les enfants apprennent les rudiments de la vie en société – qui n'est pas toujours tranquille ni respectueuse.

Grandir, c'est apprendre à se confronter à l'autre, faire avec les différences et les caractères de chacun, trouver sa place et savoir la défendre. Toutes choses indispensables à l'école, au square et dans l'existence en général.

Mais savoir qu'une bagarre est normale n'aide pas nécessairement à l'affronter ; et cela ne signifie pas qu'il faille toujours laisser les enfants faire justice entre eux – car cela risque de n'être pas très « juste » – ni laisser dégénérer des disputes qui deviennent excessives ni laisser un enfant se retrouver en souffrance.

Les motifs de discorde

Les causes de rivalité entre frères et sœurs sont nombreuses et diverses.

- **La principale est la recherche d'exclusivité.** Chaque enfant voudrait pour lui tout seul l'amour de ses parents – du moins, puisque cela semble impossible, en avoir plus que ses frères et sœurs. Parfois, il réagit comme si ne pas avoir la totalité était ne rien avoir : si un aîné régresse à la naissance d'un second, c'est bien pour recevoir autant d'attention que le nouveau-né, voire pour ne pas perdre celle qu'il avait jusqu'alors pour lui seul. Et si un enfant estime qu'il ne reçoit pas assez d'affection en étant gentil et obéissant, il la recherchera en étant brutal ou opposant.
- **Une autre cause assez courante est la rivalité pour le pouvoir.** L'aîné entend avoir quelques privilèges dus à son âge, à sa taille et à sa position. Parfois, il en abuse afin que nul ne l'ignore. Le second, qui considère cette situation très injuste, n'a de cesse de prouver qu'il peut être aussi fort, aussi malin et aussi performant. Chacun ses armes : le petit asticote, le grand frappe… et se fait gronder.
- **Les enfants ne sont pas prêteurs et tiennent beaucoup à ce qui est à eux :** la rivalité pour être celui qui possède le plus est commune. Pour s'en convaincre, il suffit d'écouter la fréquence avec laquelle les enfants disent : « C'est à moi ! », « Et moi, pourquoi je n'en ai pas ? », « Je veux la plus grosse part ! », « Il a eu plus de jouets que moi ! »
- **D'autres causes de rivalité, en vrac :** l'un a l'impression que l'autre est le chouchou de son père ou de sa mère ; c'est une façon d'obtenir l'attention de ses parents, qui lâchent

tout pour venir rétablir un semblant d'ordre ; ils n'ont pas appris à négocier, à partager ni à échanger ; c'est le modèle qu'ils observent autour d'eux, à la télévision, à l'école ou… à la maison ; ils trouvent ça amusant, excitant, pour tout dire ils y trouvent du plaisir.

Ne pas intervenir…

Entendre ses enfants se disputer sans cesse est très pénible, que ce soit à table, en voiture ou dans la salle de bains.

À chaque fois que cela est possible, évitez de vous en mêler. Quand on peut laisser ses enfants se débrouiller seuls pour mener leur conflit à son terme et trouver un accord, c'est la meilleure solution. On est alors parfois surpris du tour que prennent les événements.

Ne pas vous en mêler, c'est ne pas leur prêter trop d'attention lorsqu'ils se bagarrent. Or, n'oubliez pas que de tels comportements ont souvent pour finalité première d'attirer l'attention des parents. Sans public, de nombreux jeux disparaissent…

Mais ne pas vous en mêler, c'est aussi ne pas risquer d'être injuste, ce qu'on est souvent, soit quand on se fâche contre les rivaux sans savoir ce qui s'est passé, soit quand on gronde l'aîné, parce qu'il devrait « être raisonnable ».

… sinon avec discernement

Parfois, face aux querelles de ses enfants, il est impossible de se tenir à l'écart. Alors, que faire ?

- **Vos interventions doivent être nettes**, fermes et n'admettre aucune discussion. La première chose à effectuer est de séparer les protagonistes afin de permettre à chacun de se calmer. Commencez par un simple : « Ça suffit ! », qui leur laisse une chance d'arrêter seuls les hostilités ; au besoin, continuez en étant très précis : « Lâche cette voiture ! » ou « Va dans ta chambre » a plus de chances d'être obéi que : « Soyez gentils »

- **Intervenez quand vous n'êtes pas vous-même trop énervé.** Se mêler d'une dispute en disant : « Oh, je vois deux enfants très en colère l'un contre l'autre ! » est plus efficace que de distribuer des fessées…
- **Votre intervention doit viser à ramener le conflit à de plus justes proportions.** Si vous entendez : « Je ne lui parlerai plus jamais ! », vous pouvez répondre par exemple : « Oui, pour l'instant tu es très en colère contre ton frère et tu ne veux plus parler avec lui. »
- **Supprimez l'objet du litige.** Si vous voulez qu'ils s'y prennent autrement la prochaine fois, montrez-leur que se disputer a des conséquences désagréables. Se querellent-ils pour le choix du programme de la télévision ? Éteignez l'appareil. Veulent-ils tous les deux le dernier yaourt à la vanille ? Mangez-le. En aucune façon, ils ne doivent tirer un bénéfice de leurs chicaneries.
- **Écoutez ce qu'ils ont à dire.** Donnez la parole à chaque enfant et écoutez sa version. S'ils assistent tous les deux, demandez à celui qui écoute de ne pas intervenir : il usera ensuite de son droit de réponse. Il ne s'agit pas de savoir qui a raison et qui a tort pour mieux rendre la justice ; donner la parole aux enfants, c'est leur permettre de vider l'abcès et de leur donner la conviction qu'ils ont été entendus.
- **Mettez un terme à l'incident.** À chaque fois que cela est possible, évitez de juger ou de favoriser l'un ou l'autre. Parfois, prenez parti ou décidez pour clore la dispute, mais

évitez de le faire sous le coup de l'énervement. Expliquez-vous sans vous justifier, puis n'en discutez plus.

- **Quand les injures fusent et que les tensions restent fortes,** isolez vos enfants et proposez-leur de réaliser un dessin « horrible » de leur frère ou de leur sœur. C'est radical pour amener un peu de légèreté et d'humour.
- **Proposez-leur de s'affronter sur un autre terrain que la bagarre :** pourquoi ne feraient-ils pas une course dans le square ou une bataille de polochons ? Ils pourraient aussi tenter de faire le plus beau modelage en pâte à sel.

Privilégier la prévention

Certaines attitudes, certains comportements éducatifs, qui pourtant partent d'un bon sentiment, renforcent en réalité les rivalités, tandis que d'autres visent à les atténuer. Voici quelques conseils.

- **Félicitez chaque enfant pour ce qu'il fait de bien.** Sur le plan de son caractère ou de ses performances, traitez chaque enfant comme s'il était un enfant unique – ce qu'il est, au sens où il n'en existe pas deux comme lui.
- **Vous ne vous en sortirez pas en donnant à chacun le même nombre de cadeaux,** les mêmes droits, autant de fraises… Vos enfants finiront toujours par trouver un point sur lequel ils sont défavorisés par rapport aux autres. Refusez d'entrer dans ce jeu. Donnez à chacun selon ses besoins, ses goûts et ses intérêts, et cela sans culpabilité. Encouragez chacun d'entre eux à développer sa propre personnalité.
- **Favorisez la coopération :** confiez à vos enfants des tâches à faire ensemble. S'ils jouent pendant un moment sans se disputer, félicitez-les.

- **Donnez-leur des idées** sur les manières de négocier et de se défendre pacifiquement.
- **Prenez du recul pour mieux comprendre.** Vos enfants ne se disputent pas tout le temps, et il existe bien des moments à risque, peut-être lors du coucher, lors du bain, quand vous êtes pressé, quand il y a du monde à la maison, pendant les longs trajets en voiture ou après plus d'une heure de télévision… Repérer ces moments, c'est déjà se mettre sur la piste d'une solution.
- **Apprenez-leur à régler leurs disputes avant tout par des mots plutôt que par des coups :** « On ne se frappe pas », « On ne fouille pas dans le placard de l'autre ». Veillez à la bonne application de ces principes, même par les plus jeunes enfants. Expliquez-leur que : « Je ne suis pas d'accord » vaut mieux que : « Tu es nul, je te hais. » Enfin, expliquez-leur comment résoudre les problèmes en discutant plutôt qu'en hurlant.
- **Aménagez l'espace pour favoriser l'entente.** Chaque enfant doit avoir un territoire personnel, qu'il peut marquer à sa façon et défendre des intrusions ; de même qu'il vaut mieux être clair sur les possesseurs des différents jouets. En résumé, un petit cadenas vaut mieux qu'un éternel sujet de dispute.

Donner l'exemple

L'éducation se fonde à 10 % sur les discours tenus et à 90 % sur l'exemple offert. Aussi est-il préférable, avant de tenter d'apprendre à des enfants à résoudre leurs conflits « comme des grands », de s'assurer qu'on ne règle pas les siens « comme un enfant ».

Votre façon de réagir avec votre voisin ou votre conjoint est-elle celle que vous souhaitez que vos enfants imitent ?

Les mots qu'ils se jettent à la figure ne sont-ils pas les vôtres quand vous êtes en colère ?

Il est difficile d'exiger de vos enfants qu'ils se dominent et soient plus forts que leurs pulsions si vous-même réagissez par la violence – physique ou verbale –, la bouderie ou le désir de revanche. Comment dès lors leur expliquer que frapper ou crier est un acte de faiblesse ?

Quand les parents se séparent

La séparation des parents signe toujours l'échec de leur projet familial. Pour l'enfant, c'est une épreuve difficile, même si sa fréquence l'a banalisée. L'aider à la traverser exige des adultes qu'ils se comportent en personnes responsables, capables de gérer leurs différends.

Des chiffres en hausse

Près de 47 % des couples mariés se séparent, le plus souvent après cinq à dix ans d'union ; à cette proportion s'ajoute celle, importante, des séparations des couples non mariés – difficiles à chiffrer, elles sont plus fréquentes que les divorces. Près de six divorces sur dix concernent un ou plusieurs enfants ; le plus souvent, ces derniers ont entre trois et six ans.

Dans 85 % des divorces, les enfants sont confiés à la mère ; la plupart des pères ne réclament pas la garde de leurs enfants, quand la plupart des mères le font. Quand les deux parents revendiquent la garde, les pères l'obtiennent dans 40 % environ des cas. Le nombre d'enfants élevés sans la présence quotidienne, voire sans la présence du tout de leur père, plus rarement de leur mère, ne cesse de croître.

Les enfants qui appartiennent à une famille monoparentale – bien mal nommée, car, d'une manière ou d'une autre, tout enfant a deux parents – sont de plus en plus nombreux ; ils sont aujourd'hui près de trois millions en France – soit 18 % des mineurs. Ils ont vécu la douleur de la séparation de leurs parents ou bien ont été conçus d'emblée par une femme vivant seule. À la tête de 85 % de ces familles monoparentales se trouvent des femmes ; au fait que la garde des enfants leur est plus souvent confiée s'ajoute celui que, après une séparation, elles se remettent moins souvent en couple que les hommes.

Un drame

Se séparer quand on a tenté de construire un projet parental est toujours un échec. Pour les enfants, c'est un drame crucial. Et si, aux yeux de ces derniers, il n'y a pas de séparation réussie, il en existe toutefois des moins traumatisantes, quand le respect mutuel gouverne les relations de chaque parent avec son conjoint et avec ses enfants.

À un certain niveau, les disputes et les bagarres entre ses parents sont ce qui abîme le plus l'enfant : sans une ambiance chaleureuse à la maison, il ne peut se sentir en sécurité. Aussi vaut-il mieux, quand aucune autre solution n'est envisageable, se séparer plutôt que faire vivre l'enfant au sein de tensions permanentes ; il arrive même qu'il se sente soulagé de partager son temps entre deux foyers, dans la mesure où chacun est un lieu accueillant et paisible, alors que le foyer commun était devenu invivable.

MÊME À L'AMIABLE...

Même lors d'une séparation où les adultes sont capables de ne pas faire porter à leur enfant le poids de leurs différends, ce dernier manifeste sa souffrance d'une manière ou d'une autre. La façon dont il vivra cette angoisse et cette insécurité dépend à la fois de la situation, de l'attitude de ses parents et de lui-même, de son âge – plus l'enfant est petit, plus la séparation sera difficile à appréhender –, de son tempérament, de sa sensibilité...

Comment lui en parler ?

Dès que la séparation est décidée, il faut en informer votre enfant : très sensible, il sent que quelque chose est en cours et a besoin d'être rassuré sur ce qui lui arrivera. Il est souvent difficile pour les parents, emprisonnés dans leurs colères, leur tristesse ou leur angoisse, de trouver les mots pour informer leur enfant, répondre à ses questions et le sécuriser. Plus sa parole sera entendue, meilleure sera sa réaction à la séparation.

- **Quel est le meilleur moment ?** Le plus tôt possible. L'effet de surprise, avec l'impression que tout s'écroule, risque d'être redoutable ; il sera moins néfaste si votre enfant s'attend plus ou moins à votre annonce. Au moment de parler, sans doute serez-vous ému et aurez-vous du mal à parler ; aussi serez-vous plus à l'aise si vous avez préparé ce que vous voulez lui dire.
- **Pouvez-vous en parler tous ensemble ?** Il est souhaitable que les deux parents annoncent leur séparation à leur enfant, à un moment où ils peuvent en parler sans s'agresser, et un peu avant la date effective, afin que celui-ci puisse s'habituer à l'idée. Cela l'aidera à percevoir un sentiment d'unité et d'ouverture à ses questions. Il sera rassuré de constater que vous pouvez encore communiquer et vous entendre sur l'essentiel : lui. Le but est de lui faire sentir que vous maîtrisez la situation.
- **Comment éviter le drame et les larmes ?** Gardez le plus possible votre calme, car votre enfant a besoin avant tout d'être rassuré. Le message à faire passer est : « Même si mon monde est bouleversé, mes parents gardent le contrôle. » Et ce n'est pas le moment de régler vos comptes avec votre conjoint ou d'entamer un conflit. Enfin, pensez toujours que vous parlez à un enfant : employez des mots

simples et sobres, évitez les détails sur votre vie de couple ou vos déboires sentimentaux, qui ne le concernent pas.

Que lui dire ?

Dites la vérité, tout simplement, en vous centrant sur ce qui concerne votre enfant : il veut savoir s'il déménagera, s'il changera d'école, s'il aura toujours son chien, s'il pourra continuer le judo, où seront ses affaires, comment s'organisera sa vie… Insistez sur ce qui ne changera pas : plus il y aura de bouleversements, plus il aura du mal à les gérer.

À la question du « Pourquoi ? », dites l'essentiel, mais sans entrer dans les détails intimes ni dans les reproches ; dire du mal de son conjoint ne pourrait qu'abîmer l'enfant, mais se montrer amical et tendre serait source de confusion. Déstabilisé par l'annonce de la séparation, il a besoin de savoir qu'il reste l'enfant de son père et de sa mère, qu'il ne risque pas de perdre leur amour, que cette séparation n'est en rien la conséquence de son comportement et qu'il n'aurait rien pu faire pour l'empêcher.

Quand vous vous serez exprimé, donnez-lui la parole afin de lui permettre de poser toutes les questions qu'il souhaite ; certaines vous surprendront peut-être ; essayez d'y répondre tranquillement, puis, l'entretien terminé, renvoyez-le à ses activités quotidiennes : il n'y a rien de plus rassurant que de constater qu'il faut toujours se laver les dents avant d'écouter une histoire au fond du lit… Cette conversation ne clôt pas le sujet et devra souvent être reprise.

Ce qu'il comprend

À cet âge, l'enfant ne distingue pas très bien le réel de l'imaginaire ; il croit que désirer une chose peut suffire à la faire advenir. Or, il a des fantasmes destructeurs et désire souvent éliminer l'un de ses parents pour rester seul avec l'autre : quand la séparation vient réaliser ce souhait, il y a rencontre du fantasme et de la réalité ; l'enfant se sent responsable de ce qui arrive et en ressent une lourde culpabilité, très destructrice.

Centré sur lui-même, sûr de la perfection de ses parents, l'enfant se croit couramment la cause du divorce, surtout si son annonce suit une série de reproches qui lui ont été adressés : il croit que ses parents se séparent parce qu'il a fait une grosse colère la veille ou qu'il n'est pas assez gentil. Il est donc essentiel de lui réaffirmer qu'il n'est pour rien dans cette décision.

À cet âge, l'enfant prend tout au pied de la lettre : attention aux mots qui dépassent votre pensée ! Des réflexions telles que : « Je ne peux plus vivre dans cette maison ! », « Je deviens folle ! », « Tout allait bien tant que nous n'avions pas d'enfants… », « Tu peux dire que tu nous en auras fait voir ! » ou « Moi aussi, je quitterais bien la maison pour vivre ma vie ! » peuvent faire beaucoup de mal. Quant aux mots « mariage » ou « divorce », ils n'ont de sens que s'ils sont définis d'une manière concrète : pour un enfant, la « famille » est constituée par les individus qui vivent « à la maison » et qui ont chacun un rôle et des tâches différentes dans son éducation ; il a du mal à imaginer que son père pourra le rester s'il ne vit plus avec lui, ne lui lit plus d'histoire tous les soirs ou n'est plus là pour réparer son vélo. Il aime avoir autour de lui ceux qu'il aime et ne peut pas comprendre pourquoi ses parents ne peuvent plus rester ensemble dans une grande maison, même avec leurs nouveaux conjoints respectifs.

Ce qui le rassure

Certaines paroles et certains comportements aident beaucoup un enfant à se repérer et à maintenir une cohérence affective et psychologique.

- « Tu n'es pour rien dans notre séparation et tu n'aurais rien pu faire pour l'éviter. »
- « On ne divorce jamais d'avec ses enfants. Nous ne sommes plus heureux tous les deux, mais nous sommes chacun très heureux avec toi. Nous resterons toujours tes parents, et notre amour pour toi ne changera pas. »
- D'une manière très concrète, expliquez-lui les nouveaux arrangements familiaux. Marquez les jours en rouge sur le calendrier. S'il sait, dans les moindres détails, ce que sera sa nouvelle vie et s'il peut poser toutes les questions qu'il désire, votre enfant sera rassuré. Son inquiétude fondamentale, celle à laquelle il faut absolument répondre, pourrait se traduire par : « Et s'ils ne m'aimaient plus ? Et s'il n'y avait plus personne pour prendre soin de moi ? Et si maman quittait la maison à son tour ? »
- Respectez les accords sur les jours et les heures de visite. Faire faux bond à un enfant est grave, de même que se disputer devant lui lors de chaque échange ; ce qu'on lui fait subir est déjà assez douloureux. Votre enfant ne pourra se respecter lui-même que si ses parents se respectent et s'efforcent de se parler comme des adultes.
- Accordez à votre enfant une chambre ou un coin à lui dans chacun des deux foyers où il va vivre.
- Arrangez-vous pour que votre enfant transporte avec lui un ou deux jouets affectifs et qu'il retrouve des habitudes communes, celles de sa vie d'avant – le bain avant le dîner, l'histoire du soir, la balade au parc…

- Assurez-le de votre compréhension et de votre amour. Ne lui dites jamais du mal de son autre parent et ne lui demandez pas de prendre parti. Respectez les signes de sa souffrance ; ne compensez pas le temps d'absence par des cadeaux et maintenez de part et d'autre les anciennes règles de discipline.

Un enfant a droit à ses deux parents

De nombreuses femmes décident, dès la conception, de « faire un enfant toute seule » ; dans le cas de séparations, près d'un père sur deux finit par disparaître de la vie de son enfant dans les années qui suivent : ces deux faits sont dramatiques.

Le parent qui n'a pas la garde de son enfant continue de jouer un rôle fondamental dans sa vie, son éducation et son équilibre psychologique. Entretenir chez un enfant une haine ou un rejet du parent absent, ou empêcher des rencontres régulières et de qualité, risquent d'avoir des conséquences désastreuses sur son avenir affectif et sexuel.

Tandis que le garçon a besoin de se projeter sans honte ni colère dans une image d'homme afin d'en devenir un à son tour, la fille a besoin de son père pour apprendre à réagir aux hommes, savoir comment ils réagissent à sa féminité et prendre confiance en elle.

La mère a un rôle symétrique à jouer. Françoise Dolto allait plus loin en disant qu'il fallait informer l'enfant du fait que son père payait une pension alimentaire pour lui : cela lui prouvait que, même si son père ne pouvait pas le voir régulièrement pour diverses raisons, il continuait à être partie prenante de son éducation. Plus la disparition d'un parent survient tôt dans la vie de l'enfant, plus les conséquences dans l'adolescence risquent d'être marquées.

Définitivement seule, la mère peut trouver le moyen de lui parler de son père et d'entretenir, dans l'esprit de l'enfant, une image respectable – mais non idéalisée. Elle peut aussi chercher, dans son entourage familial ou amical, un homme susceptible d'offrir un modèle à son fils.

SES RÉACTIONS

Face à la séparation de ses parents, les réactions les plus fréquentes d'un enfant sont :

- la colère,
- le repli sur soi,
- la régression à un stade antérieur du développement,
- les troubles du sommeil tels que les insomnies et les cauchemars,
- les problèmes alimentaires ou scolaires,
- les maladies psychosomatiques.

La résidence alternée

Depuis la loi du 4 mars 2002, les parents peuvent choisir entre la résidence alternée auprès de chaque parent et la résidence auprès de l'un d'entre eux. L'alternance est devenue une possibilité que le juge doit privilégier.

Les modalités de la résidence alternée ne sont pas fixées : chaque famille s'organise selon l'âge de l'enfant, la proximité géographique, la vie professionnelle de chacun… Ce mode de résidence nécessite une entente correcte entre les parents, capables de dialogue et de bonne volonté, et un solide sens de l'organisation. En général, les jeunes enfants supportent mal l'absence prolongée de l'un des parents et préfèrent une alternance sur de courtes périodes.

ET LES GRANDS-PARENTS ?

Maintenir les liens avec les quatre grands-parents de l'enfant, quelles que soient les difficultés du couple, est essentiel pour son avenir et son équilibre. Dans cette période de bouleversement, les grands-parents peuvent offrir un lieu de répit : leur maison, elle, n'a pas changé, et l'enfant peut y parler librement et y retrouver ses habitudes ; il s'y sent accueilli et aimé sans condition et pour lui-même.
Cela sera d'une grande aide dans la mesure où les grands-parents s'abstiennent de prendre parti.

Peurs d'enfant

La peur est un sentiment qui nous protège du danger. Les peurs de l'enfant sont souvent intenses et déconcertantes pour ses parents. Leurs causes sont diverses et leurs remèdes souvent nombreux.

Sur le plan psychique

Les peurs d'un enfant n'ont rien d'anormal ; elles diminueront quand il grandira et apprendra à faire la part du réel et de l'imaginaire, et quand il sera convaincu qu'il est quelqu'un de valable, dont les mauvaises pensées ne nuisent à personne.

Chaque peur témoigne du niveau de développement psychique.

Vers quatre ans, l'enfant prend son indépendance et utilise son agressivité pour tenter de maîtriser son environnement et l'influencer dans le sens qu'il désire ; mais il se sent vite coupable de cela, même s'il commence à savoir que des souhaits malveillants ont peu de risques de se réaliser par la seule force de sa volonté.

Cette culpabilité, ainsi que la crainte d'être puni – souvent plus fantasmatique que réelle –, reviennent la nuit sous la forme de cauchemars. En se liant à l'anxiété souvent due au fait de grandir, la culpabilité est projetée sur un objet extérieur, dès lors vécu comme dangereux.

Dans l'obscurité

La peur du noir prend diverses formes – la présence de monstres, de voleurs… Parfois, malgré le comportement rassurant des parents, elle ne disparaît pas avec l'âge. Dans ce cas, des jeux peuvent aider, tel le jeu à l'aveugle :

- les yeux fermés ou un bandeau sur les yeux, votre enfant vous suit dans la maison et tente d'identifier les objets qu'il rencontre ;
- ensuite, faites-le dans le noir : une nuit, passez un moment dans sa chambre, puis dans le reste de la maison, à repérer calmement les bruits et les ombres ; montrez-lui que vous n'avez pas peur et que chaque source de crainte peut être expliquée ;
- enfin, jouez avec lui en plein jour, mais dans une pièce aveugle ; laissez filtrer un rai de lumière à travers la porte pour commencer, et demandez-lui d'identifier ou de retrouver des objets. Au début, l'enfant ne restera que quelques secondes dans la pièce, puis prendra peu à peu confiance.

Dans l'eau

Il s'agit avant tout de la peur de l'eau sur la figure ou dans les yeux, de la crainte d'être mouillé ou de perdre pied.

Il n'existe pas de meilleur remède, excepté de comprendre ce que signifie cette peur et ce qui l'a provoquée, que d'apprendre à nager à votre enfant. Les enfants qui aiment l'eau et qui ont l'occasion d'y jouer souvent apprennent en général à « nager » tout seuls – c'est-à-dire à traverser une piscine en eau profonde, mais pas avec les gestes adéquats – entre quatre et six ans. Mais pour votre enfant, il vaut mieux recourir à un maître nageur, qui adoptera une méthode très progressive et avant tout ludique.

L'eau doit être appréhendée avec plaisir, ou plutôt comme la redécouverte progressive d'un plaisir. Jeter un enfant à l'eau ou le forcer malgré ses larmes, comme on le voit encore parfois, aboutit au résultat inverse. C'est lorsque votre enfant saura nager sous l'eau, là où il n'a pas pied, qu'il ne craindra plus l'eau.

Les animaux

La peur des animaux réellement dangereux n'est pas gênante : nul ne vous oblige à fréquenter des panthères ni des requins, ni à passer tous vos dimanches au zoo ! La peur des chiens ou des chats est plus ennuyeuse, car il est difficile de se tenir à distance des animaux familiers.

Le plus souvent, cette peur résulte d'une mauvaise expérience. La seule façon de la dépasser consiste tout d'abord à retrouver le souvenir désagréable, à en parler avec calme, puis à se désensibiliser peu à peu. Cela se déroule en plusieurs étapes :

- commencez toujours par l'animal qui fait le moins peur à votre enfant ;
- lisez ou feuilletez ensemble des ouvrages sur des animaux, regardez des émissions de télévision les concernant, apprenez à mieux les connaître et la manière de se comporter avec eux, et observez-les de loin ;
- à ce stade, votre enfant est prêt à les approcher, voire à les toucher, si vous restez près de lui et le rassurez.

« L’étranger »

Nous mettons si bien en garde nos enfants contre les voleurs et les kidnappeurs que certains enfants n’osent plus rester cinq minutes seuls ou sortir jouer dans le jardin. Il est alors difficile de leur demander de devenir autonomes et en même temps de les effrayer avec tous les affreux rôdeurs.

Autant il est important d’alerter votre enfant des dangers résultant de mauvaises rencontres, autant il faut être réaliste et ne pas l’inhiber dans son développement avec des angoisses excessives. Un comportement surprotecteur lui signifie qu’il vit dans un monde dangereux, où il faut se méfier de tout et de tous – un message inadéquat.

La violence des images

En dessous de cinq à six ans, les enfants ont une conscience limitée du monde hors de leur environnement proche et n’ont pas les moyens d’appréhender d’une manière juste ou de relativiser des événements dramatiques survenus ici ou là. Incapables de prendre de la distance, ils pensent automatiquement que ce qui est arrivé quelque part peut leur arriver à eux aussi – ce qui n’est pas toujours faux, malgré ce qu’on dit pour les rassurer. Le jeune enfant personnalise les tragédies, y compris la maladie et la mort. Même si cette peur ne s’exprime pas directement par des mots, elle se traduira par des cauchemars, de l’anxiété ou des maux divers.

Pour ces raisons et parce que les jeunes enfants ont déjà bien assez de frayeurs en eux, réelles ou imaginaires, mieux vaut ne pas les exposer aux informations télévisées – du fait des images, qui sont souvent frappantes. Il est préférable d’attendre qu’ils soient couchés pour regarder le journal télévisé, où de nombreuses scènes peuvent être source de frayeurs nouvelles.

Dans le cas où un enfant a été exposé et reste inquiet, le mieux est de lui expliquer calmement les choses, en termes généraux et sans détails inutiles. Ce qui l'intéresse avant tout est de savoir que ce qui est arrivé à telle personne ou à tel endroit de la planète a infiniment peu de risques de lui arriver – à lui ou à ceux qu'il aime. Inutile de lui mentir en disant que cela n'arrivera jamais, car il sent lorsque vous n'êtes pas sincère. Et si vous êtes vous-même très inquiet, cela ne fera que renforcer et justifier sa peur.

Ne pas craindre sa peur

Les parents ne contrôlent pas toutes les sources d'information de leur enfant. Il arrive que les camarades d'école aggravent ses inquiétudes. Dans ce cas, le mieux est de parler avec l'enfant, en l'aidant à exprimer ce qui a pu l'effrayer et ce qu'il craint qu'il lui arrive. Le dialogue reste la meilleure manière de lui montrer que ces sujets ne sont pas tabous.

Trop souvent, les parents ont tendance à vouloir rassurer leur enfant et à faire taire ses peurs, sans chercher au préalable ce qu'est leur inquiétude spécifique et quel sens elle a. À travers les questions qu'il pose et la façon qu'il a, si on l'y encourage, d'exprimer ses sentiments, l'enfant dit beaucoup sur ce qui le préoccupe ou l'angoisse. Tenter de comprendre, communiquer et n'avoir pas peur de sa peur, voilà le comportement parental qui rassurera l'enfant.

Comment réagir à ses peurs ?

Peut-on éviter à un enfant d'avoir peur ? Sans doute pas ; de toute façon, ce serait une erreur, car la peur apprend le danger : c'est en se confrontant à ses craintes et en les dépassant que l'enfant gagnera la confiance en lui. Mieux vaut l'aider à les surmonter, et toute surprotection aboutirait au résultat inverse ; inutile pour autant de confronter l'enfant à des situations difficiles qu'il n'est pas encore en âge d'assumer.

Ce que les parents peuvent faire, c'est être attentif afin de ne pas créer de peurs supplémentaires et encombrantes. L'enfant a assez des siennes ! Pour cela, il faut surveiller ce qu'il entend, ou encore ce qu'il voit à la télévision par exemple, et mettre des mots rassurants sur ce qu'il ne comprend pas afin de l'aider à se faire une idée positive du monde.

Comment l'aider ?

- **Minimiser sa peur, l'ignorer ou s'en moquer ne fait aucun bien.** Au contraire, cela risque d'accroître l'anxiété et la détresse de votre enfant, qui ne se sentira pas soutenu. Peut-être n'exprimera-t-il plus ses angoisses afin de ne plus vous déplaire, mais sans pour autant en être débarrassé.
- **À l'inverse, ne soyez pas trop complaisant ni trop protecteur** dès qu'une peur s'exprime, car vous lui donnerez l'impression que le danger est bien réel. Attention également à nos propres peurs que nous projetons parfois sur nos enfants – les souris, les serpents, les araignées, la foule, être enfermé, l'altitude…
- **Votre enfant ne sera rassuré que si vous respectez ses sentiments** – mais si ne partagez pas sa peur. Comportez-vous d'une manière calme. Vous savez que la cause de sa peur est imaginaire ; l'essentiel est donc de l'encourager et de le soutenir dans ses efforts pour vaincre ses craintes. Cela suppose une grande confiance réciproque ; cela suppose également qu'il puisse tenter d'expliquer sa peur, raconter ses cauchemars, dessiner ses monstres…

- **Votre enfant gagnera beaucoup à imiter le comportement d'un adulte** ou d'un aîné qui ne partage pas sa peur. Un sourire, un commentaire positif inciteront un autre à regarder sous son lit si un monstre y est caché.
- **Certains enfants ont besoin d'être incités à prendre des initiatives.** Si leurs parents sont toujours derrière eux à craindre qu'ils se blessent ou se perdent, ou, au contraire, s'ils les jettent en avant, ils ne développeront pas la confiance en eux nécessaire pour affronter de nouvelles aventures.

Jouer à se faire peur

Les enfants adorent les histoires qui font peur, qui les font vibrer, et les réclament souvent tous les soirs pour trembler, puis se sentir aussitôt soulagés ; ils adorent aussi se faire peur entre camarades, jouer à colin-maillard ou à l'aveugle. S'ils n'aiment pas avoir peur « pour de vrai », dans la vraie vie, en revanche ils raffolent de cette émotion vive, de ces délicieux frissons, dans un contexte rassurant : sachant très bien que c'est « pour de faux », ils se régalent par avance à l'idée du loup qui s'approche ou de la découverte d'un monstre !

L'imaginaire est structurant : en écoutant encore et encore la même histoire qui finit bien, l'enfant devient, à son tour, aussi fort que sa peur. C'est là l'essentiel : l'enfant, qui se sait tout petit, sent qu'il n'est pas de taille à affronter le monde. Avec les histoires et les contes, il apprend qu'on peut l'affronter malgré sa peur ; il découvre que la peur ne fige pas toujours sur place, mais qu'elle peut aussi donner du courage. Et du courage, il en faut quand on est petit ; ainsi, dans la cour de l'école, il reste vigilant tout en sachant désormais qu'il possède en lui les moyens de faire face. Les petits peuvent aussi gagner contre les grands, parce qu'ils sont plus malins.

BON À SAVOIR

Un autre avantage à vivre intensément ses émotions est qu'on se sent vivant. Dans l'organisme de l'enfant, c'est la réaction hormonale commune à tous les stress qui se déclenche : le pic d'adrénaline. L'enfant découvre ce plaisir.

La peur des insectes

À l'instar des adultes, certains enfants ressentent une véritable frayeur pour les insectes. Comme presque toutes les autres, cette peur a le plus souvent une origine psychologique. La seule chose à faire est de montrer l'exemple, de ne pas paniquer au passage d'une guêpe, et de lui apprendre à se comporter en présence des insectes, ceux qui piquent et les autres. Leur observation dans la nature est si fascinante qu'elle suffit parfois à vaincre la peur : allongez-vous dans l'herbe et regardez les araignées et autres fourmis !

À ÉVITER

- En rajouter dans l'inquiétude : « Tu as raison, cette araignée est effrayante. Ne t'approche surtout pas ! »
- Se fâcher : « C'est fini, ces bêtises ? Ça suffit ! Tu n'es plus un bébé ! »
- Se moquer : « Les petites bêtes ne mangent pas les grosses ! »
- Le surprotéger, en le tenant à l'écart de tout ce qui l'effraie.

Parler de la mort

Nous voudrions tous que nos enfants soient heureux, innocents et à l'abri de la souffrance et de la mort, qui nous angoissent tant. Il est pourtant impossible de les tenir dans l'ignorance. Alors, autant savoir leur en parler au mieux.

La mort fait déjà partie de sa vie

D'une manière courante et quotidienne, un enfant est confronté à l'idée de la mort :

- il joue à la bataille et tue ses adversaires, qui restent immobiles un moment, puis se relèvent en disant : « On dirait que je serais plus mort ! » ;
- il écoute des contes dans lesquels les ogres mangent les enfants, où les héros sont orphelins et où les patriarches sentent leur mort venir… ;
- il a déjà vu des cimetières ;
- il a vu mourir son poisson rouge, son cochon d'Inde, les insectes qu'on asphyxie et les fleurs qu'on cueille ;
- l'un de ses grands-parents est peut-être déjà décédé.

OUVREZ LE DIALOGUE

À tout âge, la mort fait partie de la vie de l'enfant. Il a des questions à poser sur elle et, s'il ne le fait pas, sans doute est-ce qu'il sent combien cela vous embarrasse. Ne ratez pas la prochaine occasion de susciter ses questions et de parler avec lui de la mort – devant un cadavre d'insecte, par exemple.

Comment lui en parler ?

- **Sans communiquer votre angoisse, évoquez ce sujet de la manière la plus naturelle possible.** Votre enfant a besoin de renseignements simples, concrets et rassurants ; il a avant tout besoin de la vérité : dites-la sans fuir. Sa grand-mère n'est pas partie en voyage pour longtemps et le chat ne s'est pas envolé dans le ciel : ils sont morts, c'est tout.
- **À cet âge, votre enfant ne partage pas votre angoisse de vieillir ni de mourir.** Pour lui, la mort est souvent conçue comme réversible. Ce qu'il craint plus que la mort, c'est d'être séparé de vous, de se retrouver seul sans personne pour lui donner amour et protection.
- **Pour un enfant, dénué de références, mais pourvu d'une imagination fertile, les fantasmes sont pires que la vérité.** Dites-lui donc la vérité, en lui expliquant vos propres conceptions, d'ordre philosophique, religieux ou autre, mais en faisant la part entre croyance et réalité.

Qu'est-ce que la mort ?

La mort est un état où on ne bouge plus, où on ne pense plus, où on ne souffre plus, comme dans un sommeil très profond, mais on ne respire plus et on ne se réveille pas.

Des questions plus précises peuvent porter sur le cercueil, le cimetière ou l'incinération, la tombe ou le rituel. L'enfant a besoin, si l'un de ses proches est décédé, qu'on lui affirme que rien de ce qu'il a pu faire ni penser n'a pu être, de près ni de loin, cause de cette mort.

Quand meurt-on ?

Nul ne le sait ; comme le disait très justement Françoise Dolto : « Quand on a fini de vivre, or aucun de nous n'a encore fini, n'est-ce pas ? »

Pourquoi meurt-on ?

Les convictions de chacun modifient bien entendu les réponses. D'une manière générale, la mort existe, car il n'y a qu'ainsi que la vie peut continuer et progresser. La vie n'existerait pas sans la mort. D'ailleurs, tout ce qui vit – les plantes, les animaux, les êtres humains… – meurt un jour. Mais nous vivons pour toujours dans le cœur de ceux que nous aimons et qui nous aiment.

À propos de la mort de son animal familier

L'existence des animaux domestiques étant brève, il est fréquent qu'un enfant soit confronté à cette épreuve pénible qu'est la perte de son compagnon. Cette perspective fait même hésiter certains parents avant d'accueillir un animal. Pourtant, cette expérience de la mort, qui est souvent la première à laquelle l'enfant est confronté, peut être formatrice autant que douloureuse.

- **L'enfant supportera mieux l'événement si vous avez déjà évoqué ce sujet avec lui** et s'il sent qu'il n'y a aucun tabou à en parler. Expliquez-lui que le chat et le chien vivent une quinzaine d'années, le hamster deux ans… Quand l'animal de la maison devient âgé, parlez du moment où il ne sera plus là.
- **Si le décès est prévisible, avertissez votre enfant.** Si vous faites pratiquer une euthanasie, expliquez-lui que le

vétérinaire aide l'animal à mourir en douceur, sans souffrir davantage.

- **La réaction de votre enfant dépendra de son caractère.** À son âge, comme il n'a pas encore de représentation de la mort et assez peu le sens du temps, elle sera souvent modérée. L'important est de le laisser réagir comme il l'entend. Ne jugez pas son attitude : donnez-lui le droit d'être triste… ou non.
- **Cette mort suscite souvent des inquiétudes :** si elle a emporté son chien, qui peut-elle emporter d'autre ? S'il sent que c'est possible, il posera des questions et exprimera ses sentiments : à vous de trouver les mots qui le rassureront.
- **Votre enfant aura peut-être besoin d'un peu de temps pour faire son deuil.** La perte d'un animal n'est pas une épreuve gratuite ; c'est l'occasion d'avancer dans sa compréhension de l'existence.

ÉVITEZ DE LUI DIRE…

- « Tu me tues avec tes questions ! »
- « Si tu restes dans le froid, tu vas attraper la mort ! »
- « Elle est morte de chagrin. »
- « La mort, c'est comme s'endormir pour toujours ! »
- « Je vais mourir de honte si tu continues ! »
- « Grand-père nous a quittés. Dieu prend les meilleurs pour les avoir près de lui. »
- « Sois courageux, ne pleure pas ! »

Les problèmes de sommeil

Les difficultés au moment du coucher, comme les réveils nocturnes, ne doivent être considérés comme un problème que s'ils sont devenus une habitude. Cela perturbe la tranquillité et l'intimité de ses parents, ainsi que le bon développement de l'enfant.

Les problèmes du coucher

Entre trois et quatre ans, mettre son enfant au lit et obtenir qu'il s'endorme rapidement se révèle souvent une entreprise difficile. Si les enfants se rendent compte de la gêne qu'ils occasionnent à leurs parents et sont encore en phase d'opposition, des scènes éprouvantes pour tout le monde peuvent se reproduire chaque soir. Tant que les parents joueront le jeu, l'enfant ne peut être que gagnant et faire se prolonger ses soirées encore et encore, à la recherche d'une quelconque limite.

Trouver les raisons

Il peut y avoir plusieurs raisons au fait que l'enfant résiste à aller se coucher, mais il est fort probable qu'il se sente anxieux à l'idée de se retrouver seul dans sa chambre, affrontant alors l'obscurité et les peurs qu'elle engendre. Il est évident que tous les enfants de cet âge (et les plus âgés !) préféreraient rester en famille à bavarder ou regarder la télévision. Mais il faut bien qu'il y ait une heure de coucher. Si les parents veulent bénéficier d'une partie de soirée sans enfant, d'un peu d'intimité et de tranquillité, ils ont tout intérêt à en fixer une et à s'y tenir.

Cette heure doit être raisonnable : elle ne le serait pas si elle empêchait l'enfant de passer un temps suffisant avec ses parents le soir. Après une journée de séparation d'avec sa famille, l'enfant a besoin d'affection, de partage, de jeux communs et de temps rien que pour lui.

Indiquer, ne pas demander

Certains parents demandent gentiment à leur enfant : « Tu ne crois pas qu'il serait l'heure d'aller au lit ? », espérant qu'il va agréer. Mais l'enfant, lui, croit le contraire et, si on lui donne le choix, va tout faire pour retarder l'heure du coucher : « rien qu'un peu, maman, rien qu'un petit moment ». Donner chaque soir le choix à l'enfant et compter sur lui pour être raisonnable, c'est aller au-devant d'ennuis certains. À trois ans, on est encore loin de l'âge de raison. Vers cinq ans, les choses s'arrangent et l'enfant choisit souvent de lui-même d'aller se coucher lorsqu'il est fatigué. Mais d'ici là…

Si votre choix éducatif est de laisser votre enfant choisir son heure de coucher et finir par s'endormir sur un coin du canapé du salon, libre à vous. Mais si vous pensez que votre enfant a besoin de sommeil et si vous souhaitez des soirées pour vous relaxer, seul ou avec votre conjoint, essayez les conseils qui suivent.

Comment réagir ?

- **Déterminer une heure raisonnable de coucher.** Tout d'abord, fixez cette heure du coucher en tenant compte, si possible, de l'individualité de votre enfant, de ses besoins de sommeil, de son rythme propre et de celui des autres membres de la famille.

Une fois cette heure décidée, maintenez-la fermement. « À vingt heures, on se couche. » Cette règle n'a pas à être discutée ni remise en question chaque soir. Cela ne signifie pas qu'il faille être rigide et ne jamais tenir compte des situations exceptionnelles, comme la veille des vacances ou l'arrivée de l'oncle Jean, mais seulement qu'il est plus facile d'imposer une heure de coucher lorsqu'elle est régulière.

- **Établir un rituel sécurisant.** La routine de la mise au lit que vous avez décidée, une fois enclenchée, n'a pas de raison de s'interrompre jusqu'à son terme. Les enfants aiment savoir ce qui se passera ensuite. La routine les rassure. Elle peut commencer une heure avant par le bain et la mise en pyjama, enchaîner par le dîner, et se prolonger par l'application du rituel du sommeil proprement dit. L'enfant saura à quel moment la mise au lit interviendra : après l'histoire et le pipi, avant le câlin et le dernier baiser de maman. L'habitude est votre alliée.
- **Maintenir une ambiance de calme.** Réservez les activités calmes pour la demi-heure qui précède le coucher, afin que l'enfant se détende et sente le sommeil venir. Pensez par exemple aux chansons et aux berceuses fredonnées dans le noir.

Allier souplesse et fermeté

L'enfant a besoin de votre tendresse du soir. Pourtant, si ses demandes se prolongent trop, il faut savoir y mettre un terme. « Encore une histoire, rien qu'une, s'il te plaît. Reviens me faire un baiser… » À un moment, il est bon de dire : « Oui, mais c'est le dernier, après je te laisse et je ne reviendrai pas », et de s'y tenir. Vous pouvez aussi prévenir l'enfant à l'avance :

« Je te lis deux histoires ce soir, et ce sera tout », ou encore : « Quand la grande aiguille de la pendule sera sur le 3, je sortirai et je te laisserai dormir. » Puis s'y tenir.

SI LE PROBLÈME PREND DES PROPORTIONS IMPORTANTES

Si tel est le cas, il est bon d'essayer de comprendre pourquoi. L'enfant a-t-il des peurs dont il n'ose pas vous parler ? Discutez-en avec lui. Rassurez-le sur votre présence dans la maison. Aidez-le à se défendre contre ses peurs : ne lui refusez ni la veilleuse, ni la porte entrouverte, ni les douze peluches qui occupent le lit, ni sa tétine ou son pouce s'il en a pris l'habitude.

Revoir son objectif

Soyez clair sur ce que vous souhaitez obtenir. Si votre but est de faire dormir votre enfant à l'heure que vous avez décidée, vous n'y parviendrez pas. Renoncez tout de suite, ou alors acceptez des conflits quotidiens. Mais si votre but est d'avoir une soirée tranquille et, pour cela, que votre enfant reste calmement dans sa chambre jusqu'à ce qu'il s'endorme, c'est tout à fait possible. Grâce à sa veilleuse ou à une petite lampe de chevet (il existe des interrupteurs permettant de régler l'intensité lumineuse de la lampe), votre enfant peut jouer doucement ou feuilleter un petit livre. Quand le sommeil viendra, il s'endormira sans vous déranger.

Rêves et rêveries

Le plaisir de rêver fait partie du plaisir de se mettre au lit. L'enfant qui sait rêver, inventer des histoires, est aussi celui qui saura, une fois couché, se servir de son imaginaire pour attendre le sommeil.

Mais les enfants d'aujourd'hui ont-ils encore le temps de rêver ? Pour développer son espace intérieur, il faut du temps libre, du temps vide, du temps d'ennui, du temps seul avec soi-même.

Les rappels multiples

L'enfant mis au lit, embrassé et bordé, le problème n'est pas réglé pour autant. Car il se relève… Dix minutes après le « dernier » baiser, le voilà revenu dans le salon en quête d'un verre d'eau, ou d'un « dernier dernier baiser ».

Que faire ? Le père est généralement assez efficace pour régler ce problème. S'il est ferme, il peut montrer à l'enfant que les deux parents sont d'accord sur le fait que l'enfant doit rester dans sa chambre, ce qui est un point essentiel.

La première fois, on remmène l'enfant gentiment, mais sans traîner. La deuxième fois, on peut d'abord faire semblant de ne pas le voir puis le raccompagner moins gentiment. L'enfant ne doit surtout rien « gagner » à se relever, comme le droit de rester exceptionnellement avec les adultes ou se coucher dans le lit des parents. Car alors il recommencerait le lendemain, et le jour suivant…

Les réveils nocturnes

- **Trouver la vraie demande.** Si votre enfant se réveille régulièrement pendant la nuit, il faut tout d'abord éliminer les causes physiques : des difficultés respiratoires, une douleur, une sécheresse de l'air, un excès de chaleur… Ensuite, il convient d'en comprendre les raisons psychologiques. Au-delà des prétextes invoqués – « J'ai soif », « J'ai fait un cauchemar », « Je n'ai plus sommeil » –, que se passe-t-il pour l'enfant, dont il n'a pas conscience ? Est-ce l'expression de conflits internes auxquels il est confronté, comme tout enfant de son âge ? S'il ne parvient pas à les affronter seul, il faut l'aider, ou le faire aider par un psychologue.

- **Affaires de jalousie.** Autour de quatre ans, les réveils sont presque toujours provoqués par le désir de s'approprier ses parents : il s'agit d'une rivalité fraternelle – jaloux d'un nouveau-né, l'enfant se relève la nuit et obtient l'attention de ses parents pour lui seul ; ou bien, parce qu'il ne voit pas assez ses parents dans la journée, il impose une proximité qui lui manque.

  Un autre motif est la jalousie qu'il éprouve à l'idée de ses parents, blottis ensemble dans le même lit, alors que lui est seul dans le sien. Pour les séparer, il dispose de plusieurs solutions : en attirer un dans sa chambre et le garder le plus longtemps possible – certains parents s'y endorment… –, venir se lover entre eux…

- **Partager le lit des parents.** Le lit des parents est chaud, intime ; l'enfant a l'impression qu'il y dormira mieux que dans le sien. Tandis que certains parents acceptent occasionnellement – quand l'enfant est malade ou quand ils sont fatigués de le renvoyer dans sa chambre –, d'autres en ont fait une habitude.

  Cela ne paraît pas un bon usage dans notre culture actuelle ; en effet, dans le lit des parents, on ne rencontre pas uniquement la bonne odeur qui rassure, mais également tous les fantasmes de leur intimité. À cet âge, l'enfant se pose bien des questions, dont il ne vous fait pas toujours part ; il se demande ce que font ses parents dans leur lit, en dehors de dormir : alors, il va voir. Il est jaloux des sentiments amoureux que ses parents échangent et dont il est exclu. À ses questions, il faut répondre, de jour, avec des mots. Sa curiosité ne doit pas interférer avec l'intimité de ses parents ; se comporter autrement risque de le rendre dépendant et anxieux.

- **Rejoindre un parent seul.** Le problème est différent quand un enfant vit avec un seul parent. Dans ce cas, en rejoignant son père ou sa mère dans son lit, l'enfant cherche à prendre une place attirante, à remplacer celui qui est absent, à reformer le couple, à combler un manque… Le laisser croire cela, en lui permettant d'occuper la place vide, risque de créer une confusion grave dans son esprit et de compromettre son développement. Le lit des parents ne doit pas devenir celui de l'enfant, même s'il y reste une place vide. La loi humaine est qu'un petit ne peut faire couple ni avec son père ni avec sa mère, ni remplacer le parent absent. Cela doit être dit d'une manière claire afin que chacun retrouve sa place – dans la constellation familiale et dans son lit. L'enfant doit se savoir aimé, mais comme un enfant.

Comment réagir ?

Pour des raisons qui leur sont personnelles, certains parents choisissent de laisser à l'enfant un libre accès à leur lit, comme cela s'est fait dans d'autres temps ou se fait dans d'autres pays – malgré tout, cela cesse le plus souvent autour de quatre ans. Aux autres, je conseillerai deux techniques.

- **Régler le problème le jour.** Ce n'est pas la nuit qu'on se met à discuter, qu'on compense le manque d'attention ou qu'on cherche à comprendre les raisons de sa jalousie, mais dans la journée, au calme.

  Rassurez-le, à la fois sur l'absence de loups et sur l'amour que vous lui portez. Vous pouvez aussi aménager sa chambre en sa compagnie et à son goût : il aura plus de plaisir à y dormir. La crainte de dormir seul est réelle. Trop de parents pensent, à tort, que les frères et sœurs dorment mieux dans des chambres séparées. Pour l'enfant unique, il suffit parfois d'autoriser le chat ou le chien à dormir au pied du lit pour régler le problème.

Félicitez-le quand il se comporte comme un grand, qui dort toute la nuit dans son lit – même si les « grands », eux, ne dorment pas seuls…

- **Faire face pendant la nuit.** Si votre enfant se relève la nuit, il n'existe aucune autre solution que de le ramener, puis de le renvoyer avec fermeté dans son lit. Que le parent capable de le faire de la manière qui donne le moins envie de recommencer s'en charge.

ASTUCES

- Dites à votre enfant : « La nuit, c'est fait pour dormir » et dites-le nettement. Si l'enfant sait qu'il n'a rien à gagner à venir vous rejoindre, il cessera.
- Se laisser fléchir à la énième tentative est une mauvaise solution : c'est apprendre à l'enfant qu'il suffit d'insister…

Les cauchemars

À cette période, les acquisitions et les découvertes que fait l'enfant génèrent souvent des conflits intérieurs, qui se traduisent par des cauchemars, lesquels font partie de la vie normale de tout individu.

Rêve terrifiant qui survient plutôt en fin de nuit, pendant le sommeil paradoxal, le cauchemar provoque le réveil de l'enfant, qui pleure et qui appelle.

S'il parle, il peut décrire son rêve. Il reconnaît ses parents et cherche à être consolé, car sa frayeur persiste après le réveil.

Bien que terrifiant, le cauchemar est parfaitement normal : il met en scène les angoisses fondamentales de l'enfance – et aucun être humain n'y échappe. Parfois, les parents remettent en cause leur éducation, les événements, voire la teneur des histoires lues ou regardées par l'enfant ; il convient de faire attention au rôle joué par la télévision.

S'ils deviennent plus rares à mesure que l'enfant grandit, les cauchemars continueront pourtant à marquer son existence au cours des quelques années à venir, puis de nouveau autour de l'âge de dix ans. Pour l'enfant, c'est une façon de mettre en scène ses peurs et ses conflits psychiques, et de tenter de s'en débarrasser ou de les régler. Les cauchemars font donc pleinement partie du développement normal du psychisme.

Comment réagir ?

L'attitude à adopter face aux cauchemars relève du simple bon sens : allez voir votre enfant, parlez-lui et rassurez-le jusqu'à ce qu'il se calme. S'il s'est levé, raccompagnez-le gentiment dans son lit, donnez-lui un verre d'eau, allumez au besoin sa lampe, puis recouchez-le et attendez une minute qu'il se rendorme. Le lendemain matin, il peut être bon de lui demander s'il se souvient de son rêve et s'il souhaite le raconter : cela va le libérer et peut vous donner des indications sur ce qui le tourmente.

Les enfants insécurisés et anxieux sont plus sujets aux cauchemars. Comprendre ce qui les inquiète à ce moment-là et les rassurer les aidera à affronter leurs problèmes nocturnes.

Les cauchemars quotidiens ou qui se répètent selon le même scénario, ainsi que les terreurs nocturnes, demandent qu'on s'en occupe sérieusement : ils témoignent d'une véritable angoisse qui cherche à être entendue et qui doit l'être afin que l'enfant retrouve des nuits paisibles. Il peut s'avérer utile de consulter un psychologue pour l'aider à dépasser ses angoisses.

Les terreurs nocturnes

Elles peuvent être assez effrayantes pour les parents : l'enfant semble hagard, terrorisé, inaccessible, inconsolable. Il crie, sanglote, parfois s'assied ou se lève ; il peut avoir les yeux ouverts sans sembler vous reconnaître, comme s'il était le témoin d'une scène horrible. Confus, il n'entend ni ne comprend pas ce qu'on lui dit. En réalité, contrairement aux apparences, il dort.

Ces terreurs sont très impressionnantes. Elles surviennent dans la première partie de la nuit, pendant la phase de sommeil lent profond ; la crise peut durer quelques minutes, puis l'enfant se rendort en sommeil profond.

BON À SAVOIR

Les terreurs nocturnes diffèrent des rêves d'angoisse. Le lendemain, l'enfant ne garde aucun souvenir de ce qui s'est passé pendant la nuit : au réveil, il a tout oublié. Si ces terreurs se reproduisent et si elles sont fréquentes ou durables, il est souhaitable de consulter un psychologue afin d'en comprendre la signification et de permettre à l'enfant d'exprimer ses angoisses par d'autres voies.

Comment réagir ?

Quand l'enfant a une terreur nocturne, il ne faut pas chercher à le calmer ni à le réveiller, mais simplement rester à ses côtés pour éviter qu'il se fasse mal. L'attitude souhaitable consiste à rester aussi calme que possible, à allumer éventuellement la lumière et à lui parler doucement, afin de l'amener peu à peu à se recoucher pour reprendre une nuit plus calme.

Ne rien faire de plus est difficile, car on a l'impression qu'il souffre. Pourtant, c'est la meilleure attitude à adopter.

Sécuriser avant tout

Il n'existe aucune prévention efficace et directe pour éviter les cauchemars et les terreurs nocturnes. Une vie régulière et rassurante, des horaires stables et une attitude parentale qui vise à conforter la sécurité intérieure de l'enfant peuvent être d'un grand secours.

À l'inverse, il existe des événements qui favorisent les cauchemars. Bien qu'aucune étude ne l'ait formellement démontré, de nombreux parents ont fait le lien entre une émission de télévision – ou une histoire – choquante ou effrayante, ou encore une trop grande excitation, et l'apparition de cauchemars. Un temps de calme et un rituel de coucher aident l'enfant à se rassurer.

Certaines « stratégies magiques » ont également fait leurs preuves, comme le gros lion en peluche qui garde la porte pour empêcher les méchants d'entrer. Quant à la veilleuse, pas d'hésitation, car elle est la pire ennemie des cauchemars !

S'il fait encore pipi au lit

Si un petit accident se produit de temps à autre pendant la nuit, il est inutile de s'en préoccuper. Mais si, passé l'âge normal de la maturité physiologique, soit entre quatre et cinq ans, votre enfant fait pipi au lit d'une manière régulière ou périodique, on peut parler d'énurésie.

Un besoin d'aide

Quels que soient la situation, l'âge ou le diagnostic, gronder ou ridiculiser un enfant qui mouille son lit ne l'aide pas à régler son problème, mais risque d'entraîner le développement de graves difficultés psychologiques. Cela ne signifie pas ignorer ce qui se passe ou ne pas s'en préoccuper.

Le plus souvent, l'enfant énurétique se sent honteux ou anxieux face à un problème auquel il ne peut rien. Il refuse d'aller dormir chez ses amis et risque de perdre son estime de soi. Aussi faut-il essayer les diverses manières de l'aider.

Quand parler d'énurésie ?

On ne peut parler d'énurésie avant l'âge de quatre ou cinq ans. Fréquente, elle concerne 10 % à 15 % des enfants, et encore 4 % des adolescents. Elle touche deux fois plus les garçons que les filles. Elle se présente sous de nombreuses variantes.

- L'énurésie diurne, ou de jour, est liée à un besoin urgent d'uriner et à l'impossibilité de différer ;

- l'énurésie nocturne, ou de nuit, est la plus fréquente et concerne 65 % des cas.

L'énurésie primaire, de loin la plus courante, concerne les enfants qui n'ont jamais été propres ; l'énurésie secondaire apparaît après une période de continence de six mois au moins. L'énurésie est soit quotidienne, soit irrégulière, soit intermittente – liée à une perturbation affective particulière.

Des causes variées

Nombreuses, diverses et difficiles à repérer, les causes de l'énurésie se conjuguent entre elles, une cause pouvant être estompée ou renforcée par une autre ; aussi peut-on rarement se contenter d'une réponse simple. Voici comment elles peuvent être classées.

- **Le facteur familial ou héréditaire :** sans qu'on sache pourquoi, il existe des familles d'énurétiques, qui se transmettent également un sommeil très profond. Le savoir peut rassurer l'enfant et ses parents, et donner une indication sur l'âge où cela cessera. Mais il ne faut pas se contenter pour autant d'attendre sans rien faire, car ce serait sous-estimer la gêne de l'enfant. Plus une énurésie est ancienne, plus elle sera difficile à soigner.
- **Le facteur lié à la vessie :** la cause peut être physique sans pour autant être médicale. Si vessie est plus petite que la normale, ou la pression à l'intérieur supérieure, l'enfant a du mal à tenir une nuit entière. Le sphincter peut ne pas être assez fort. Dans ce cas, quelques exercices simples aideront.
- **Le facteur lié au sommeil :** de nombreux enfants énurétiques ont un sommeil profond ; si cela ne suffit pas à expliquer qu'ils ne se réveillent pas, cela ne les aide sans doute pas. Pour une raison inconnue, ces enfants ne s'éveillent pas lorsque la vessie envoie au cerveau le message

qu'elle est pleine – et ne se lèvent donc pas. Des chercheurs ont également repéré que les enfants énurétiques rêvent souvent d'eau – de jeux, de baignades… – ou qu'ils sont en train d'uriner.

Les facteurs psychologiques

Nombreux, fréquents et divers, ces facteurs concernent à la fois la personnalité de l'enfant et son environnement affectif. Les exemples connus de tous sont l'aîné qui fait pipi au lit à la naissance du petit frère ou celui qui cesse le jour où il part en classe verte.

- **Un trait de caractère :** les enfants un peu immatures, anxieux et sensibles, ainsi que les enfants agressifs semblent plus susceptibles de choisir le symptôme de l'énurésie : les premiers parce qu'ils souhaitent rester le bébé de leur mère et, en attirant l'attention, bénéficier de ses soins corporels ; les seconds parce qu'ils trouvent là une manière de s'opposer à ce qu'on attend d'eux. Très simplifiées ici, ces motivations restent inconscientes.
- **Un message :** certains enfants très intelligents et précoces, trop poussés ou trop tôt responsabilisés, voient dans l'énurésie le moyen de montrer qu'ils sont encore petits. D'autres, malheureux et angoissés dans un climat familial pénible, protestent contre un manque affectif, des disputes entre les parents ou dans la fratrie.
- **L'apprentissage en question :** la façon dont la propreté a été apprise à l'enfant joue un rôle important dans l'apparition de l'énurésie. Il s'agit souvent d'une mère rigide ou trop pressée, qui a mis l'enfant sur le pot, à heures fixes, à un âge trop précoce ; menaces, félicitations, reproches ou récompenses ont pu accompagner ce dressage et faire de la continence, au lieu d'un phénomène naturel,

un nœud affectif complexe. Plus les parents ont attaché d'importance à l'acquisition de la propreté, plus il y a de chances pour que le symptôme du malaise s'exprime là. Dans d'autres cas, il s'agit d'une mère trop sévère, ou dégoûtée par les couches de son enfant.

- **Des réactions inappropriées :** deux facteurs aggravent le phénomène en transformant une énurésie occasionnelle en une énurésie habituelle : une mauvaise réaction des parents telle que des punitions et des moqueries ; au contraire, une « trop bonne » réaction, quand la mère prend plaisir à laver son enfant et continue de s'en occuper comme d'un tout-petit.
- **Le cas de l'énurésie secondaire :** elle survient le plus souvent à la suite d'un choc affectif perturbant pour l'enfant, lequel n'a pas reçu, sur le moment, l'aide ou l'écoute dont il avait besoin. Parmi ces événements entraînant une perte du sentiment de sécurité intérieure, on peut citer la séparation des parents, un déménagement, la naissance d'un puîné, un deuil… Pour se sécuriser de nouveau, l'enfant va tenter de retrouver sa petite enfance, celle du temps où il n'était pas continent et où sa maman s'occupait préférentiellement de lui.

Conseils de base

De nombreux enfants énurétiques ne semblent pas présenter de problèmes particuliers, et leur famille non plus. L'énurésie est dite bénigne, sans troubles associés, et ne met pas en jeu la vie relationnelle de l'enfant, mais vient juste compenser une petite angoisse. Beaucoup disparaissent d'elles-mêmes vers cinq ans. Aussi est-il inutile d'entreprendre un traitement avant cet âge, mais on peut tirer un bénéfice important des conseils ci-dessous. Quant aux traitements, ils sont avant tout médicamenteux et psychologiques, et dépendent des causes de l'énurésie.

- **On demande de supprimer les couches et de les remplacer par une alèse, et de cesser le plus possible d'intervenir :** plus l'enfant peut être autonome, mieux c'est. Il peut apprendre à mettre et à enlever seul ses draps, à les porter dans le lave-linge, à se doucher… Cela ne doit en aucun cas être ressenti comme une punition, mais comme une prise de responsabilités relative à son propre corps. Lorsque l'enfant perd le bénéfice d'avoir sa mère pour s'occuper de lui, il abandonne parfois son symptôme et attire son attention d'une manière plus adéquate.
- **Les parents doivent cesser de commenter l'énurésie de leur enfant,** de le blâmer, de lui faire honte ou de se moquer : à la place, qu'ils jouent l'indifférence.
- **Il peut s'avérer utile d'expliquer à la famille ce qu'est l'énurésie,** car elle est parfois très mal tolérée par l'entourage. Il est bon de rappeler que l'enfant n'y met aucune mauvaise volonté. Il urine pendant qu'il dort et ne peut donc en être tenu directement responsable. S'il pouvait faire autrement, il le ferait. Discuter de cela avec un médecin, un pédiatre ou un psychologue permet de mieux comprendre et de se déculpabiliser.
- **Il est inutile de priver l'enfant de boire.** Au contraire, boire beaucoup dans la journée – jusqu'au goûter environ – peut permettre d'accroître une vessie trop petite. Au dîner, l'enfant peut se contenter d'un verre d'eau. Le soir, on peut en poser un autre sur sa table de chevet.
- **Souvent, l'enfant urine au lit dans les deux heures suivant l'endormissement,** même s'il est allé aux toilettes avant de se coucher. Une solution consiste à le réveiller une heure et demie après son coucher et à l'emmener aux toilettes :

cela ne lui apprendra pas à se réveiller de lui-même, mais lui donnera la sensation positive d'être « propre ».

UNE PSYCHOTHÉRAPIE

Les causes psychologiques de l'énurésie étant très fréquentes, les conseils cités ci-dessus seront insuffisants à faire disparaître l'énurésie ; mais plusieurs causes sont souvent associées, et on peut donc se battre sur plusieurs tableaux.
Au début de toute psychothérapie, il convient d'expliquer à l'enfant la raison de sa présence chez le psychologue et le mécanisme de l'énurésie : plus il sera motivé, plus le processus s'enclenchera d'une manière favorable.
Le but de la psychothérapie est à la fois de lui faire prendre conscience des raisons de son symptôme et de lui permettre d'accéder à l'autonomie corporelle. En général, ces psychothérapies sont de courte durée ; dans les cas plus complexes où d'autres troubles psychologiques sont associés, une prise en charge plus classique et plus poussée sera nécessaire, qui visera à venir à bout du symptôme et à rendre à l'enfant sa joie de vivre.

L'éducation de la vessie

Avant de poser un diagnostic et de rechercher des causes psychologiques, il faut parfois demander au médecin de s'assurer qu'il n'existe aucune cause physiologique ni médicale (par exemple, une infection urinaire).

Si vous pensez que l'énurésie de votre enfant est causée ou renforcée par des problèmes de vessie ou de sphincter, voici comment vous pouvez l'aider :

- expliquez-lui qu'une des raisons pour lesquelles il fait pipi au lit est que sa vessie – en forme de poche – ne contient pas assez d'urine et que le muscle qui la ferme n'est pas assez fort pour tenir la poche fermée assez longtemps ; peu à peu, il pourra changer cela ;

- pour agrandir la vessie, il suffit de boire beaucoup dans la journée et de se retenir le plus longtemps possible ;
- pour renforcer le sphincter, il faut qu'il s'arrête deux ou trois fois en cours de miction, si possible dès le début, quand il a très envie ;

À terme, et s'ils sont pratiqués d'une manière régulière, ces exercices se révèlent efficaces.

L'enfant de 5 à 6 ans

À cinq ans, alors que le sens de la propriété de l'enfant est déjà bien développé, le sens moral prend pleinement sa place. L'enfant intègre les règles et argumente sur ce qui lui semble juste.

Affectueux, coopérant, mieux à même de distinguer le réel de l'imaginaire, il se repère bien dans son environnement et est heureux d'y occuper une vraie place.

Qui est-il ?

L'enfant âgé de cinq ans semble en accord avec son univers – ses parents, sa maîtresse, l'école, les animaux... Curieux de tout et coopérant avec les adultes, il est tendre, moins impatient, acceptant davantage le principe de réalité.

Il roule, s'élance, escalade...

Vers cinq ans, l'enfant mesure en moyenne entre 105 et 111 cm et pèse entre 16 et 20 kg. Il saute à cloche-pied ou à pieds joints, et possède un meilleur équilibre qu'auparavant. On le sent bien dans son corps. Le vélo à petites roulettes n'a plus de secrets pour lui, et il commence parfois à s'essayer au vélo à deux roues, ainsi qu'à de nombreuses activités physiques – la planche à roulettes, les rollers…

Il s'entraîne à de nouveaux exploits pour lesquels il faut escalader, glisser, sauter, se faufiler, ramper… Il commence à savoir s'élancer sur une balançoire, ce qui demande un bon sens du rythme et de la coordination.

La coordination des gestes gagne en précision et le résultat est visible sur ses travaux manuels. Désormais, il a une préférence marquée pour une main, donc une plus grande aisance dans ses gestes. Il tend à distinguer sa gauche de sa droite.

Il est calme et réaliste

L'enfant de cinq ans devient capable de défendre son point de vue dans une conversation ; bien qu'il soit devenu plus autonome pour ce qui concerne son corps et désireux d'être traité comme un grand, il se veut encore très proche de l'adulte et suscite à tout moment son avis ou son approbation.

D'une compagnie souvent amicale et serviable, il pleure moins souvent et moins longtemps, même si la fatigue le rend volontiers fragile. Ses colères sont peu fréquentes et s'en prennent plus volontiers aux objets qu'aux personnes.

Ses peurs s'atténuent, ou deviennent plus concrètes et moins imaginaires – la peur d'un chien qui montre les crocs, du tonnerre pendant la nuit…

Le nombre de ses bêtises diminue, mais, s'il est pris sur le fait, il peut nier ou accuser autrui de la responsabilité de sa faute. Bien qu'il aime faire les choses à sa façon, il est de plus en plus sensible au raisonnement de l'adulte et désireux de lui faire plaisir : il respecte les règles, demande la permission et voudrait être « sage ».

Ses récits fantastiques et ses vantardises s'atténuent, car l'enfant commence à faire davantage la part entre le réel et l'imaginaire. Ses possessions l'intéressent moins.

Dans sa vie quotidienne

Si l'appétit de l'enfant est bon, il varie selon les plats – et certains sont catégoriquement refusés. Presque tous les enfants mangent proprement, et quelques-uns savent déjà se servir d'un petit couteau.

En général, l'enfant est beaucoup moins malade et peut rester toute une saison sans manquer l'école. Tandis que certains sont sujets au « mal au ventre » ou au « mal à la tête » sans cause médicale, d'autres risquent d'attraper la varicelle – s'ils ne l'ont pas encore eue.

Le plus souvent, l'enfant s'occupe seul de ce qui concerne la propreté de son corps, mais se montre souvent réticent pour se laver le visage. Il s'habille entièrement, y compris pour les boutons et les pressions, mais ne prend pas soin de ses habits.

Les besoins de sommeil varient beaucoup, et quelques enfants font encore une sieste. Ils font des nuits d'une douzaine d'heures. Les rituels du coucher se relâchent, et la plupart des enfants dorment toute la nuit, sauf s'ils sont réveillés par des cauchemars ou des envies d'aller aux toilettes.

Il adore parler

À cinq ans, l'enfant parle d'une manière fluide et avec une grammaire presque juste. Si quelques petits défauts de prononciation persistent, il faudra s'en occuper pendant cette année. Il maîtrise environ deux mille mots, mais cherche sans cesse le sens des termes nouveaux. Les pronoms sont corrects, ainsi que l'emploi du temps des verbes.

Il devient capable d'évaluer les situations avec des expressions telles que « facile », « difficile », « Je ne sais pas », « J'ai oublié » ou « Je pense que ». Les notions de quantité – la moitié, le plus gros, encore plus, rien… – commencent à prendre sens.

Il connaît les lettres et les nombres

Interrogeant et réfléchissant beaucoup, l'enfant tente de tirer des conclusions, souvent erronées, des éléments d'informations qu'il a, en les généralisant : si, par exemple, on lui montre à deux reprises une voiture rouge en lui disant que c'est une Renault, il en déduira que toutes les voitures rouges sont des Renault ; de même qu'il a encore du mal à imaginer que tout le monde ne vit pas ou ne pense pas comme lui.

Grâce à l'effet conjugué de l'école maternelle, de ses parents et de sa propre maturité, l'enfant se montre motivé et très performant ; il commence à mieux se repérer dans l'écrit : non seulement il reconnaît de nombreux mots et de nombreuses lettres dans les livres, mais il essaie de les lire et de les écrire – souvent à l'envers et de plus en plus grands vers la fin de la ligne. Il peut épeler un mot qu'il voit autour de lui et demander ce qu'il signifie. Il aime jouer avec de grandes lettres en bois ou en plastique qu'il assemble sur un tableau magnétique pour former des mots. Il va bientôt passer à l'apprentissage de la lecture proprement dite. Quand on lui lit une histoire, il essaie de suivre le texte autant que les images.

Il connaît son prénom, son nom, son âge et parfois son adresse. Il compte et dénombre bien, et s'entraîne parfois à écrire les nombres ; il lit les chiffres de la pendule et sait souvent ce qu'on fait à 9 h, à 12 h ou à 16 h 30. Il a toujours du mal à compter en pointant avec l'index et doit s'y reprendre à plusieurs reprises. Il est prêt à entrer à l'école élémentaire, et ne désire que ça.

Il imite, crée et chante

Plus indépendant dans ses jeux, l'enfant passe encore la plupart de son temps à imiter les activités de la vie quotidienne de l'adulte : tandis que les petites filles habillent et déshabillent leurs poupées, jouent à la maman et adorent se déguiser, les petits garçons jouent aux voitures, à la guerre, au pilote ou au cow-boy. Les activités d'extérieur et les activités artistiques tiennent une grande place. Le père Noël est devenu un personnage de première importance. Même si l'enfant commence à avoir quelques doutes sur sa réalité, cela ne l'empêche pas de passer commande, catalogue en main, avec un grand sérieux.

À cet âge, l'enfant essaie souvent de réaliser lui-même un livre en associant des images et des textes. Désireux de rester proche de la réalité, il recopie ou décalque aussi souvent qu'il invente : pour lui, le résultat compte plus que la création.

S'il aime toujours autant qu'on lui fasse la lecture, son goût pour les histoires proches de la réalité ou pour les récits d'aventures prend peu à peu le pas sur les contes ou sur les histoires d'animaux. Il aime être abonné à un magazine, ou bien l'acheter, et le feuillette avec grand plaisir.

Son intérêt pour la musique se maintient ; il adore mettre ses disques et chanter en même temps ; il danse facilement en rythme. L'attirance pour la télévision est plus vive, et il connaît désormais l'heure et la chaîne de ses programmes favoris.

Il est conciliant et sociable

L'enfant se place correctement dans le monde des petits, qu'il oppose au monde des « grandes personnes » dont il cherche à se faire des alliées. Très attaché à son père et fier de lui, l'enfant fait également tout son possible pour satisfaire sa mère, pour l'aider et rester auprès d'elle, même s'il n'exige plus son attention exclusive. Puissants et protecteurs, ses parents restent le centre de son monde.

S'il joue d'une manière plus pacifique avec ses frères et sœurs aînés, il a encore du mal, seul avec un cadet, à ne pas imposer son droit d'aînesse. Il apprend peu à peu à se mettre à la place de l'autre, à penser à l'autre à différents moments, à partager spontanément et à faire des cadeaux.

Son sens moral commence à se développer. Dans les comportements qu'il observe chez les autres, il juge facilement ce qui est bien et ce qui est mal, c'est-à-dire ce qui est conforme ou non aux injonctions parentales. Il reprend volontiers ses parents si leur attitude n'est pas en accord avec leurs paroles ou avec le discours qu'il a perçu à l'extérieur – mettre sa ceinture de sécurité, ne pas fumer, respecter l'environnement…

En général, à force de les avoir souvent entendues, l'enfant connaît bien les règles de la politesse et des bons comportements, même si, dans les faits, il les oublie souvent, et il faut les lui rappeler.

Très désireux de se faire des camarades de son âge, l'enfant de cinq ans est devenu un être sociable et conciliant : il donne ses idées, mais ne les impose pas ; il accepte qu'un autre enfant prenne le pouvoir ou le privilège qu'il avait l'instant d'avant. Il devient meilleur joueur et dit parfois, s'il perd aux cartes ou aux dominos : « Ce n'est qu'un jeu ! » Mais cela n'est pas le cas pour tous les enfants : certains ne supportent pas de perdre ni de ne pas diriger le jeu.

Des créations

À cet âge, les enfants veulent créer quelque chose de leurs mains et s'y appliquent longuement. Ils choisissent leur matériel avec application – couleurs, pâte à modeler, formes… Leurs créations sont spontanées, originales et témoignent de cette découverte excitante : ils peuvent communiquer leur vision, leurs sentiments, leurs expériences… Susceptibles, ils aiment montrer leurs œuvres et les faire admirer.

Apprendre à bien se nourrir

Plus l'enfant grandit, plus il devient responsable de ce qu'il mange. Pour cela, quelques informations simples lui sont indispensables.

Les grandes catégories

Hors des repas familiaux, il y a ce qu'on prend seul dans le placard, ce qui est proposé à la cantine, les gâteaux que les enfants apportent à l'école, les bonbons donnés par la maîtresse, ceux qu'on achète à la boulangerie, tout ce que les publicités télévisées incitent à manger…

Une information claire et précise sur les divers types d'aliments sera précieuse à l'enfant afin qu'il apprenne à bien se nourrir et à choisir seul ce qui est bon pour lui. Le plus simple est de commencer par lui enseigner les cinq catégories d'aliments :

- les fruits et les légumes, crus et cuits ;
- le lait et ses dérivés : le fromage, les laitages… ;
- la viande, le poisson et les œufs ;
- les céréales telles que le pain, les pâtes et le riz, et les légumineuses telles que les lentilles, les pois et les haricots ;
- les sucres et les graisses, présents dans les bonbons, les huiles, le beurre…

Pour cela, prenez une feuille de papier pour chaque groupe d'aliments, et amusez-vous, avec votre enfant, à découper dans les magazines des photographies que vous collerez sur la feuille correspondante.

Quand votre enfant aura compris le système, entamez un autre jeu : « Dans quels groupes mets-tu ce que tu as mangé au goûter et au déjeuner ? »

Certains plats sont difficiles à classer, car ils relèvent de plusieurs cases ; limitez-vous aux aliments simples.

Une alimentation santé

Expliquez à votre enfant qu'un repas équilibré, ou du moins une journée équilibrée, doit contenir un élément de chacune des quatre premières catégories. La cinquième est moins utile sur le plan nutritionnel, car elle est consommée en excès, surtout pour le plaisir – mais c'est déjà beaucoup ! D'autres aliments contiennent déjà du sucre et des graisses, soit par eux-mêmes, soit dans la façon dont ils sont cuisinés.

Dès lors, il devient plus facile d'expliquer à votre enfant :

- pourquoi les repas de la cantine sont conçus de cette manière ;
- pourquoi vous insistez pour qu'il mange des fruits et des légumes ;
- ce qu'il doit prendre comme dessert pour équilibrer son repas.

Lui-même s'amusera à chercher sur les tableaux s'il a bien mangé un élément de chaque catégorie.

Le petit-déjeuner

Repas trop rapide pendant la semaine ou brunch le dimanche, le petit-déjeuner permet de bien commencer la journée. Hélas, rythme de vie aidant, il est le premier sacrifié quand nous sommes pressés. Si votre enfant ne mange rien, prend-il modèle sur vous ? Si vous avez plaisir à vous asseoir, ensemble, dans le calme, avant que chacun parte à ses occupations, votre enfant participera à son tour. Mais s'il n'a pas faim, ne vous battez pas avec lui et essayez ces conseils.

- **Emmenez-le faire les courses :** aux rayons céréales, laitages et boulangerie, faites-le choisir ce qu'il aimerait manger au petit-déjeuner.
- **Prenez des produits en conditionnements individuels :** chaque matin, votre enfant choisira une compote, un yaourt au muesli, des céréales, une mini-viennoiserie… Autre solution, plus économique : répartissez vous-même un paquet de céréales dans de petits sacs plastiques ou des pots séparés.
- **Offrez-lui de la diversité :** s'il refuse le bol de chocolat et les tartines, essayez la charcuterie, le lait à la fraise, les céréales, les yaourts, le fromage, les œufs, les fruits frais ou secs, les compotes…
- **Mangez ensemble :** s'il est impossible, pour des raisons d'horaires, qu'il déjeune en même temps que quelqu'un, restez au moins dans la pièce en sa présence.
- **Soyez patient :** quand votre enfant aura l'habitude de prendre un petit-déjeuner avec plaisir, vous pourrez insister sur le côté diététique et vous assurer qu'il consomme un laitage, un fruit et des céréales.

La collation

La collation du matin, encore parfois proposée à l'école maternelle, n'est ni systématique ni obligatoire. Elle est là pour pallier l'absence de petit-déjeuner pris à la maison. Mais ce n'est pas l'idéal, car l'enfant prend l'habitude de ne pas manger le matin et de sortir le ventre vide, dans le froid.

Attention : à l'école primaire, il n'y a plus de collation.

Le goûter

Le goûter est le quatrième repas des enfants et il aura sa place jusqu'à la fin de l'adolescence. Il participe à l'équilibre alimentaire global.

Il se peut, selon l'organisation de la journée de votre enfant, que vous deviez mettre un goûter dans son cartable dès le matin. Dans ce cas, la tentation est grande de se rabattre sur les gâteaux ou les barres du commerce, vendus en emballage individuel à cette intention. Veillez plutôt à privilégier les fruits, les produits sains, en évitant les sodas et les produits industriels riches en graisses et en sucre blanc.

ASTUCE

Pour le goûter, pensez au yaourt à boire, à la compote en gourde, ou à un fruit comme une banane ou un fruit préparé en morceaux (mandarine, orange), un morceau de fromage à pâte ferme, une tranche de pain complet, etc.

Il se ronge les ongles

Se mordiller ou s'arracher les ongles est une mauvaise habitude assez courante. Chez un enfant, elle peut débuter à n'importe quel âge. La toute première fois se situe sans doute dans un contexte d'anxiété particulière.

Pourquoi cette tension ?

Bien qu'elle soit fréquente – un enfant sur trois et un adolescent sur deux environ ont rongé ou se rongent leurs ongles – et sans gravité particulière chez un enfant qui se développe bien par ailleurs, l'onychophagie est néanmoins un signe de tension nerveuse, sur lequel il convient de s'interroger. Il n'y a qu'ainsi qu'il sera possible d'aider l'enfant, avant que ce tic soit trop installé.

Chercher l'origine de cette tension est la première chose à faire. Peut-être l'enfant est-il d'une nature anxieuse, mais à quoi cela est-il dû ? Est-il trop souvent critiqué, harcelé ou corrigé ? Sent-il que les attentes de ses parents sont telles qu'il sera incapable de les satisfaire ? Ses parents sont-ils tendus, stressés, exigeants ? Est-il témoin, dans la vie ou à la télévision, de scènes ou d'images qui risquent de l'inquiéter ?

Faire disparaître les causes de cette tension reste le meilleur moyen de l'aider. En tout cas, c'est un préalable à toute autre tentative si on veut qu'elle réussisse.

La force de l'exemple

La meilleure façon d'aider un enfant est de lui donner l'exemple. Car il est justifié dans son action s'il peut dire, à juste titre : « Moi, je ressemble à papa, je me ronge les ongles comme lui ! »

Si vous êtes dans l'une de ces situations, pourquoi ne pas envisager un programme vous permettant de vous arrêter ensemble, votre enfant et vous, et de vous soutenir mutuellement ? À l'inverse, une mère qui a de beaux ongles peut faire partager à sa fille le plaisir de s'en occuper, de les limer, de les vernir, de porter une bague…

La prise de conscience

La prise de conscience, ainsi que la relaxation, permettent d'établir une stratégie avec l'accord de l'enfant. En voici le schéma.

- **Faites-lui prendre conscience des effets négatifs de cette manie :** ses mains ne sont pas belles, ses ongles sont douloureux ; au besoin, placez-le devant un miroir et demandez-lui de se regarder en train de se ronger les ongles : l'effet est saisissant !
- **Observez comment et quand il se ronge les ongles ;** souvent, il en est inconscient. Repérez à quels moments de la journée et de quelle façon cela se produit. Devant la télévision ? Quand il est fatigué ou énervé ? Quand il dessine ou écrit de l'autre main ?
- **Ne lui faites pas de reproches :** il doit sentir que vous êtes avec lui et que vous voulez l'aider. Il ne se ronge pas les ongles « exprès » !
- **Quand vous le voyez un ongle dans la bouche,** faites-lui un petit signe pour qu'il arrête. En votre absence, le vernis

à ongles amer lui permet de prendre conscience de ce qu'il est en train de faire ; c'est sa seule utilité, car il a peu d'effets réels sur l'habitude elle-même.

- **On ronge ses ongles d'une main inoccupée.** Alors, pourquoi ne pas encourager votre enfant à se livrer à des activités qui lui occupent les deux mains – le modelage, le découpage, la pâte à modeler, le collage ? Ou placez dans sa main libre une balle molle, un morceau de pâte ou un mouchoir.
- **Le besoin d'avoir quelque chose dans la bouche** peut être satisfait provisoirement par un chewing-gum ou une paille en plastique.
- **Proposez-lui un geste de remplacement :** lorsqu'il sent l'envie venir, il peut s'asseoir sur ses mains, écraser une petite balle ou serrer les rebords de sa chaise.

LA MOTIVATION

Soutenez-le dans ses progrès comme dans ses échecs. Comptez combien d'ongles vous avez coupés chaque semaine ; constatez comme ses mains deviennent plus jolies ; offrez des autocollants, une bague...

La relaxation

- **Relaxer ses mains** consiste à fermer les poings, à les serrer très fort en comptant lentement jusqu'à dix, puis à relâcher brusquement. L'enfant recommence trois fois jusqu'à ce qu'il ressente une impression de chaleur et de lourdeur.
- **Relaxer sa bouche, ses lèvres et ses dents** consiste à les serrer très fort en inspirant profondément par le nez. L'enfant relâche d'un coup, en expirant, et laisse ses lèvres légèrement entrouvertes ; puis il recommence trois fois.

Avec l'expérience, les deux mouvements peuvent être faits simultanément.

À ÉVITER

L'enfant qui se ronge les ongles est incapable d'arrêter du jour au lendemain. Lui faire des reproches, se moquer de lui, en parler sans arrêt, le punir ou le gronder ne seront d'aucune utilité. Au contraire, cela renforcera l'idée qu'il est inapte à satisfaire ses parents, cela augmentera la tension à l'origine du tic et cela aggravera le problème – quand ils sont dans leur bain ou dans leur lit, certains enfants se rongent… les ongles de pied.

Indépendance et responsabilité

Depuis qu'il est tout petit, l'enfant cherche à devenir de plus en plus autonome. Le rôle de ses parents est de l'accompagner dans ce long processus, de le soutenir dans ce désir de grandir et de faire naître en lui le sens des responsabilités.

L'effort et la frustration

Laisser faire un enfant par lui-même est fondamental ; souvent, les parents trouvent plus rapide et plus pratique de faire les choses à sa place ; à long terme, c'est une erreur. Au début, un peu de patience lui offre l'occasion de s'entraîner quand il en a envie ; il progresse vite et saura se débrouiller d'une manière plus efficace qu'un enfant laissé dans une position passive.

Les parents peuvent proposer à leur enfant des choses nouvelles à tester par lui-même et adaptées à son âge. Il n'a pas besoin d'être poussé, parfois d'être soutenu, mais surtout d'être investi d'une confiance et, sans prendre de risques inconsidérés, de ne pas être freiné dans ses explorations. D'ailleurs, cet apprentissage du danger fait partie intégrante du sens des responsabilités.

Si ses parents sont toujours derrière lui pour l'aider et le corriger, l'enfant ne progressera pas. Quand on essaie une chose inédite, cela ne marche pas du premier coup ; l'enfant le sait bien et, même s'il bougonne un peu, s'obstine, motivé par la perspective d'une aptitude nouvelle. Le rôle de ses parents est donc de lui faire expérimenter l'effort. Quand les frustrations sont trop fortes ou quand l'enfant, malgré sa persévérance, est encore incapable de parvenir à son but, les parents ont à le féliciter, le rassurer sur l'avenir et ne pas le laisser se décourager.

Les essais et les erreurs

L'enfant apprend par imitation : c'est parce qu'il a vu ses parents faire qu'il va s'y essayer à son tour. L'inciter à acquérir un esprit d'indépendance, c'est lui montrer comment s'y prendre, par exemple pour les tâches quotidiennes.

Il est fier de ce qu'il fait par lui-même. S'il se sent trop souvent rabroué ou critiqué, il ne fera plus ou ne montrera plus ce qu'il fait ; il est donc important de manifester de l'enthousiasme et de soutenir sa curiosité ; il est tout aussi important de respecter ses choix, ses goûts, ses désirs et ses opinions, et d'encourager ses initiatives – par exemple choisir seul ses vêtements.

Il arrive à tout explorateur de se tromper, et votre enfant en est un ; il se peut même que l'enthousiasme et la maladresse conjugués débouchent sur des décisions discutables, ou qui méritent une intervention. Il faut veiller à encourager tout ce qui va dans le sens de l'indépendance, même si le résultat laisse à désirer : l'enfant a besoin de se sentir soutenu à chaque étape de son apprentissage et de sentir que ses parents sont fiers de lui lorsqu'il grandit et qu'il apprend de nouvelles choses. C'est ainsi qu'il gagnera de la confiance en lui. Les erreurs ? Les bêtises ? On les répare ensemble, on en tire les leçons et on oublie.

Devenir responsable

Le sens des responsabilités croît avec l'indépendance. Si ce concept est avant tout accessible aux enfants qui ont passé l'âge de raison, il est bon d'en poser les bases dès à présent et d'une façon graduelle. Il n'y a pas d'indépendance possible sans capacité à assumer une part, même minime, de responsabilité. Cela passe par deux axes :

1. **Faire prendre conscience à l'enfant des relations de cause à effet observées dans la vie quotidienne**, en particulier dans la sienne – « Tu n'as pas voulu manger au dîner, maintenant tu as faim. »
2. **Lui donner des occasions d'agir, d'être responsable d'une chose et d'observer les conséquences de ses actes.** Avec ses essais, ses réussites et ses erreurs, l'action est le meilleur enseignant à la responsabilité. S'il y a erreur, on aide l'enfant à affronter les conséquences, mais en le soutenant ; on l'aide à se pardonner, à comprendre et à recommencer. Les parents sont un bon exemple s'ils montrent à leur enfant qu'ils essaient, sans être sûrs de réussir.

Ce qu'il sait faire tout seul

Ce qu'un enfant de cinq ans peut faire seul dépend de son éducation, de ses apprentissages et de ses goûts ; cela varie beaucoup d'un individu à un autre.

Voici des indications.

- **S'occuper de lui et de ses affaires :** se laver, se brosser les cheveux, s'habiller, verser ses céréales du matin, mettre ses chaussons, ranger ses jouets…
- **Participer aux tâches ménagères, selon ses possibilités :** aider à mettre la table ou à étendre le linge, ranger les

couverts propres du lave-vaisselle, laver les légumes pour la soupe, etc.

- **Donner son avis :** chaque fois que c'est possible et que cela le concerne, demandez-lui son avis et essayez d'en tenir compte. Il apprendra à faire des choix et à les défendre. Se sentant respecté, il lui sera plus facile d'accepter que, sur de nombreux points, vous ne lui laissez pas le choix.
- **Commencer à réfléchir à ses actes :** faites-le dans des conversations ouvertes, sans vouloir lui faire la leçon, par exemple à propos d'une attitude agressive qu'il a eue envers un camarade, et incitez-le à se mettre à la place de ce dernier.
- **Demandez-lui de prendre soin de son animal**, en lui expliquant ce qu'est la responsabilité envers ceux qu'on aime, envers les plus faibles.
- **Donnez-lui les moyens de réparer la bêtise qu'il a faite,** au lieu de vous fâcher.
- **Aidez-le à ne pas rejeter la faute sur les autres,** mais à assumer la part des événements qui lui revient. Cela suppose de le féliciter de sa franchise lorsqu'il avoue quelque chose.

Il est timide

L'exemple parental, l'éducation reçue, le milieu culturel... Tout cela a un effet sur le comportement d'un enfant, qui se sentira plus ou moins à l'aise en société, qui se liera plus ou moins facilement. Tout n'est pas joué à cinq ans et la personnalité peut évoluer, mais ses grands traits sont sans doute déjà dessinés.

Un comportement parfois handicapant

Certains enfants sont plus timides que d'autres :

- ils ont davantage de difficultés à se faire des amis ;
- ils préfèrent jouer seuls à inventer des histoires ou à feuilleter des livres, plutôt que se risquer à affronter les autres ;
- ils ne prennent pas volontiers la parole en classe ;
- ils ne disent spontanément ni bonjour ni au revoir aux adultes, sans que leur politesse soit en cause, et leurs parents en sont gênés. Ces enfants ressentent une telle crainte des inconnus qu'ils peuvent en devenir partiellement ou totalement inhibés.

Près d'un enfant sur deux se dit timide ; à certains, cela pose un réel problème. L'enseignant ne remarque pas toujours sa gêne, car il s'agit d'un enfant sage, qui ne pose aucun problème et reste souvent dans son coin. Mais il peut souffrir de ne pas oser demander de l'aide ou de dire qu'il n'a pas compris ; lever la main est pour lui une difficulté. Ce comportement risque de devenir un handicap lors de sa scolarité.

Que faire ?

- **Ne lui collez pas d'étiquette :** cela ne ferait que renforcer ses difficultés. Une prophétie finit toujours par être autoréalisatrice, et une étiquette est si pratique qu'elle le dispense de changer.
- **Vous ne pouvez ni le forcer à parler ni à être plus sociable.** Ce n'est qu'en prenant confiance en lui que son attitude changera.
- **Déterminez ce que vous attendez de lui et faites-lui-en part ;** même s'il choisit de ne pas aller plus loin dans une conversation, il doit dire bonjour et au revoir. Félicitez-le chaque fois qu'il parvient à le faire.
- **Ne parlez pas à sa place,** ne faites pas les démarches pour lui, même s'il ne répond pas aux questions qu'on lui pose. Il doit peu à peu se prendre en charge seul.
- **Faites-lui des compliments sincères et précis :** complimentez-le sur son humour, son niveau en gymnastique…
- **Encouragez-le à parler en famille,** où il se sent en sécurité.

Développer sa confiance

S'il a confiance en lui, l'enfant est capable d'entreprendre et d'aller vers les autres ; il parvient à dominer ses appréhensions pour avancer ; autonome, il fait les choix qui le concernent et les défend ; il ne se laisse pas démonter par un échec et décide d'essayer encore. Tout cela est si important qu'on ne peut que s'interroger : comment un enfant construit-il cette image positive de lui-même qui le suivra toute sa vie ? En ce domaine, les parents ont un rôle majeur.

Encourager son esprit d'initiative et sa persévérance tout en restant en retrait permet à l'enfant de triompher seul des difficultés. Développer son sens de la coopération aux dépens de la compétition, lui montrer qu'il est unique, ainsi que l'amour qu'on lui porte, voilà ce qui l'aidera.

À chaque étape de son développement, l'enfant livre ses propres batailles ; avec son corps, ses émotions, son intelligence, il traverse les épreuves, se remodèle et sort plus autonome. Il n'est pas souhaitable que ses parents lui évitent cela ou lui montrent qu'ils ont peur pour lui : leur rôle est d'être vigilant et disponible pour soutenir, encourager et discuter, pour offrir une base de repli attentive et affectueuse. Le parent idéal n'existe pas : celui qui est là, qui a une bonne image de lui-même et confiance en ses valeurs et en son projet éducatif fera très bien l'affaire et saura transmettre cette force intérieure.

Les jeunes enfants n'ont aucun moyen de juger de leur valeur, de leur caractère ou de leurs compétences, mais le font à travers ce qu'on dit d'eux. Parents, enseignants et proches sont leur miroir. Il est donc de notre responsabilité de lui renvoyer une image positive : il en aura grand besoin dans quelques années, à l'âge où il se mettra à douter de lui. Et il convient d'éviter de le comparer sans cesse – à l'aîné, au cadet, à l'enfant idéalisé. Il a besoin qu'on valorise ses *qualités et* ses *performances à lui.*

LES PHRASES À ÉVITER

- « Tu es méchant quand tu déchires. » Préférez : « Déchirer ce livre est vraiment une bêtise ». C'est l'acte qui est répréhensible, pas l'enfant.
- « Tu es gentille. » Préférez : « C'est très gentil de ta part d'avoir partagé tes jouets avec Paul ». Le compliment est spécifique.
- « Tu es pénible ! » Préférez : « J'ai du mal à supporter quand tu cries comme ça ». On emploie le « je » qui parle de soi, plutôt que le « tu » qui accuse.

Il a du mal à se faire des amis

Dans la plupart des cas, c'est une grande souffrance pour un enfant de se voir tenu à l'écart du groupe. Aussi est-il nécessaire de l'aider : comprendre sa difficulté, trouver les bonnes attitudes éducatives et lui enseigner quelques compétences sociales est indispensable ; il s'agit d'un travail sur le long terme, qui améliorera sa situation, mais sans la changer d'une façon significative.

Des situations très diverses

Derrière la difficulté à se faire des amis, qui est plus répandue qu'on ne le croit, on repère quatre attitudes très différentes

1 **L'enfant solitaire.** Nous n'avons pas tous la même demande de relations ; très jeunes, certains enfants savent s'occuper seuls et ne semblent pas avoir un grand besoin des autres. Avoir un ou deux amis fiables est pour eux suffisant. Ils ne sont pas malheureux : inutile de les harceler.

2 **L'enfant timide.** Il a du mal à se faire des amis, parce qu'il n'ose pas aller vers les autres. Il reste en retrait, discret, si bien qu'on ne vient pas le chercher non plus.

3 **L'enfant qui ne garde pas ses amis.** Il n'a pas de mal à commencer des relations, mais elles ne durent jamais. C'est comme s'il ne savait pas se faire aimer : il veut tout diriger, faire à son idée, si bien que, assez rapidement, on ne veut plus de lui.

4 **L'enfant souffre-douleur.** On lui fait de mauvaises blagues, on se moque de son nom, on siffle dès qu'il ouvre la bouche… Ce n'est qu'en répondant et en se faisant respecter que cet enfant sensible, vite blessé, sortira de son statut de victime.

Comment l'aider ?

- **Invitez un camarade à la maison,** pour le goûter par exemple. Prévoyez plutôt une activité d'intérieur ou une sortie commune. Peu à peu, invitez plus d'enfants et pour des temps plus longs.
- **Observez-le quand il est avec un copain,** puis parlez avec lui. Gentiment, commentez une anecdote, en lui expliquant l'effet de son comportement sur l'autre.
- **Demandez-lui de repérer qui, dans la classe, est aimé de tous.** Puis amenez-le à réfléchir : d'où vient cette popularité ? qu'est-ce qu'un ami ? que peut-il reprendre à son compte ?
- **Montrez l'exemple :** c'est parce qu'il voit ses parents se servir de leurs compétences sociales, être à l'aise en société et recevoir leurs amis que l'enfant apprend à développer les siennes.
- **Mais, surtout, ce dont l'enfant a besoin, c'est de confiance en lui :** il ne saura appliquer les conseils donnés que s'il se sent soutenu, aimé et encouragé.

SI LE PROBLÈME PERDURE

Si vous le sentez en souffrance, il peut être nécessaire de consulter un psychologue. Avec lui, vous comprendrez les raisons de ses difficultés et vous serez à même de l'aider.

Il boude

On croit un peu trop vite qu'un enfant est nécessairement à l'abri des soucis. Comme il a tout pour être heureux et que nous avons tout fait pour cela, nous acceptons mal qu'il nous renvoie une image de l'insatisfaction. Mais pourquoi donc boude-t-il ?

Quelles exigences !

Il a tout pour être heureux, dites-vous, et c'est là que surviennent les fameuses phrases et leurs variantes : « Avec tout ce qu'on fait pour toi, tu n'es pas encore content ! » ; « Moi, à ton âge, je n'en avais pas le dixième et je ne faisais pas la tête ! » Or, ce n'est pas parce qu'un enfant a « tout pour être heureux » qu'il n'a aucune inquiétude. Certains ont des difficultés qu'ils ne savent pas exprimer autrement que par leur mauvaise humeur : la jalousie, des problèmes à l'école, de l'anxiété, un sentiment d'injustice… D'autres réagissent ainsi par solidarité avec des questions non exprimées : la grossesse de la mère, des craintes professionnelles, un projet de déménagement… D'autres encore ne sont pas du matin ou du soir, ou bougonnent quand, déjà fatigués, on leur demande de fournir encore un effort.

Quelles pressions !

Les enfants partagent le stress de leurs parents, non seulement parce qu'ils vivent très proches d'eux et qu'ils subissent les retombées de leurs tensions personnelles, conjugales ou professionnelles, mais également parce qu'ils sont eux-mêmes victimes de trop de demandes et de pressions.

À peine nés, on exige d'eux qu'ils dorment seuls et ne pleurent pas la nuit ; ensuite, très vite, ils doivent être capables d'être propres, de ne pas manger avec leurs doigts, de rester assis tranquillement, de compter jusqu'à dix et de ne pas toucher aux bonbons ; puis de se lever tôt le matin, d'aller à l'école et au centre de loisirs, de prêter leurs jouets, d'apprendre le vélo et la danse, de dire bonjour aux inconnus et de faire la fierté de leurs parents dans tous les domaines… Voilà qui est bien pesant quand on n'a que quelques années de vie !

Que faire ?

- **La première étape est d'accepter la situation** et d'admettre que l'enfant, comme n'importe qui, a droit à être de mauvaise humeur. Si cela est ponctuel, il existe une raison qu'il serait bon de connaître ; dans un moment d'intimité et de dialogue, au coucher par exemple, votre enfant vous confiera sans doute ce qui le perturbe. S'il boude tous les matins, peut-être n'a-t-il pas envie d'aller à l'école : il faudrait savoir pourquoi. Et si c'est en fin de journée, peut-être est-il fatigué par des horaires surchargés.
- **Votre enfant doit comprendre que sa mauvaise humeur permanente nuit à l'ambiance générale,** dont il est responsable au même titre que tout membre de la famille. Attention : réagir d'une manière trop vive lui apprend à « faire marcher » ses parents, ce qui enferme chacun dans son mécanisme. Entrer dans son jeu en lui renvoyant la même mauvaise humeur entraîne dans un engrenage douloureux. Mieux vaut rester le plus possible serein. N'y faites pas allusion, mais félicitez-le lorsqu'il en sort.

- **Laisser ses soucis professionnels hors de la maison et prendre sur soi pour être disponible** aux autres est un excellent exemple parental. Ne criez pas si votre enfant se met à crier ; gardez votre bonne humeur afin de ne pas lui donner trop de prise sur vous.
- **À froid, calmement, expliquez-lui l'effet de son attitude.** Aidez-le à se mettre à votre place et suggérez-lui des façons de se reprendre quand il est de mauvaise humeur. L'humour peut vous aider beaucoup en la matière.
- **Rappelez-vous ce que vous ressentiez, enfant,** quand vous boudiez dans votre coin… L'envie de revenir, mais la fierté d'y renoncer ; l'envie qu'on vienne vous rechercher, mais la certitude que vous refuseriez… L'enfant boudeur est avant tout un enfant malheureux, qui veut savoir s'il est aimé et qui s'exclut pour le vérifier. Aussi est-il souvent nécessaire de lui tendre la main, sans pour autant le supplier dix fois de revenir.

Il argumente sans cesse

Dès l'âge de cinq ou six ans, certains enfants discutent chaque demande de leurs parents et réclament dix fois les bonbons qu'on leur a pourtant refusés. Par expérience, ils savent que l'insistance paie et ont pris l'habitude d'avoir les adultes à l'usure...

Réponse à tout

Depuis une vingtaine d'années, on a répété aux parents qu'il ne fallait plus exiger de leurs enfants ni obtenir d'une manière autoritaire qu'ils obéissent. Désormais, il faut expliquer à l'enfant pour emporter sa conviction, en faisant appel à sa raison.

Très doués, les enfants ont vite compris le bénéfice à tirer de la méthode ; ils ont vite appris à prendre l'avantage dans ces négociations : ils sont patients et ont tout à y gagner. Si bien que les parents se trouvent souvent débordés par les capacités de discussion de leurs enfants. Ces derniers sont mis en position de décider, à égalité avec leurs parents.

Nécessairement, cette démocratie familiale a des ratés ; elle épuise les parents, tenus de justifier chacune de leurs décisions, et ils ont l'impression que, dès qu'ils posent une limite, l'enfant résiste, les entraînant dans des discussions sans fin. Ceux qui, d'une manière précoce, se sont montrés prêts à négocier se retrouvent vite avec un petit juriste à la maison, qui a réponse à tout. Le moindre compromis fait jurisprudence.

Donner du sens aux mots

Pour éviter que ce comportement persiste, voire s'aggrave avec l'âge, il vaut mieux rapidement y mettre un terme.

- **Communiquez d'une manière claire et ferme sur ce qui est demandé ou autorisé.** Une fois la règle ou l'exigence posée, restez sourd aux complaintes ; gardez une voix calme et convaincue ; évitez l'irritation et l'escalade.
- **S'il considère que « non » n'est pas une réponse, c'est sans doute que vos « non » n'en sont effectivement pas.** L'enfant a compris que tout se discute. S'il sait qu'il finira par avoir gain de cause, il vous rejouera le même air sur des modes variés – enjôleur, coléreux, plaintif… –, selon ce qui s'avère efficace. La seule solution est de donner du sens aux mots qu'on prononce. « Il est 20 h, au lit ! » fonctionne mieux que : « Ça ne serait pas l'heure d'aller se coucher ? » Et si ça proteste : « J'ai dit au lit, ça veut dire au lit. »

L'art de la négociation

Vous serez d'autant plus à l'aise pour vous en tenir à ce que vous avez défini que cela sera clair pour vous. Dans la variété des décisions concernant votre enfant, il est bon que vous sachiez par avance :

- **ce qui n'est pas négociable :** cela inclut les interdits de sécurité – ne pas jouer avec les allumettes – et les points qui vous tiennent à cœur – par exemple, l'heure du coucher ;
- **ce qui se prête à un compromis après négociation.** Dans ce cas, l'échange où chacun met du sien permet d'aboutir à un accord ;
- **là où vous êtes prêt à lâcher :** vous ne pouvez pas être sur tous les fronts. Certaines demandes vont dans le sens d'une prise d'autonomie souhaitable : les autorisations

doivent évoluer avec l'âge, ce que l'enfant se charge de vous rappeler. Lui laisser des choix concernant sa vie, c'est le responsabiliser et lui faire confiance ;

- **attention à ne pas tout rejeter non plus !** Savoir argumenter, convaincre... Tout cela fait partie de l'éducation. Échanger son point de vue, c'est apprendre la démocratie. Autant l'enfant qui discute tout renvoie l'adulte à un déficit d'autorité, autant il convient de valoriser l'expression des désirs et des opinions. L'adulte qui sait écouter sans faire la leçon et qui défend ses convictions sans écraser l'enfant met en place les meilleures conditions pour la discussion familiale. Un point à peaufiner avant l'adolescence !

LA BONNE ATTITUDE

Maintenir une demande ou un refus sans se laisser fléchir par l'insistance de votre enfant, c'est d'autant plus facile qu'on n'a pas parlé trop vite, qu'on n'a pas dit « non » à une demande légitime, sans trop réfléchir, par lassitude.
Limitez vos « non » à ceux qui ont du sens et de la cohérence, sinon ils seront difficiles à défendre. Face à une demande de votre enfant, mieux vaut prendre un temps pour réfléchir et s'assurer que la première réponse est la bonne : une fois énoncée, elle n'a plus à varier.

Il ne lâche pas son doudou

Les parents ont incité leur enfant, depuis son plus jeune âge, à s'attacher à un objet particulier qui était destiné à le rendre plus autonome. Mais vers cinq ans, parfois plus tôt, les parents commencent à trouver cette habitude énervante. L'enfant, donc toute la famille, en est devenu dépendant.

Un coin d'enfance à préserver

Perdre le doudou ou s'éloigner de la maison sans lui devient une véritable affaire d'État. Le laver peut poser un problème, alors qu'il tient raide de crasse. Les parents peuvent même être gênés en public par une habitude qu'ils trouvent ridicule à l'âge de leur enfant, et se demandent comment la faire cesser. Mais l'enfant, quant à lui, y tient.

Son doudou, quelle que soit sa forme, c'est un coin de sa petite enfance qu'il a besoin de préserver, l'endroit de son cœur où il reprend des forces pour aller de l'avant et devenir un grand. Enfouir son visage dans son odeur, c'est retrouver l'époque où sa mère, disponible, était là pour le consoler et le bercer.

Pourquoi tel enfant a-t-il encore besoin de se rassurer, tandis que tel autre ne compte plus que sur lui-même ? C'est ainsi ; ce qui est sûr, c'est que tant que l'attachement est fort, les parents ne peuvent décider seuls de retirer le doudou. Supprimer de force un objet sécurisant risquerait d'avoir des conséquences psychologiques assez graves – de l'angoisse, des cauchemars, des manifestations psychosomatiques…

Se moquer de l'enfant ou exiger qu'il cesse sont des attitudes qui posent, après coup, plus de problèmes qu'elles n'en résolvent. Les parents sont si pressés que leur petit grandisse ! Le petit, quant à lui, ne demande qu'une chose : qu'on respecte ses besoins et son développement affectif propres.

Quel comportement adopter ?

Ne pas s'inquiéter inutilement : certains enfants peuvent se sentir plus insécurisés, craindre de grandir et avoir besoin d'être aidés pour devenir autonomes. Mais s'ils sont gais, actifs, équilibrés, en bonne santé et bien intégrés parmi leurs camarades, pourquoi s'en faire ? Dans le cas où le doudou reste dans le lit, ne suit pas l'enfant à l'école et ne pose aucun problème, respectez la vie privée de votre enfant et laissez-le gérer seul son domaine affectif.

Dans le cas où l'habitude devient vraiment gênante, voici quelques attitudes à essayer.

- **Ne vous en prenez pas au doudou :** l'idée générale est de ne pas s'attaquer directement au doudou, mais à ses causes. Occupez votre enfant à des choses qu'il aime, montrez-lui les joies qu'il y a à grandir, donnez-lui des responsabilités, traitez-le comme un grand et attendez que le doudou perde peu à peu de sa nécessité.
- **Laissez votre enfant gérer ses oublis :** ne lui rappelez pas de prendre son doudou quand, par hasard, il l'oublie. Pour lui, c'est un excellent moyen, une fois la crise passée, de s'apercevoir qu'il peut vivre et dormir sans lui.
- **Troquez pour un objet plus gérable :** si l'habitude n'est plus tenable, proposez-lui de la remplacer par une autre,

plus vivable – remplacer une couverture ou une couche en tissu par un mouchoir, prendre une toute petite peluche qui tient dans la poche à la place du gros ours…

- **Mettez-vous d'accord sur une utilisation raisonnable :** essayez d'obtenir que le doudou ne suive pas l'enfant partout – lors des balades, dans la journée, qu'il reste dans le lit ou dans la voiture.
- **Renforcez son autonomie affective :** envoyez votre enfant passer une nuit chez un camarade, un week-end chez ses cousins, puis une semaine dans un gîte d'enfants ou chez ses grands-parents. Mêlé à d'autres et très occupé, il risque bien de laisser son doudou dans sa valise pour les seuls moments de cafard.

Il suce encore son pouce ou sa tétine

Quand le doudou est le pouce, quand c'est avec le doigt dans la bouche que l'enfant se console et s'endort, pas question de l'oublier ni de le mettre à la poubelle… Aussi s'en séparer sera-t-il plus compliqué.

À cinq ans, un enfant n'a plus besoin de téter, que ce soit un pouce ou une tétine. Ce n'est qu'une habitude, un geste qui le calme, dont il est parfois très difficile de s'en défaire, surtout chez un enfant anxieux.

La première chose à faire est de consulter un dentiste, voire un orthodontiste. Lui seul pourra dire, selon la manière dont l'enfant suce son pouce ou tète, si cette habitude doit cesser rapidement ou non. Il évaluera les conséquences qu'elle peut entraîner sur sa mâchoire et sa dentition. Si le dentiste parle directement et fermement à l'enfant, celui-ci sera impressionné, souvent suffisamment pour passer à l'acte.

ASTUCE

Même motivé, arrêter le pouce ou la tétine demande de gros efforts, pendant plusieurs jours. L'enfant a besoin que ses parents le soutiennent. Les petites techniques comme le port d'un gant ou d'un vernis amer peuvent aider, mais c'est la motivation qui est primordiale. Devenir grand, avoir de belles dents, et puis, pourquoi pas, recevoir un cadeau que vous aurez promis en récompense de ses efforts. Choisir un jour symbolique, comme Noël ou son anniversaire, pour mettre un terme à l'habitude, peut aider.

Le développement du sens moral

Une aptitude à distinguer le bien du mal, le bien étant ce qui entraîne à la fois l'estime de soi et l'estime de l'autre : voilà comment peut être défini le sens moral. Mais la simplicité apparente de cette notion masque la complexité de cette dimension de l'appareil psychique.

L'influence parentale

Bien que le sens moral se trouve sous l'influence de nombreux facteurs, psychologiques, culturels ou autres, il dépend pour une large part de l'attitude parentale. Que les adultes en aient ou non conscience, qu'ils soient ou non à l'écoute de leur enfant et désireux de l'instruire, ils possèdent sur lui un impact considérable, tant par ce qu'ils disent ou font que par ce qu'ils omettent ou taisent.

Ce n'est pas pour autant que l'enfant adoptera plus tard le code moral de ses parents. Il a besoin de provoquer leurs certitudes, d'en rechercher la cohérence ou les failles, et d'expérimenter par lui-même : il se forgera ses propres valeurs, mais à partir de ce qu'il aura reçu.

Quatre stades

Le sens moral suit des stades successifs. Le psychologue Jean Piaget a beaucoup étudié les niveaux de conscience morale de l'enfant en fonction de son âge et ce que sont alors ses croyances. Il a défini des stades que chaque enfant traverse :

- **au stade 1,** le bien et le mal n'existent que selon leurs conséquences – la fessée, la récompense, la punition, le sourire… ;
- **au stade 2,** le bien est avant tout ce qui vise à satisfaire ses propres besoins ou ceux d'autrui ; les attitudes de provocation ou d'opposition ne témoignent d'aucune méchanceté : l'enfant cherche à comprendre quelles limites régissent sa vie ; à ce stade, les comportements désobéissants ou coléreux font partie du développement normal de sa personnalité ;
- **au stade 3,** le bon comportement est celui qui est approuvé ou qui plaît, et celui qui se prête à réciprocité ; l'apparition massive du « je » et du « moi » ne signifie pas que l'enfant est égoïste, mais qu'il prend plus conscience de son individualité ;
- **au stade 4,** l'enfant a intégré les règles et commence à respecter l'autorité et l'ordre social. Il est le premier à reprendre celui qui ne respecte pas la règle !

Savoir se mettre à la place des autres

À partir de l'âge de cinq ou six ans, l'enfant commence à pouvoir se mettre à la place d'autrui ; cela accompagne des transformations psychologiques qui vont modifier la personnalité tout entière. Il se prépare à « l'âge de raison ».

Ce qu'il comprend des autres l'aide à se comprendre lui-même plus finement, de même qu'il projette sur les autres ce qu'il sent en lui.

À cinq ans, il a encore souvent la tentation de tricher (ce qu'il fait) et s'inquiète de la tricherie des autres. Il est capable de mentir pour éviter une punition.

Se mettre à la place de l'autre s'apprend. Si une fillette revient de l'école avec une petite bague qu'elle a trouvée par terre dans la classe, des questions comme : « Comment te sentirais-tu si tu avais, toi, perdu ta bague dans la classe ? », « Que penserais-tu de l'enfant qui, l'ayant trouvée, la donnerait à la maîtresse afin qu'elle demande à qui est cette bague et te la rende ? » l'aideront à réfléchir.

De la cohérence

L'attitude éducative jusqu'à sept ans environ est déterminante, car l'enfant n'a pas encore de valeurs propres. Cohérente et ferme, elle doit indiquer les limites à respecter et n'attend pas de l'enfant plus d'autocontrôle qu'il ne peut en fournir.

Cette éducation morale consiste à transmettre les valeurs familiales jugées essentielles en les expliquant, sans oublier de les appliquer soi-même ; elle permet aussi à l'enfant de construire son propre système de jugement en le laissant expérimenter et en valorisant ce qui vient de lui. Le développement du sens moral est également encouragé par une attitude juste, car un comportement arbitraire et inconstant ne pourrait que susciter chez l'enfant de la révolte due au sentiment d'injustice.

L'enfant évoluera d'autant mieux qu'il sera capable de se mettre à la place des autres et d'éprouver pour eux de l'empathie. Il existe une seule manière d'y parvenir : que les parents éprouvent de l'empathie pour leur enfant et qu'ils puissent comprendre les raisons de ses actes.

Des repères

L'éducation morale est une vaste entreprise ; son but n'est pas que l'enfant croie à ce qu'on lui dit de croire, mais elle vise à lui offrir des repères et des possibilités d'expérience qui seront autant de boussoles dans un monde d'incertitudes.

Car un enfant a besoin de lignes pour l'aider à définir sa conduite et les objectifs de son existence. Cette éducation morale perd tout son sens si elle tente de s'imposer à coups de châtiments et d'autoritarisme. Délicate, elle ne peut se fonder que sur le respect et la confiance mutuels ; ses seules armes sont l'humour, l'affection et la capacité qu'ont les parents à conformer leurs actes à leurs discours.

BON OU DÉPRAVÉ

À certaines époques, le nouveau-né était considéré comme naturellement bon : seuls la société et l'environnement le corrompaient. À d'autres époques, au contraire, on considérait que le bébé naissait dépravé et capricieux, en état de péché, et que seuls le baptême et une éducation rigide le sauveraient ; la religion catholique inventa les limbes, un lieu d'accueil pour les nouveau-nés morts sans baptême, donc refusés au Paradis. Aujourd'hui, ces deux conceptions sont caduques. On sait que tout enfant naît avec des dispositions morales, comme il a des dispositions à la parole ou à la sociabilité, et que celles-ci s'organisent peu à peu.

Se mettre à la place des autres

À partir de cinq ou six ans, l'enfant commence à pouvoir se mettre à la place d'autrui, et cela accompagne des transformations psychologiques qui modifient sa personnalité ; il se prépare à l'âge de raison. Ce qu'il comprend des autres l'aide à se comprendre lui-même plus finement.

À cinq ans, il a souvent encore la tentation de tricher et s'inquiète de la tricherie des autres ; il est capable de mentir pour éviter une punition.

Est-ce vraiment du vol ?

Peu importe que l'objet soit de peu de valeur ou qu'ils se souviennent d'avoir fait de même quand ils étaient petits, la plupart des parents sont horrifiés et anxieux quand leur enfant vole quelque chose.

Tout est à moi !

En réalité, autour de l'âge de cinq ans, quand le sens de la propriété n'est pas clairement établi pour l'enfant, il est encore difficile de parler de vol. Si la notion de « C'est à moi » se développe assez tôt et « être volé » prend vite un sens, en revanche la notion de « Ce n'est pas à moi », donc de voler l'autre, est plus complexe.

L'enfant chaparde, parce qu'il passe par une période où tout ce qu'il voit et désire est sa propriété potentielle. Le territoire de ce qui est « à moi » va de ce qu'il possède réellement à ce qu'il aimerait posséder ; le jeune enfant pense que tout ce dont il peut se saisir lui appartient. Cela impose une grande vigilance aux parents, en particulier lors des courses au supermarché, où il n'est pas rare de trouver dans la poche de l'enfant un stylo ou une barre de chocolat. Il faut alors lui expliquer que cela ne lui appartient pas – ce qu'il a du mal à admettre.

Peu à peu, vers six ans, l'enfant aura compris la notion d'appartenance et ses limites ; le sens moral commencera à avoir un sens plus clair : alors, il pourra être question de vol.

Il n'existe donc aucun lien entre le petit de quatre-cinq ans qui vole des bonbons dans l'armoire à friandises et l'adolescent qui vole un vélo ! Cela ne signifie pas que le vol de l'enfant n'a pas de sens et qu'il est inutile d'y réagir.

En guise de compensation

Si les petits vols se répètent, il est nécessaire que les parents interviennent et apprennent à leur enfant les règles sociales de l'emprunt, de la propriété, de l'échange et de la restitution. Leur réaction doit être nette et advenir avant que le vol devienne une habitude. Leur exemple est essentiel. Ils peuvent aussi entendre le vol répété comme l'expression d'un malaise.

S'ils parviennent à mettre de côté le côté moral de l'affaire – car souvent il n'existe aucun but lucratif dans ces vols –, s'ils cessent de s'angoisser sur leur responsabilité éducative et s'ils s'interrogent avec lucidité, ils vont découvrir que cette action possède un sens précis. L'enfant a souvent le sentiment de récupérer d'un côté, même d'une manière inappropriée, quelque chose dont il croit manquer d'un autre côté : il vole l'argent que sa mère a laissé traîner, parce qu'il croit qu'elle l'aime moins depuis que son petit frère est né ; il vole une petite voiture chez un copain pour attirer l'attention de son père qui a quitté la maison, ou qui ne prend pas le temps de jouer avec lui ; il vole un jouet dans la classe pour se venger de la maîtresse qui l'a réprimandé, donc qui ne l'aime pas, pense-t-il.

Parfois, voler est une manière de compenser une perte qu'il a subie à la suite d'un changement : la naissance d'un puîné, un déménagement, une mère qui retravaille ou des conflits parentaux sont autant de situations où l'enfant essaie, en s'appropriant un objet, de recréer l'environnement qu'il aimait ou de faire appel de sa détresse.

Parfois encore, l'enfant souffre d'une culpabilité dont il ne parvient pas à comprendre le sens. Voler, puis se faire gronder est une manière de traduire ce sentiment, et cela peut lui procurer un réel soulagement. Ce sont ces valeurs de message qui expliquent pourquoi les larcins sont si facilement découverts – et pourquoi il faut y répondre.

Ni condamner ni tolérer

Si vous pensez avoir compris la raison profonde pour laquelle votre enfant a volé, c'est à ce niveau qu'il vous faut le rassurer sur l'amour et la qualité d'attention que vous lui portez. Interrogez-vous et interrogez-le sur ce qu'il vit : Est-il heureux à la maison ? à l'école ? A-t-il le sentiment de n'être pas assez aimé ?

Il est inutile de lui faire une leçon de morale, à l'âge où il sait déjà qu'il a mal agi ; mieux vaut lui montrer que si vous condamnez son acte, vous vous intéressez avant tout à sa personnalité et à ses problèmes. Plutôt que de le culpabiliser, essayez d'entendre sa détresse.

Il va vous falloir réagir également sur le vol lui-même, et la nature de cette réaction est déterminante pour la suite des événements.

Une réaction rigide et excessive est déconseillée : votre enfant n'est pas un voleur, et le traiter comme tel ne peut avoir que des conséquences néfastes. Mais une tolérance, voire une complaisance trop grande, n'a pas non plus d'heureux effets, car votre enfant risque de tirer de trop grands bénéfices de son attitude et prendre de plus en plus de plaisir à voler.

Que faire ?

- **Tout d'abord grondez-le raisonnablement.** Votre enfant doit savoir que voler est mal et que vous désapprouvez son comportement.
- **Demandez-lui d'imaginer combien lui-même aurait honte si l'un de ses parents était arrêté pour vol.** Les parents doivent dire la loi à leur enfant, la lui faire appliquer et l'appliquer eux-mêmes ; par exemple, si un commerçant se trompe en leur faveur, rendre l'argent et expliquer pourquoi à l'enfant.
- **Ensuite, accompagnez-le pour qu'il rende l'objet à la personne lésée et pour qu'il s'excuse.** Même si vous faites cela correctement, c'est-à-dire en préservant son amour-propre et sans prononcer le mot « vol », la scène sera désagréable, et c'est une des raisons pour lesquelles votre enfant hésitera à recommencer.

Le respect de la propriété

À plus long terme, il existe d'autres façons d'apprendre à votre enfant à respecter la propriété d'autrui.

- **Si votre enfant n'en est pas encore conscient, expliquez-lui que les objets ont un prix.** Tout ce qui est dans la maison, vous l'avez acheté, ou bien vous l'avez reçu en cadeau de quelqu'un qui l'a acheté. Quand vous allez dans un magasin, vous payez pour ce que vous prenez – votre enfant vous voit simplement mettre les marchandises dans votre chariot, puis tendre une carte qu'on vous rend ensuite…
- **Expliquez-lui que chacun, à la maison ou au-dehors, a ses propres affaires,** qui peuvent être tentantes. Il est souvent possible de les emprunter, mais il faut tout d'abord

demander. L'échange et le don existent aussi, mais cela se négocie ou se formule.

- **Suggérez-lui de se mettre à la place des autres.** Que penserait-il si son voisin lui prenait un jouet et ne voulait pas le lui rendre ?
- **Apprenez-lui qu'on peut gouverner ses impulsions.** Françoise Dolto disait à un enfant qu'il devait apprendre à gouverner ses mains pour qu'elles ne ramassent pas n'importe quoi. Même si faire la queue à la caisse d'un supermarché, entre deux rangées de friandises, le met souvent face à de terribles tentations. Félicitez-le s'il résiste et, pourquoi pas, permettez-lui de choisir un bonbon, qu'il paiera lui-même avec l'argent que vous lui donnerez.
- **Renforcez et récompensez les réactions honnêtes en général.** Racontez des histoires et des contes où l'honnêteté a payé. Et montrez-lui toujours l'exemple.

Un monde de tentations

Vous ne pouvez pas mettre votre enfant à l'abri de toutes les tentations : cacher les bonbons et votre porte-monnaie ; ne pas le confronter à d'autres jouets, ne plus l'emmener dans les magasins, tout cela est impossible. Aussi vaut-il mieux lui apprendre à se contrôler.

Mais le contrôle de ses actes est très difficile pour l'enfant. Ses impulsions sont plus fortes que celles des adultes, et il ne peut résister que jusqu'à une certaine limite ; au-delà, c'est aux parents de comprendre que leur enfant ne peut être mis impunément face à des tentations trop fortes. Il n'est pas coupable d'y succomber, il a seulement l'âge qui est le sien. L'enfant qui « chipe » n'est pas un futur délinquant. La pire attitude serait de lui coller une étiquette.

Consulter un psychologue

Quand ils trouvent que leur enfant ne va pas bien, certains parents l'emmènent volontiers consulter un psychologue. D'autres le vivent plus difficilement, car c'est pour eux se remettre en question et avouer leur impuissance. Si bien que cela peut susciter à la fois de l'espoir, de la méfiance ou de l'anxiété.

Quand faut-il aller voir un psychologue ?

Chaque fois qu'un enfant semble malheureux ; quand un changement brusque de comportement attire l'attention ; quand apparaissent des problèmes durables de sommeil, d'alimentation, de propreté, d'agressivité ou de peurs excessives…

Voici quelques exemples.

- Depuis deux semaines, Estelle ne veut plus aller à l'école. Le matin, elle s'agrippe à sa mère en pleurant. Sa maîtresse la trouve morose. Personne ne comprend et Estelle ne dit rien.
- Depuis la mort de son chien, il y a trois mois, Inès pleure toutes les nuits dans son lit, inconsolable, malgré le nouveau chiot que ses parents ont adopté.
- Ethan commence à savoir lire tout seul et s'intéresse à mille choses. Ses parents se posent la question d'un passage anticipé au cours préparatoire. Mais c'est un enfant déjà bien solitaire.

- Thomas inquiète ses parents, parce qu'il ne tient pas en place plus de deux minutes et se montre incapable de se concentrer sur une activité : est-il hyperactif ?
- Suzanne a appris que ses parents allaient se séparer. Depuis, elle refuse d'en parler et se replie sur elle-même. À la moindre contrariété, elle se met en colère et casse tout ce qui lui tombe sous la main.

Qui aller voir ?

Le choix du psychologue est important et délicat.

- **Vous pouvez demander un rendez-vous dans le centre médico-psycho-pédagogique (CMPP) le plus proche de votre domicile,** dont vous obtiendrez l'adresse à la mairie. L'avantage est que vous ne paierez presque rien ; les inconvénients sont les délais d'attente et le fait que vous ne choisirez pas le psychologue.
- **Vous pouvez consulter un psychologue libéral.** Les tarifs et les manières de travailler diffèrent. Aujourd'hui, beaucoup de psychologues ont des sites internet, qui vous permettent de voir en partie à qui vous avez affaire. Vous pouvez aussi chercher une recommandation auprès d'un médecin, de l'école ou d'une collègue. Il est important que le professionnel ait un bon contact avec vous et avec votre enfant. Vous le sentirez rapidement. Si le courant ne passe pas, changez.
- **Si le problème est lié à l'école,** vous pouvez demander, en passant par le directeur, à rencontrer le psychologue scolaire. Il n'entamera pas de thérapie, mais il pourra vous renseigner utilement, vous rassurer et vous orienter.

Que fera-t-il ?

La – ou les – première séance a pour but d'exposer le problème et de recueillir des informations sur les comportements, les émotions et la personnalité de l'enfant, ainsi que sur son entourage familial et scolaire. Réunissant l'enfant et ses parents, cette première rencontre n'est pas un engagement, mais un entretien pour mieux comprendre ce qui se passe ; il arrive souvent qu'elle soit suffisante : le psychologue explique, donne quelques conseils, suggère de prendre patience… L'enfant est sensible au fait d'avoir été entendu dans ses difficultés, et les choses s'arrangent.

Parfois, le psychologue suggère de faire passer des tests à l'enfant, qui permettront de définir certaines compétences ou de mettre en évidence des difficultés personnelles, et qui offriront un éclairage souvent très enrichissant. Leurs résultats seront toujours interprétés avec prudence et resitués dans le contexte de l'enfant.

Si quelques séances ne suffisent pas à résoudre le problème, le psychologue peut proposer d'entamer un travail de psychothérapie avec l'enfant, seul ou accompagné. Selon son âge, il se servira, en plus du langage, de supports tels que le dessin ou le jeu. Les séances ont lieu une fois par semaine, et la durée totale du travail est variable. Il ne faut pas hésiter à se donner du temps.

Plus le problème est pris tôt, plus il se résout vite. Quelques séances offrent à la famille l'occasion de porter un regard nouveau sur son fonctionnement et de repartir, encouragée, sur des bases meilleures.

SE REPÉRER PARMI LES PSYS

Les pédopsychiatres sont des médecins spécialistes.
Les psychologues sont diplômés de l'université – avec un bac + 5 minimum pour porter ce titre.
Les psychanalystes suivent également une formation et ont fait eux-mêmes une psychanalyse (mais le titre n'est pas protégé).
Le titre de psychothérapeute se réfère aujourd'hui à une formation sérieuse et validée.
Les consultations avec un psychologue sont remboursées par certaines mutuelles ; téléphonez à la vôtre pour vous renseigner.

Que penser de la télévision ?

Bien que les études soient contradictoires en ce qui concerne l'influence néfaste de la télévision, toutes s'accordent à dire que son excès nuit d'autant plus que l'enfant est jeune et que les programmes sont violents et non adaptés à son âge.

Des questions complexes

Le petit écran est accusé de bien des maux, tant par les parents que par les enseignants. La plainte récurrente est : « Mon enfant regarde trop la télévision. Que faire ? » Dans d'autres familles, l'enfant la regarde tout autant, mais cela ne gêne personne, au contraire : la télévision fait partie des loisirs de chacun.

Comment quantifier ce « trop » ? Existerait-il un optimum de consommation télévisuelle, au-delà duquel l'enfant courrait des risques, ne communiquerait plus avec le monde, abolissant le temps et l'espace ?

Et si le problème était pris à l'envers ? Et si la télévision était une réponse au manque de communication ? Et si c'est justement parce que l'enfant n'a pas autre chose d'intéressant à faire qu'il allume le poste ? Et si c'est simplement parce que le poste est déjà allumé quand il rentre de l'école ? Les études ne peuvent répondre à ces questions, qui montrent combien le problème est complexe.

La télévision n'est qu'un objet : tout dépend de l'usage qu'on en fait. Elle fait partie de notre vie et n'est pas près d'en sortir, alors autant apprendre à vivre avec. L'avoir ou non, la regarder ou non, en limiter ou non l'accès aux enfants sont des choix éducatifs personnels, sur lesquels les psychologues n'ont pas nécessairement à se prononcer, si ce n'est pour poser les éléments de la réflexion et donner quelques conseils à ceux qui souhaitent en limiter l'usage.

Pour ou contre ?

Examinons les divers arguments relatifs à l'usage de la télévision par les jeunes enfants.

- **Elle est une source d'information variée :** elle ouvre l'enfant sur le monde, abolissant le temps et l'espace – sans doute, s'il ne se limite pas aux dessins animés japonais. Mais, pour un enfant de cinq ans, tout ce qui n'est pas « émission pour enfants » est peu compréhensible et presque impossible à assimiler : c'est une succession trop rapide d'informations, un vocabulaire trop complexe, un manque de références… Plus gênant : ne faisant pas toujours la part entre le réel et l'imaginaire, il a tendance à prendre pour vrai ce que la télévision montre.
- **Elle développe le vocabulaire :** il apparaît à certains enseignants que l'enfant qui regarde la télévision d'une manière raisonnable a plus de vocabulaire et comprend mieux le monde ; de même pour le niveau de langage et de compréhension. Cela peut s'avérer important dans les familles où le français est une seconde langue, et dans les milieux où le vocabulaire utilisé à la maison est pauvre par rapport à celui de l'école. Attention : écouter n'est pas communiquer. L'enfant entre dans le langage si celui-ci est nécessaire pour échanger avec autrui.
- **Elle énerve les enfants :** elle les abrutit, leur fatigue les yeux, les rend passifs, nuit à la communication familiale,

provoque des troubles du sommeil, banalise la violence, donne une image négative du monde ou, au contraire, une vision édulcorée et merveilleuse, les détourne de la lecture, les fait se coucher tard… Oui, sans doute, mais rien de tout cela n'est de la faute de la télévision : seuls l'usage qu'on en fait, le temps qu'on y passe et le choix de ce qu'on regarde sont responsables. Est-ce la télévision qu'il faut incriminer si les enfants se couchent tard ou est-ce les parents qui ne savent pas imposer une heure de coucher raisonnable ? Ou encore les conditions économiques qui font que l'enfant, depuis son lit, entend ou voit la télévision ?

- **Elle est une bonne baby-sitter :** certains parents n'hésitent pas à en faire usage, c'est vrai. De nouveau, est-ce la faute de la télévision, ou du système scolaire, ou de l'organisation sociale, si les enfants ne se voient rien proposer de plus attirant entre la sortie de l'école et le retour des parents ? Tous les parents qui travaillent n'ont pas les moyens d'employer une baby-sitter pour aller chercher les enfants à 15 h 30, leur donner à goûter dans le parc et les conduire au cours d'arts plastiques ou de piano…

Des choix éducatifs

Certains parents préfèrent se passer de la télévision ou l'interdire totalement à leur enfant scolarisé ; sur le plan individuel, cela signifie souvent plus d'échanges et d'activités partagées : c'est excellent. À condition que l'enfant ne se sente pas exclu ni différent de ses camarades, dont il ne partage pas les références et les allusions.

D'autres parents ont renoncé à réglementer l'usage de la télévision, souvent parce qu'ils la regardent beaucoup eux-mêmes, ou parce qu'ils n'ont pas les moyens d'offrir autre chose à leur enfant, ou encore parce qu'ils la considèrent comme un bon moyen d'éveil et de découverte, et ne voient pas au nom de quoi ils l'interdiraient.

Enfin, la grande majorité des parents naviguent entre ces deux attitudes ; ils craignent que la télévision ne devienne une drogue pour leur enfant et aimeraient bien quelques conseils sur la façon de détourner de temps en temps son attention afin qu'il en fasse une consommation raisonnable. La télévision positive, en quelque sorte, celle qui éveille et qui distrait sans abrutir. Voici quelques conseils.

Pour un bon usage du petit écran

- **Montrez l'exemple :** ne pas inciter votre enfant à allumer le téléviseur commence par ne pas l'allumer vous-même, en tout cas pas avant qu'il soit couché ni tôt le matin.
- **Pas de télévision en fond sonore,** mais seulement pour regarder une émission précise, et on l'arrête ensuite.
- **Choisissez ou faites-le choisir ses émissions :** montrez-lui les programmes et expliquez-lui comment vous-même vous choisissez les émissions qui vous intéressent. Lisez ce qui le concerne et aidez-le à choisir ce qu'il aura le droit de regarder pendant la semaine. S'il s'agit d'une série, regardez le premier épisode avant de vous décider, car il est toujours plus difficile d'interrompre une habitude.
- **Tenez compte de l'âge de votre enfant,** de la durée de l'émission ou du dessin animé, des valeurs transmises, du langage employé, de l'esthétique, du rythme…
- **Pour savoir si une émission lui correspond,** observez son comportement pendant et après la diffusion. Est-il calme, intéressé sans être fasciné ? Discutez avec lui de sa compréhension du sujet. Et fiez-vous à votre impression d'adulte, c'est-à-dire d'ancien enfant.

- **Regardez la télévision avec lui :** partagez ses émissions. Vous pourrez ainsi en parler, réagir à ce qui est dit, commenter au fur et à mesure et lui permettre d'exercer son esprit critique. Mais n'utilisez pas le vôtre à considérer comme nul tout ce qu'il aime ! Votre présence permet de discuter des informations, dont certaines peuvent être violentes, de la réalité ou du caractère d'un personnage ou d'une aventure, dans tous les cas d'entamer un dialogue, donc une prise de distance avec ce qui a été vu.
- **Ne laissez pas la télévision empiéter sur le temps familial :** l'écran est tel qu'il attire le regard et coupe court à toute conversation collective. Pas de télévision pendant les repas, sauf décision exceptionnelle, une petite fête où chacun apporte son assiette devant un programme à partager. Cela signifie également ne pas couper court au coucher de votre enfant et à son désir de parler avec vous à seule fin de ne pas rater le début du film.
- **Ne prenez pas la télévision pour une « école bis » :** c'est le cas des parents qui n'autorisent que les émissions à vocation culturelle. La télévision est un instrument de loisir. Vous pouvez vous en servir comme récompense ou promesse si cela vous paraît correct.
- **Posez les règles :** votre enfant doit savoir à quelles émissions il a droit, à quel moment de la journée ou de la semaine, pendant combien de temps… Une règle claire est plus facile à faire accepter qu'une attitude qui varie selon les jours et les circonstances.
- **Ne le laissez pas commencer à regarder s'il n'a pas le temps de finir :** arrêter une émission en cours est très désagréable. Ou bien posez clairement les choses au début du programme, et avertissez-le dix minutes auparavant que vous allez arrêter la télévision.

- **Offrez-lui une alternative :** aucun enfant ne préfère regarder la télévision plutôt que de partager une activité de loisir ou de jeu avec son père ou sa mère, ou simplement passer un moment ensemble, à deux, à faire la cuisine ou à bricoler. « Arrête la télévision et va ranger ta chambre ! » n'est pas promis à un grand succès, alors que : « J'ai besoin de toi pour préparer l'omelette, tu sais si bien casser les œufs ! », ou : « Tu veux prendre ta revanche aux dominos ? » ont davantage de chances.

Un outil utile à condition d'être maîtrisé

La télévision est un outil. On peut en faire un excellent moyen de connaissance et de loisir à condition de s'en servir d'une manière judicieuse. La relation entre le jeune enfant et la télévision doit être « accompagnée » par l'adulte.

Cela signifie qu'il faut prendre soin des programmes regardés par l'enfant et en parler ensuite avec lui pour qu'il exprime ce qu'il en a compris, ce qu'il a ressenti.

Ainsi, une bonne histoire, une bonne émission, peuvent être une expérience qui combine merveilleusement plaisir et découverte.

Box, internet, replay, DVD, etc.

Avec les outils dont disposent aujourd'hui la plupart des foyers, il est devenu plus facile de gérer le problème de la télévision.

- Une émission intéressante, mais à un horaire inapproprié n'exige pas que l'enfant se couche tard ou retarde le moment de passer à table : on l'enregistre ou on la regarde en replay. On peut aussi l'interrompre et la finir plus tard.

- On peut visionner une émission avant de décider si on autorise l'enfant à la regarder.
- On peut interrompre la diffusion pour discuter et expliquer, puis reprendre.
- On peut télécharger des films ou des émissions qu'on a envie de voir ensemble.

LES HEURES PASSÉES DEVANT LE POSTE

En France, les enfants de cinq à six ans regardent la télévision entre quinze et vingt heures par semaine, soit une à deux heures par jour quand il y a classe, et deux fois plus en fin de semaine. 20 % des enfants y passent plus de deux heures par jour. 40 % des enfants de plus de cinq ans ont la télévision dans leur chambre.

Les jeunes téléspectateurs se voient offrir d'innombrables programmes hebdomadaires spécialement conçus pour lui, composés avant tout de dessins animés, qui commencent très tôt afin qu'ils puissent les regarder avant de partir à l'école.

Aux États-Unis, où il existe plus de chaînes et plus de programmes spécifiques, les enfants du même âge regardent la télévision quatre heures par jour en moyenne – l'école se termine plus tôt –, soit entre vingt-cinq et trente heures par semaine.

Méfiez-vous des dessins animés

Souvent, les parents n'en vérifient pas le contenu, pensant qu'il s'agit nécessairement de programmes spécifiques. Or ce n'est pas si simple : l'action est très souvent agressive, alternant bagarres, poursuites et cris.

La brutalité envahit le psychisme de l'enfant, qui peut s'y habituer et en faire un mode relationnel. Il est excité par le programme, sans pour autant y prendre du plaisir.

Le bon dessin animé, c'est celui qui montre un héros positif, auquel l'enfant s'identifie : dans sa peau, il est surpris, vit divers sentiments, résout une énigme ou règle un problème. Le message a du sens pour lui, et il est en accord avec les convictions que transmettent ses parents.

Et les jeux vidéo ?

Nombreux sont les foyers équipés d'une console de jeux et d'un ordinateur personnel, avec divers logiciels pour enfants. Aujourd'hui, les parents s'interrogent sur le comportement de leurs enfants qui passent, seuls, un nombre d'heures croissant devant un écran. Faut-il accéder à leur demande d'acheter une console ? Faut-il en limiter l'usage ? Quels en sont les effets ?

Les enfants adorent

Force est de constater que les enfants adorent les jeux et ce qu'ils permettent : appuyer sur des boutons, faire glisser son doigt sur un écran tactile, influencer le déroulement du programme, avoir un partenaire toujours disponible… L'enfant aime expérimenter et découvre vite toutes les possibilités offertes par la machine. Face à l'écran, il est heureux de faire comme les plus grands et fasciné par les programmes conçus pour lui, qu'il peut passer encore et encore, selon son désir. Jamais la machine ne lui dit qu'il faut arrêter pour aller dîner ou qu'elle est lasse de jouer avec lui. Au contraire, elle exprime : « C'est bien, recommence ! » ou : « Tu feras mieux la prochaine fois ! »

Des inconvénients

Souvent, avec raison, les éducateurs reprochent beaucoup de choses aux jeux sur écran :

- le jeu vidéo est une baby-sitter plus efficace encore que la télévision, puisqu'on peut agir sur son propre programme et qu'il « communique » avec l'enfant ; on y passe donc beaucoup de temps,

- pendant ce temps, l'enfant n'apprend pas les choses concrètes de la vie de tous les jours, ou pas toujours ce qu'on voudrait – la morale des jeux vidéo laisse souvent à désirer ;
- le jeu vidéo éloigne l'enfant du livre, de la création manuelle et artistique, des relations avec ses pairs et du jeu partagé en famille ;
- la fascination est telle qu'il est parfois difficile de décrocher l'enfant de son écran.
- Les jeux vidéo, parce qu'ils stimulent de multiples sens en même temps (visuels, tactiles, sonores) et parce qu'ils prennent la main sur le circuit de la récompense (activé par la nouveauté et les sensations fortes), expliquent une perte grandissante, chez une majorité d'enfants, des capacités d'attention et de concentration. Les dernières recherches en neurosciences nous expliquent que ces jeux apprennent au cerveau le plaisir de la dispersion…

Et des avantages

Les arguments visant à démontrer que, à l'inverse, les jeux vidéo sont bons pour l'enfant ne manquent pas :

- ils augmentent la coordination entre l'œil et la main, donc la rapidité de réaction ;
- ils développent l'habileté à repérer les détails ;
- ils habituent aux outils du futur ;
- ils donnent à l'enfant timide ou peu sûr de lui un sens de l'accomplissement et du pouvoir ;
- ils aident l'enfant à acquérir les compétences nécessaires à l'apprentissage de la lecture et de la logique mathématique ;
- ils développent chez l'enfant les capacités de raisonnement.

Que décider ?

Là encore, tout est une question de mesure. Tout dépend de l'usage qui en est fait et de ce qu'on en attend. S'il est bon que l'enfant se familiarise de bonne heure avec un ordinateur, cela ne doit pas se faire pas aux dépens d'autres apprentissages tout aussi importants. Voici des éléments de réflexion.

- **Préférez un ordinateur ou une tablette à une console de jeux :** outre les jeux, un ordinateur offre une très grande variété de programmes pédagogiques et des fonctions de traitement de texte. Tout apprenti lecteur prend plaisir à écrire sur ordinateur et à voir son texte apparaître sur l'écran. Pour les plus précoces, le clavier permet d'écrire avant que la main soit assez habile pour former les lettres.
- **Surveillez l'usage qui en est fait :** choisissez bien les logiciels et les jeux. Le mieux est de les essayer, car ils sont de qualité variable. Vous pouvez vous appuyer sur le désir et le choix de l'enfant, mais regardez attentivement ce qu'il en est.
- **Promenez-vous sur internet :** vous y trouverez une multitude de sites, parfois parrainés par des marques, destinés aux petits enfants et très bien conçus pour solliciter leur créativité et leurs apprentissages.
- **Assurez-vous que votre enfant en fait une utilisation raisonnable :** elle ne doit pas remplacer les échanges en famille ou avec les amis, le dessin, le bricolage, les jeux d'extérieur, les livres…

Le contrôle parental

Il existe des logiciels de contrôle parental qu'il est souhaitable de mettre en place dès que l'enfant commence à se connecter sur internet. Ils permettent aux parents de « filtrer » l'accès à l'internet depuis l'ordinateur familial en interdisant la consultation de certains sites ou certaines informations. Selon les paramètres que les parents entrent, l'enfant ne peut accéder aux sites de pornographie, de violence… Il sera ainsi protégé des contenus qui pourraient être choquants ou dangereux pour son âge.

Les nouveaux logiciels, gratuits, sont maintenant mis à la disposition du public directement par les fournisseurs d'accès (loi pour la confiance dans l'économie numérique du 21 juin 2004). Ils peuvent limiter l'accès à internet, mais aussi à la télévision numérique ou à la console de jeux. Les parents peuvent paramétrer les logiciels de filtrage grâce à des mots-clés ou à une « liste noire » des sites à éviter. Il y a également différents « niveaux de sécurité » selon l'âge de l'enfant.

Il existe également des logiciels que l'on peut télécharger dont le but est de contrôler le temps que l'enfant passe devant l'écran de l'ordinateur. Ces utilitaires peuvent attribuer à chaque enfant une plage horaire quotidienne, que l'on peut paramétrer pour chaque jour de la semaine. Quand l'horaire est dépassé ou le quota d'heures atteint, le logiciel refuse l'accès à l'ordinateur.

N'OUBLIEZ PAS VOTRE RÔLE !

Un logiciel de filtrage ou de contrôle horaire ne remplace en aucun cas la vigilance des parents. Il y a une « éducation à internet » qu'ils sont les seuls à pouvoir faire.

Et les smartphones ?

Avec les tablettes, ils font de nos enfants des « petits Poucet », comme le dit joliment Michel Serre… À cinq ans, c'est un peu tôt pour avoir son smartphone, mais pas pour se servir de celui de ses parents. Existe-t-il jouet plus séduisant, où les jeunes enfants sont plus habiles, et qui les maintient plus tranquille quand c'est nécessaire ?

Prêterez-vous votre téléphone à votre enfant ? Le risque : il va vous le réclamer très souvent. À vous de voir… mais il est possible de le lui laisser, un temps donné seulement.

Les ordinateurs pour petits

Sur le marché du jouet figurent de nombreux petits ordinateurs pour enfants qui, d'un coût élevé et sous des noms divers, sont censés apprendre à l'enfant à reconnaître les chiffres, les lettres, les animaux… Or tous ces apprentissages peuvent être faits autrement, pour beaucoup moins cher. L'expérience montre que, passé l'engouement initial, l'enfant se lasse vite. Un vrai ordinateur offrira les mêmes possibilités et beaucoup d'autres, et pourra suivre l'enfant pendant plusieurs années. L'investissement sera ainsi rentabilisé. Quant aux apprentissages fondamentaux, ils ne passent bien que s'ils sont conviviaux.

Communiquer, s'affronter, dialoguer…

La communication est la nouvelle utopie, conquérante. Elle possède une image très positive de dialogue et d'échange ; pourtant, au niveau de la société, il n'y a jamais eu autant de solitude et d'individualisme. L'éducation des enfants n'a pas échappé à cette mode. Et en matière de gestion des conflits, que se passe-t-il ?

Les finesses de la communication

Communiquer est devenu impératif : dès la naissance, il faut parler à son bébé ; tout interdit doit être expliqué, toute demande justifiée ; le dialogue ne doit jamais être rompu. La règle est devenue : « Parlez, et tout ira mieux. »

Mais les choses ne sont pas si simples : d'une part, tout le monde n'est pas aussi à l'aise avec la parole ; d'autre part, on communique de nombreuses autres façons, et le non-dit est souvent beaucoup plus parlant que les mots effectivement prononcés. Voilà quelques notions de base valables dans tous les cas, donc avec votre enfant.

- **Il ne faut pas confondre ces quatre notions :** ce que je veux dire ; ce que je dis ; ce qui est entendu ; ce qui est compris. Chacun trouvera des exemples de ces malentendus, où on croit pourtant avoir été très clair.
- **Dans toute communication, l'important n'est pas ce qui est dit,** mais ce qui est compris par l'autre. Il faut donc

parler sa langue, c'est-à-dire employer les termes qu'il peut comprendre.

- **Communiquer demande de voir – les gestes, les réponses non verbales, tout ce que dit le corps – et d'écouter vraiment** – ce qui est dit, mais aussi les variations de la voix. Cela suppose qu'on n'est pas en train de s'occuper d'autre chose, ou tout simplement de ce qu'on va répliquer.

Un conflit, c'est normal

Les occasions de conflits avec les enfants sont permanentes : s'ils ont des besoins et des exigences légitimes, les adultes également, et ils ont parfois du mal à les faire respecter. Cela donne lieu à de multiples désaccords qui émaillent le quotidien. Il est bon de réagir avant que se développent de véritables problèmes.

Les parents se lassent de répéter toujours la même chose et d'essayer en vain de se faire obéir. Certains renoncent, d'autres crient et punissent : en aucun cas, l'enfant n'est incité à plus d'autonomie et d'autodiscipline, et le souci se déplace vite vers un autre domaine.

Écraser, manipuler ou fuir… N'y aurait-il pas un meilleur moyen de s'en sortir ? Avant d'en arriver au rapport de force qui se traduit le plus souvent par des disputes, il existe quelques techniques de « dialogue en cas de crise » qu'il est bon de connaître.

- **Admettez tout d'abord que les conflits sont inévitables :** par nature, un enfant est dérangeant, égocentrique, turbulent. Parents et enfants n'ont pas les mêmes besoins – l'un veut jouer quand l'autre veut se reposer, l'un souhaite manger sur le canapé quand l'autre craint pour les coussins… Tout cela est normal ; ces conflits sont sains et font partie de l'éducation. L'important est de ne pas les craindre et d'apprendre, avec l'enfant, à les gérer dans le respect de chacun.

- **Ensuite, et cela n'est pas contradictoire, évitez les conflits qui peuvent l'être** – il en restera toujours assez ! Mieux vaut avoir des exigences limitées, mais précises. Trop d'exigences submergent l'enfant qui préfère alors tout laisser tomber en bloc ; et des demandes floues lui permettent de se glisser entre les mailles. Au lieu de dire : « Range ta chambre », précisez : « Peux-tu ramasser les morceaux de Lego et les mettre dans le bac bleu ? »

Déterminer où est le problème

Un enfant qui pleure la nuit a, manifestement, un problème de sommeil, qui, à force, deviendra celui de ses parents ; en revanche, un enfant qui ne mange pas ses haricots n'a aucun problème, seuls ses parents en ont éventuellement un.

L'enfant qui a un problème n'a pas besoin qu'on le rassure, mais de sentir qu'on appréhende ses difficultés et qu'on les partage ; dans ce cas, il suffit de se mettre à sa place pour mieux comprendre ses sentiments.

Mais, la plupart du temps, les problèmes naissent de ce qu'on nomme la mauvaise conduite d'un enfant, ou ses bêtises, et cela n'est un problème que pour ses parents. Réfléchissez, et vous verrez que dans ces petits conflits quotidiens, c'est très souvent le parent qui a le problème.

L'enfant, lui, se comporte comme il lui semble naturel afin de satisfaire ses désirs ou ses impulsions ; il ne voit pas pourquoi il serait obligé de manger des carottes, de se presser le matin ou de se laver les dents. Or, c'est bien entendu à celui qui a le problème de le résoudre ; c'est donc à l'adulte de prendre habilement l'initiative.

Commencer ses phrases par « je »

Quand nous voulons arrêter un enfant ou modifier son comportement, l'attitude la plus courante consiste à intervenir en commençant sa phrase par « tu » : « Tu me casses les oreilles ! », ou : « Tu manges comme un cochon ! » Comme tout jugement, toute critique ou toute menace, cela provoque immédiatement chez l'interlocuteur une réaction de défense ou d'agressivité.

Le « je » est beaucoup plus efficace : il permet de se positionner face à l'autre, tranquillement, et de décrire les faits avec le plus d'objectivité possible et sans agressivité : « J'ai mal à la tête quand tu cries comme ça. » Il vaut mieux dire : « Je suis énervé », ou : « Je te demande d'aller te coucher », plutôt que : « Tu m'énerves ! », ou : « Tu as vu l'heure ? Va te coucher ! »

Pour aborder un problème posé par le comportement de l'enfant, il est important d'opérer à la première personne, en exposant les faits, mais sans accuser : « Lorsque j'attends aussi longtemps que tu sois prêt, cela me met en retard pour mon travail » ; « Je ne peux pas parler au téléphone si le son de la télévision est si fort. »

Exprimer ses émotions

Le plus souvent, un enfant perçoit notre réaction et ses effets seulement, sans comprendre ce qui l'a motivée. Parler à son enfant, c'est lui expliquer non seulement la vie et ses lois, mais aussi les émotions. Lui dire : « J'ai eu très peur quand tu as lâché ma main pour traverser la rue » lui permettra de comprendre pourquoi vous êtes pâle et en colère.

Cela n'est pas facile, mais il est important de dire la vérité de ce qu'on ressent : « Cela m'irrite, en rentrant, de trouver tes chaussures dans l'entrée », ou : « Je suis triste que tu aies piétiné les fleurs que je venais de planter. »

Montrer de l'empathie

Parce que vous montrez à l'enfant que vous comprenez ses désirs, ses envies et ses impulsions, il se montrera à son tour attentif à vos besoins et à vos demandes.

Attention : dire à un enfant qu'on le comprend ne signifie pas qu'on tolère son comportement. Le « non » passera mieux si vous dites auparavant : « Je sais que tu as très envie de cette robe bleue, mais… » ; « Je comprends que tu aies envie de voir la fin de ton feuilleton, mais… »

En tant que parent, il nous revient de distinguer dans les demandes de notre enfant ce qui relève du besoin – à satisfaire – et ce qui relève du désir – à entendre, à comprendre, à discuter…

Chercher une solution ensemble

Quand l'adulte parle de lui-même, décrit les faits et témoigne de compréhension, l'enfant ne se sent pas agressé, mais au contraire incité à proposer une solution. Résoudre un conflit, c'est trouver une solution qui satisfasse les deux partenaires, sans que l'un se sente écrasé par l'autre. L'enfant, qui a participé au choix de la solution, se sent motivé pour l'appliquer : on travaille ensemble pour améliorer la vie de tous.

Un conflit se résout à froid, ensemble, quand on a un moment calme devant soi. L'adulte commence par définir le problème : « Je suis irrité de trouver les restes de ton goûter sur la table quand je rentre. Du coup, cela me met mal pour la soirée », ou : « Je suis excédé quand je dois te demander cent fois d'aller te laver. Qu'est-ce qu'on peut faire ? »

Plutôt que d'imposer votre volonté, qui aurait peu de chances d'être appliquée, vous incitez chacun à proposer des solutions, même les plus farfelues. À ce stade, on ne juge pas, on se contente de noter. Plus personne n'a d'idées ? Alors vient le moment de réfléchir sur les solutions : chacun argumente, négocie, modifie, jusqu'à ce qu'on parvienne à une solution acceptable par chacun, sur laquelle un engagement est pris. L'accord doit être un vrai compromis, c'est-à-dire qui tient compte des besoins et des difficultés de tous. Puis il reste à mettre au clair les détails de l'application ; quelque temps plus tard, on fait le point.

L'avantage de cette méthode est qu'elle fait souvent apparaître des problèmes sous-jacents, jusque-là inconnus : la cause du conflit était ailleurs. Alors jaillissent des solutions originales, et non plus stéréotypées, qui auront de grandes chances de réussir. Parfois, on comprend que la solution trouvée ne fonctionne pas ; l'idée n'était pas bonne, ou bien l'un des partenaires n'a pas tenu ses engagements : il ne reste plus qu'à retourner à la case départ.

ASTUCE

De nombreux conflits peuvent être évités si des principes indiscutables sont posés et si chacun s'y plie. Si tout le monde, adultes compris, accroche son manteau dans l'entrée, il n'y a aucune raison pour qu'un enfant le laisse par terre dans le salon. Les enfants admettent l'existence de règles, mais ils ont un grand sens de la justice : ces règles doivent être cohérentes et valables pour tous ; les parents doivent montrer l'exemple – ce qui, à terme, est beaucoup plus efficace que d'essayer d'imposer un comportement par la force.

La place dans la fratrie

Selon que l'enfant est l'aîné, le puîné ou le cadet, son vécu ne sera pas le même dans la constellation familiale. Croire qu'on élève ses enfants de la même façon est un mythe. Dans les apparences, peut-être, mais sûrement pas dans ce qu'on projette sur eux.

L'aîné est celui qui essuie les plâtres

À son sujet, les parents débutants sont plus anxieux et plus exigeants qu'avec les suivants. Porteur de tous les espoirs, on compte sur lui pour réparer ou compenser les échecs passés. Par définition, l'aîné est le seul à avoir été enfant unique, unique objet de l'amour maternel : quitter cette position privilégiée et partager ses parents est une grande blessure dont on se remet difficilement.

Certains parents s'appuient sur l'aîné, notamment en lui confiant la responsabilité des plus jeunes, ce qui est injuste ; lui demander de montrer l'exemple aussi. S'occuper des petits et les éduquer est la tâche des parents, pas des enfants. À l'inverse, l'empêcher de s'occuper du bébé sous prétexte qu'il lui fera mal est dommageable pour leur relation future. Souvent, les parents le font grandir trop vite : lui aussi a le droit d'être le « bébé de maman », même s'il y en a deux derrière qui réclament la même chose.

L'enfant du milieu a une place délicate

L'aspect enviable de cette position est que l'enfant peut faire alliance tantôt avec l'aîné, tantôt avec le benjamin. Mais, souvent, cela se résume à : « Les deux grands, vous mettez la table », puis : « Les deux petits, vous allez au lit. » Si cela est caricatural, il s'agit pourtant d'une position difficile, et les parents doivent veiller à donner une vraie place à cet enfant pour lui permettre d'affirmer sa personnalité.

Diverses études ont montré que l'enfant du milieu est celui auquel les parents consacrent le moins de temps, et celui qu'on félicite le moins ; il n'a ni les privilèges de l'aîné ni ceux du petit dernier. Si on n'y prend pas garde, il se sent vite le moins aimé, le moins intéressant, et se renferme, réprime ses sentiments, ou trouve un moyen d'attirer l'attention – par l'énurésie, la somatisation, les insomnies…

Pourtant, cette situation est positive : être l'objet de moins d'attention parentale signifie subir moins de pression. L'enfant du milieu peut devenir celui qui, par ses bonnes relations avec chacun, intervient comme médiateur, ou élément d'apaisement, dans les conflits.

Le cadet reste le petit dernier

Celui que les parents ont tendance à appeler « mon bébé » jusqu'à un âge avancé reste le « petit », à une période où les autres étaient déjà « mon grand ». Cela est d'autant plus fort que les parents ont décidé de n'avoir pas d'autre enfant ; il est alors ressenti comme celui qui clôt une période pour sa mère. Ce deuil n'étant pas toujours facile à faire, le dernier prendra la place de tous ceux qui ne naîtront pas : s'il reste un peu « bébé », c'est aussi pour consoler sa mère de ne plus en avoir.

Avec lui, l'aîné joue souvent un rôle protecteur et le gâte, surtout s'il existe entre eux un écart important ; dans le cas contraire, le dernier suscite souvent la jalousie. Aux parents de faire en sorte que le dernier-né ne soit pas trop marqué par cette place à part ; pour cela, il faut s'efforcer de le laisser, voire de l'inciter à grandir, comme on l'a fait pour les précédents : ne pas devancer ses désirs et ses besoins, ne pas le servir, avoir les mêmes exigences et lui confier des responsabilités propres à son âge.

Les jumeaux

Être deux du même âge n'est pas facile à assumer, même si c'est une richesse ; les occasions de partage en font une expérience unique, à condition que chaque enfant trouve sa place et se sente reconnu. L'attitude la plus simple à conseiller aux parents est de traiter les jumeaux, vrais ou faux, comme des frères et sœurs et de les considérer séparément, selon leur tempérament ; cela signifie que chacun pourra développer sa personnalité indépendamment de l'autre. Il ne s'agit pas de séparer de force des enfants qui veulent être ensemble, mais de les aider à se passer l'un de l'autre afin de se faire leurs amis et de trouver leur voie.

Souvent, ce sont les parents qui, parfois à leur insu, renforcent le désir de ressemblance entre leurs enfants – avant tout s'il s'agit de vrais jumeaux, donc de même sexe et avec une grande ressemblance physique. Troublés par l'aspect étonnant de cette gémellité, les parents hésitent à les séparer. Or, tous deux ont besoin de savoir qu'ils existent par eux-mêmes et que leur seul intérêt ne réside pas dans cette gémellité. Voici quelques manières de considérer leur individualité :

- Ne les appelez pas « les jumeaux », mais employez leurs prénoms.

- Montrez à chacun qu'il est unique pour vous, tous les jours et en toutes occasions.
- N'essayez pas à tout prix d'être juste en offrant à chacun la même chemise, le même temps et la même part de gâteau ; au contraire, donnez à chacun selon ce qu'il est : c'est ainsi que vos jumeaux se sentiront vraiment aimés.

Il n'y a pas une « meilleure » place

Aucune position n'est défavorable a priori. Dans toute famille de trois enfants et plus, il faut bien que toutes les places soient occupées. Si les parents sont attentifs à donner à chacun de leurs enfants le temps, l'amour et l'attention dont il a besoin, ils verront se confirmer le pari qu'ils ont fait : une grande famille est une source de joies, d'expériences et de richesses immenses.

Le rôle et l'importance des grands-parents

Les grands-parents ont une place très importante dans la vie de l'enfant. Ils ont un rôle à jouer dans le développement et l'équilibre de l'enfant. Ce rôle devient encore plus fondamental lorsque le couple parental est en conflit ou séparé. En cas de rupture, ils sont garants de la continuité.

Les grands-parents symbolisent aussi la sécurité. Outre l'aide concrète qu'ils peuvent apporter, ils sont les gardiens du temps et de la mémoire. Ils témoignent du fait que l'enfant est bien issu de deux lignées. Même si le père est défaillant, l'enfant doit savoir qu'il est aussi issu de cette lignée familiale et, autant que possible, rester en contact avec sa famille paternelle, non seulement ses grands-parents, mais aussi oncles, tantes, cousins. Dessiner avec l'enfant son arbre généalogique simplifié lui permettra de constater qu'il est bien à la croisée de deux familles, de deux histoires.

Les grands-parents donnent aux enfants le sens de leurs racines. Ce sont eux qui peuvent raconter comment c'était quand papa ou maman étaient petits. Ils aiment feuilleter les vieux albums de photos. Parce qu'ils sont aussi plus disponibles que les parents, les grands-parents ont le temps d'écouter, de raconter, de lire, de jouer, de faire sauter des crêpes.

Les désaccords éducatifs avec les grands-parents sont fréquents (ils « passent » tout à l'enfant, etc.), mais cela vaut la peine de faire des efforts et des concessions pour maintenir le lien aussi longtemps que possible. Que les habitudes et les règles de vie ne soient pas les mêmes chez mamie et chez maman est plutôt une richesse, une occasion d'expliquer. Quant à la distance, au temps d'internet, de la webcam et du téléphone portable, ce n'est plus vraiment un problème.

Favoriser une relation régulière entre un enfant et ses grands-parents est un cadeau sans prix.

Maladie ou besoin d'amour ?

« J'ai mal au ventre... » Quand une petite voix plaintive remet en cause l'organisation matinale, les questions se posent : et s'il allait manquer l'école ? Et comment faire pour le garder ici ?

Repérer les symptômes

Avant tout, il faut vous assurer que votre enfant est assez malade pour rester à la maison. En début et en fin de maladie, ou pour un malaise, cela est difficile à déterminer ; cela dépend comment se sent l'enfant, s'il est contagieux… Cela dépend aussi de son tempérament, s'il est douillet, s'il joue, s'il a déjà fait la même chose la semaine précédente ou, au contraire, s'il ne se plaint jamais qu'à bon escient. Et s'il avait juste besoin d'un surcroît d'attention, d'un peu de répit et de se rassurer que ses parents l'aiment ?

Ainsi, Sandra, cinq ans et demi, qui a fait téléphoner à sa maman depuis l'école, après que celle-ci a décidé de l'y envoyer quand même, alors qu'elle se plaignait, régulièrement et depuis plusieurs heures, d'avoir mal au ventre. Presque aux larmes. En pleine épidémie de gastro-entérite, la mère, culpabilisée, revient en urgence récupérer Sandra pour l'emmener chez le médecin. Mais Sandra va déjà beaucoup mieux et montre l'origine de la douleur : une très légère griffure à la hanche qu'elle s'est faite le matin en se levant. Elle n'a plus mal, mais elle est rassurée : sa mère l'aime assez pour abandonner son travail en pleine journée si elle a besoin d'elle… La prochaine fois que Sandra se plaindra à huit heures du matin de se sentir mal, sa mère pourra légitimement se demander si sa fille est malade ou si elle a besoin d'un surcroît d'attention.

LES COMPRENDRE

Les symptômes douteux sont le plus souvent isolés – un mal à la tête sans fièvre, un mal au ventre sans diarrhée… – et vagues – à la question : « Dans quelle partie du ventre as-tu mal ? », la réponse est : « Partout », avec un grand geste circulaire de la main. À l'opposé, d'autres symptômes sont bien réels et nécessitent un maintien de l'enfant à la maison. Vous trouverez ci-dessous les plus fréquents et la manière la plus simple de les évaluer – selon le Dr Sears, pédiatre.

La diarrhée

Elle peut être douloureuse et contagieuse – deux raisons pour ne pas envoyer l'enfant à l'école. Une diarrhée importante ou accompagnée d'autres symptômes nécessite une consultation médicale. Le régime ? Boire beaucoup d'eau – le cola a également de bons effets – pour éviter la déshydratation ; manger des bananes, du riz, de la compote de pommes et du pain grillé sans beurre.

Dans le cas d'un symptôme isolé, l'enfant peut retourner à l'école dès que la diarrhée a disparu et qu'il n'a plus mal au ventre.

Le rhume et le nez qui coule

Si l'enfant n'a pas de fièvre et que son infection virale ressemble à un « petit coup de froid », il peut aller à l'école. Des études ont montré que refuser les enfants enrhumés à l'école ne diminuait pas les risques de contagion, pas plus que les accepter n'augmentait le nombre de malades. En effet, le rhume est contagieux un jour ou deux avant de se manifester.

Envoyer son enfant à l'école avec un petit rhume est une façon de lui apprendre à ne pas trop s'écouter ; on bourre ses poches de paquets de mouchoirs en papier et on lui apprend à se détourner des autres quand il éternue ou se mouche. Car c'est ainsi qu'on attrape un rhume : quand on est en contact avec une particule en suspension dans l'air, transmise par un porteur du virus – pas en se plaçant dans les courants d'air, en oubliant son bonnet ou à cause des pieds mouillés.

Certains rhumes nécessitent de rester à la maison : c'est le cas lorsqu'une infection s'est développée dans la sphère ORL. Tant que l'enfant se mouche clair comme de l'eau, qu'il n'a pas de fièvre et qu'il est actif et tonique, il n'y a aucune raison de s'alarmer, mais si ses sécrétions nasales tournent au jaune ou au vert, s'il a de la fièvre, mal à la tête et semble mal fichu, c'est le moment d'aller voir le médecin et de garder l'enfant au chaud.

Dans le cadre des rhumes, trois points doivent être abordés.

- **S'il s'agit d'une conséquence du rhume** – les sécrétions des sinus pénètrent également dans les yeux –, cela n'est pas contagieux. Mais il arrive que les yeux qui coulent traduisent une conjonctivite qui, elle, est très contagieuse. Ce cas, où les yeux sont un peu rouges, se traite facilement par des gouttes ou une pommade ophtalmique antibiotique.
- **Certains rhumes guérissent tout seuls,** d'autres enchaînent sur une toux sèche et hachée, qui n'empêche pas de dormir et n'est accompagnée d'aucune fièvre, douleur ni difficulté respiratoire ; elle n'impose pas de dispense scolaire. Des toux peuvent traîner quelque temps. En général, elles ne sont pas contagieuses, mais gênantes pour l'enfant et

ceux qui l'entourent. Mais si votre enfant semble malade, fiévreux, que sa toux est grasse et l'empêche de dormir, il faut le garder à la maison et consulter un médecin.

- Bien souvent, on croit enrhumé l'enfant qui renifle et qui tousse, alors qu'il s'agit d'une réaction allergique, non contagieuse, seulement dérangeante pour l'enfant lui-même. Dans ce cas, le nez coule beaucoup, très clair, mais l'enfant ne se sent pas malade. Vous pouvez soupçonner une allergie si cela est fréquent dans votre famille, si votre enfant a déjà réagi ainsi ou si c'est la saison des foins ! Votre médecin vous aidera à distinguer un rhume d'une allergie.

Les maux de gorge

Si votre enfant annonce : « J'ai mal à la gorge », mais ne présente aucun signe associé tel que la fièvre, la difficulté à avaler, des vomissements, une éruption ou le sentiment d'être malade, il peut aller à l'école.

Mais soyez très attentif à l'évolution : certaines infections virales ou bactériennes comme l'angine, qui se traduisent par des maux de gorge, parfois sans signes associés, deviennent vite douloureuses et très contagieuses. Il faut alors s'en occuper et garder l'enfant à la maison.

Les démangeaisons

Dans le cas de démangeaisons causées par des éruptions cutanées, l'enseignant s'en apercevra et risquera de prendre peur. Pourtant, toutes les éruptions ne sont pas contagieuses ou si inconfortables qu'elles nécessitent une dispense scolaire.

Dans le cas d'un léger impétigo, vous n'avez pas, une fois que vous avez commencé à appliquer la crème antibiotique, à isoler votre enfant. D'autres démangeaisons dues à des champignons sont encore moins contagieuses.

LA VARICELLE

La varicelle est l'une des maladies infantiles les plus contagieuses et exige que l'enfant reste à la maison, même s'il a déjà infecté ses camarades avant tout signe d'éruption. Au début d'une éruption, il est parfois difficile de poser un diagnostic : les premiers boutons de la varicelle peuvent ressembler à des piqûres de moustiques. Aussi, si toute éruption ou démangeaison ne justifie pas un repos à la maison, elle justifie pleinement une consultation médicale et un traitement approprié.

Les poux

Des démangeaisons localisées sur le crâne et la nuque doivent faire soupçonner la présence de poux.

Cela ne remet pas en cause l'hygiène personnelle. Aujourd'hui, pas une école n'est exempte de poux, pas un enfant n'y échappe à un moment ou à un autre.

Il est assez facile de repérer les lentes, qui sont les œufs : blanches, de la taille des pellicules, elles sont accrochées aux cheveux, à un ou deux centimètres du crâne. Si vous en repérez ou si un mot de l'école vous avertit d'une épidémie, inutile de déranger votre médecin : un shampooing anti-poux et un peigne spécial anti-lentes devraient, avec un peu de patience – il y a beaucoup de récidives –, venir à bout du problème.

Pensez aussi à désinsectiser peignes, brosses, serre-tête, bonnets, taies d'oreiller, peluches… à l'aide d'une poudre spéciale ou d'un lavage à haute température.

Pour se faire dorloter

Passer une journée ou deux avec son enfant à la maison n'est pas forcément désagréable. Ni pour le parent qui prend plaisir à dorloter et soigner, ni pour l'enfant qui profite de ce temps où il a l'un de ses parents tout à lui.

Parfois, la plainte de l'enfant ne justifie pas, sur le plan médical, qu'il reste à la maison. Se plaindre du ventre est pour lui une façon de se plaindre d'autre chose : du manque de temps que vous lui consacrez, du peu d'intimité avec vous, du peu de temps pour jouer, du fait que le petit frère, lui, reste à la maison…

Ces douleurs-là sont difficiles à évaluer, mais elles ne méritent pas d'être nommées « comédies ». Elles doivent être prises en compte et nécessitent parfois qu'on les considère comme assez graves pour justifier une journée à la maison. En revanche, si votre enfant essaie souvent d'éviter l'école en invoquant des problèmes de santé, il est important de comprendre pourquoi : soit il a une bonne raison de vouloir rester à la maison, soit il en a une de refuser l'école.

Il part seul pour la première fois

Que ce soit à l'occasion d'une classe de nature, d'un séjour en gîte ou d'une colonie de vacances, il est fréquent que l'enfant de cinq ou six ans parte pour quelques jours, au loin, sans ses parents. Est-ce le bon âge ?

Les précautions

À cet âge, il n'y a aucune urgence à ce que l'enfant parte seul. La décision dépend de lui, de son tempérament et de son autonomie. Partir plusieurs jours suppose qu'il soit capable de se séparer de ses parents, de se coucher le soir sans les embrasser, de se laver seul… Tous n'y sont pas prêts ; à âge égal, certains enfants ont encore besoin de marques de tendresse parentales quotidiennes, et cela serait une véritable inquiétude de s'éloigner du foyer. Si l'enfant est déjà allé dormir chez ses grands-parents ou chez un ami et si tout s'est bien passé, c'est déjà un bon indice pour qu'il soit prêt à franchir le pas.

Pour un premier séjour, une semaine est un maximum ; les petits n'ont pas la même notion du temps que les adultes, et sept jours peuvent déjà leur sembler bien longs. Pour une première fois, choisissez un centre peu éloigné de chez vous ; si les difficultés d'adaptation sont trop importantes, vous pourrez aller le chercher. Bien qu'il soit toujours gênant d'interrompre un séjour, car cela crée un précédent, il n'est pas question de laisser un enfant dans une trop grande détresse affective.

Votre enfant devra s'adapter à un milieu qu'il ne connaît pas, à des adultes et à des enfants différents, à des horaires, des rythmes, une alimentation, un lit autres.

Tout lui demandera un effort. Expliquez-lui clairement ce qui se passera au fil de ses journées en mettant en valeur les atouts du séjour : les nouveaux amis, les découvertes, l'aventure…

La préparation

Les réunions de préparation à destination des parents sont indispensables : vous pourrez y poser toutes les questions relatives à l'organisation du séjour.

Assurez-vous de la qualité de l'encadrement ; renseignez-vous sur le projet pédagogique, les expériences des années précédentes, l'emploi du temps…

Bien préparer la valise est un point important. Pour le trousseau, fiez-vous à la liste indicative fournie ; vous pouvez ajouter des habits supplémentaires si votre enfant le souhaite. Glissez dans son sac une peluche ou le doudou, et quelques petits plus – une lettre de vous qu'il trouvera à l'arrivée et qu'un animateur lui lira, un paquet de bonbons à partager avec ses copains, et pourquoi pas une photographie de la famille.

Le départ

Si cela est possible, emmenez votre enfant jusqu'à son lieu de vacances : vous serez content de connaître l'endroit où il se trouve ; il sera rassuré que vous l'accompagniez jusqu'à sa chambre, que vous discutiez avec les animateurs…

Si votre enfant part en classe de nature ou de mer avec sa classe, il est moins important de l'accompagner sur son lieu de séjour ; partir avec ses camarades et des adultes qu'il connaît suffit à le rassurer.

ASTUCE

Le point délicat est celui du départ. Attention à bien le gérer ; mieux vaut ne pas rester trop longtemps et simplifier au maximum les adieux. Si votre enfant pleure, rassurez-le et laissez-le en de bonnes mains sans montrer votre inquiétude.

Pendant le séjour

Si la durée du séjour est trop brève pour que vos courriers arrivent à temps, écrivez-lui des cartes et confiez-les à un animateur le jour du départ, afin qu'il les donne peu à peu à votre enfant. Il est important pour lui de recevoir des signes qui témoignent que vous pensez à lui.

Faut-il téléphoner ?

Téléphoner à son enfant est généralement déconseillé par les animateurs. L'enfant, qui s'amusait bien avec ses copains, est d'abord tout heureux d'entendre la voix de maman. Mais cette voix lui rappelle justement que maman n'est pas là, ce qui va activer la tristesse de la séparation. Le téléphone raccroché, l'enfant va se trouver tout triste et difficile à consoler. La maman, qui n'a entendu que des sanglots, est convaincue que son enfant va mal, ce qui n'est généralement pas le cas. Elle va s'angoisser sans raison.

Le mieux est de téléphoner directement aux organisateurs qui vous donneront des nouvelles de votre enfant, vous parleront de ses activités, et lui feront part d'un petit message à son intention.

Bien sûr, il faut prévenir l'enfant que vous ne lui téléphonerez pas, mais que vous penserez à lui très fort. Tous les soirs, au moment où il se couchera, vous lui enverrez des petites pensées d'amour qu'il entendra directement dans son cœur.

S'il a un problème, il faut qu'il sache que l'animateur est là pour l'écouter et l'aider à le résoudre.

Dans les centres de vacances, il est fréquent qu'une messagerie consultable sur internet soit mise en place, qui permet d'avoir chaque jour des informations sur le séjour et, parfois, de laisser des messages à destination de son enfant.

Au retour

Ne vous attendez pas à retrouver votre enfant transformé et devenu miraculeusement autonome, mais il aura grandi, car toute expérience, surtout loin des parents, lui permet de se construire : il aura vécu des choses fortes, mais il se peut qu'il ne raconte presque rien, ce qui peut être frustrant pour vous. L'enfant était dans un autre monde : tout cela fait désormais partie de son intimité. Peu à peu, il racontera telle ou telle anecdote. Il sera heureux de rentrer : montrez-lui votre joie de le retrouver !

QUAND LES PARENTS NE SONT PAS PRÊTS

Si certains enfants ne sont pas prêts à la séparation, certains parents ne le sont pas non plus. S'il s'agit de faire partir son enfant le cœur serré, à quoi bon ? Lui-même aura l'impression de peiner ses parents ; il absorbera leur anxiété sans comprendre, mais deviendra craintif à son tour. Il ne s'agit pas non plus d'attendre qu'il ait quinze ans pour partir de son côté ; il y a un moment où chacun est prêt. S'il faut attendre un an ou deux, pourquoi pas ?

Lorsqu'il s'agit d'un mini-séjour organisé par l'école maternelle, il est difficile de refuser, sous peine de passer pour des parents surprotecteurs ; dans ce cas, il est important d'en parler et de bien se renseigner.

Sur le chemin de la lecture

Lire est un pouvoir qu'il faut mettre entre les mains de tous les enfants. C'est la condition essentielle d'une bonne scolarité. Toutes les études récentes le montrent : les modalités de la réussite ou de l'échec de l'apprentissage de la lecture et de l'écriture sont déjà en place avant six ans, avant l'entrée au cours préparatoire. Pour apprendre à lire facilement, il faut être prêt.

À chacun son rythme

Dès quatre ou cinq ans, certains enfants ont le sens de la lecture ; à ceux-là qui sont curieux et demandeurs, qui sont « papier-crayon » dès leur plus jeune âge, sont concentrés et ont une bonne mémoire des mots imprimés, il serait dommage de leur refuser d'apprendre à lire ; avec eux, toute méthode fonctionnera.

Pour les autres, apprendre à lire tôt ne donne pas nécessairement de bons résultats, car ils s'intéressent à d'autres choses comme l'expression physique, les poupées, la pâte à modeler… Décrypter est assez simple, comprendre ce qu'on lit est plus difficile et réclame plus de maturité.

Ce serait donc une grave erreur de pousser un enfant à lire alors qu'il n'y est pas prêt sur les plans physiologique, émotionnel et intellectuel ; cela lui demande de tels efforts qu'il risque d'en être dégoûté pour longtemps. À chacun son rythme et ses centres d'intérêt.

Avec facilité et plaisir

Il ne s'agit pas de vous indiquer comment apprendre à lire à votre enfant ; il ne s'agit pas davantage de le bousculer afin qu'il devance et éblouisse ses camarades, mais de l'aider à développer ses capacités dans toutes les directions et à aborder avec facilité et plaisir les futurs apprentissages. Car tout se joue avant.

Une longue et riche préparation à la lecture donne toujours de bons résultats : l'enfant apprend plus vite, passe moins de temps à déchiffrer et accède plus vite à la « lecture plaisir ». Dès lors, il se fabrique une image positive de l'école et de lui-même. Bien entendu, l'école maternelle est là pour préparer les enfants à ces apprentissages, mais son rôle, faute de moyens, est parfois insuffisant. D'une manière ou d'une autre, les parents ont un rôle déterminant à jouer.

Dans cette préparation à la lecture, de nombreux facteurs interviennent, en particulier le modèle parental et l'acquisition de compétences spécifiques.

Le modèle parental

S'il est un domaine où l'exemple est dominant, c'est bien celui de l'écrit : dans une famille où les parents lisent et discutent de leurs lectures, où il y a une bibliothèque, où des ouvrages et des revues traînent dans la maison, bref où l'écrit est investi et valorisé, l'enfant suivra tout simplement le même chemin. Baignant dans un tel milieu, il a de fortes chances d'être attiré par la lecture, car il sait qu'elle lui ouvrira la porte à mille autres champs de connaissance.

Les parents peuvent faire davantage en jouant avec leur enfant d'une façon qui le préparera intellectuellement, et non pas seulement psychologiquement, à la lecture. L'essentiel est qu'il ait en permanence l'impression de jouer et de découvrir des choses nouvelles. À cet âge, il adore apprendre, pour peu que cela s'appuie sur son expérience et non pas sur sa compréhension ni sur sa mémoire. Mais il faut qu'il soit d'accord et attiré par les lettres et les mots.

Six compétences indispensables

Spécialiste des questions de langage et d'apprentissage de la lecture, l'éthologiste James L. Gould dénombre six compétences nécessaires à un enfant.

1 **Savoir écouter :** une technique simple permet de développer cette compétence : lisez ou racontez des histoires à votre enfant. Si l'histoire l'intéresse, il écoutera avec attention ; vous pourrez ensuite parler avec lui de ce qu'il a entendu et retenu. Cela développe aussi son vocabulaire.

2 **Savoir se concentrer :** se couper de toute distraction extérieure pour se concentrer sur ce qu'on fait est nécessaire à tout apprentissage. Tandis que certains enfants savent se concentrer sur leurs activités et s'y plonger, d'autres auront besoin de jeux pour s'y entraîner.

3 **Savoir observer et se repérer :** distinguer les différences entre deux dessins est une compétence qui sera utile à l'enfant pour distinguer aisément le p et le q, le d et le b, par exemple. Lire demande une bonne discrimination visuelle, et des jeux tels que les sept erreurs sont un excellent entraînement.

4 **Savoir suivre des directives orales :** il s'agit d'apprendre à l'enfant à suivre des instructions données avec la voix et non pas avec les gestes. L'enseignant fait cela couramment, et certains enfants ont du mal à admettre que cela les concerne, donc à obéir aux consignes.

5 **Avoir une bonne coordination entre l'œil et la main :** elle est indispensable dès qu'il s'agit d'écrire. Or, certains enfants sont plus malhabiles que d'autres. Cette aptitude peut être entraînée de diverses manières, par exemple dessiner une route sur une feuille de papier et demander à l'enfant de la suivre avec son crayon, sans en sortir. Cela sera très difficile à certains : les yeux voient, la tête voudrait bien, mais la main ne suit pas. Bien tenir son crayon et s'entraîner à de petites tâches de précision comme celle-ci sont un moyen de progresser.

6 **Aller de gauche à droite** : apprendre à bouger la main et les yeux dans une direction donnée, toujours la même, de gauche à droite, puis revenir rapidement à son point de départ, demande de l'entraînement. C'est plus facile pour certains enfants, bien latéralisés et droitiers, que pour d'autres. Or, il s'agit là d'une compétence indispensable, pour la lecture comme pour l'écriture.

D'autres savoirs encore

Afin d'être prêt à aborder la lecture et l'écriture, l'enfant doit, en particulier, savoir ordonner et classer, et distinguer les sons.

- **Ordonner et comprendre :** un enfant doit comprendre qu'un évènement se déroule selon des séquences, dans un certain ordre logique, car il en sera de même pour les mots. On ne peut pas les ranger comme on veut. La séquence, l'ordre des lettres dans un mot est immuable.
- **Classifier :** c'est être conscient que des objets différents appartiennent à une même catégorie voire à plusieurs selon le critère choisi. Cela est très difficile à appréhender pour un enfant : il lui faudra un peu de temps pour comprendre qu'une balle rouge, par exemple, peut être rangée, selon sa couleur avec l'ensemble des objets rouges, selon sa forme

avec l'ensemble des objets ronds, selon sa fonction avec l'ensemble des jouets…

- **Distinguer les sons :** en plus de la discrimination visuelle, la discrimination auditive doit être développée. L'enfant doit s'entraîner à distinguer le son initial d'un mot. Attention à la confusion entre ch et s, p et b. Les lettres qui sont écrites sous cette forme ne doivent pas être lues par leur nom – « esse », « pé », « bé » –, mais uniquement par le son qu'elles produisent, ce qui est beaucoup plus simple pour l'enfant.

Un monde qui s'ouvre à lui

Entamer l'apprentissage de la lecture avec son enfant est passionnant : on le voit s'ouvrir jour après jour à un monde nouveau, celui de l'écrit. Si vous lui avez lu régulièrement des histoires et si vous avez feuilleté avec lui des imagiers, votre enfant a sans doute une grande curiosité pour l'écrit et un désir fort de pouvoir, à son tour, déchiffrer ces petits signes bizarres.

Débroussailler le terrain avec lui en lui donnant quelques indices et en lui faisant partager votre enthousiasme ne nuira en rien à l'apprentissage fait en classe de grande section, à la maternelle, au contraire. À une condition : que toutes ces activités soient vécues comme des jeux partagés, et non pas comme un enseignement reçu à la maison.

Si, à l'inverse, votre enfant ne paraît pas du tout intéressé par l'écrit, ne le forcez pas. Il n'est pas encore prêt. Suscitez de temps à autre sa curiosité, et attendez quelques mois.

Il apprend à lire tout seul

Parfois, l'enfant commence à déchiffrer et à apprendre à lire tout seul. Faut-il aller jusque-là ? Les parents se retrouvent face à un dilemme.

D'un côté, ils souhaitent répondre à la demande actuelle de leur enfant. Certains enseignants n'apprécient pas cela, arguant que les parents n'emploient pas les bonnes méthodes, que l'enfant aura plus tard des problèmes, qu'il s'ennuiera en classe quand les autres apprendront quelque chose qu'il connaît déjà ou que cela risque même d'endommager son avenir. Quoi qu'il en soit, on ne peut empêcher un enfant d'apprendre à lire tout seul, chez lui !

D'un autre côté, les parents ne veulent pas arrêter leur enfant dans sa progression et lui faire attendre le cours préparatoire, à l'école élémentaire. Mais si, le moment du désir passé, l'enfant ne prenait plus le même plaisir à apprendre à lire ? Si, dans une classe de vingt-cinq élèves, il n'accrochait pas ?

Il ne semble pas grave qu'un enfant achève son école maternelle en sachant lire, si cet apprentissage s'est fait d'une manière naturelle, dans le plaisir et dans le jeu.

Les cycles scolaires ont été mis en place précisément pour faire face aux différences individuelles de cet ordre. L'enseignant saura s'occuper de chaque élève selon ses besoins, en donnant d'autres activités à l'enfant lecteur afin qu'il ne s'ennuie pas pendant que le reste de la classe est occupé à apprendre à lire.

L'IMPORTANCE DU MILIEU

Une étude américaine, intitulée « L'influence de l'environnement familial sur la réussite scolaire au grade 1 » – l'équivalent du cours préparatoire –, donnait les indications suivantes :

- les meilleurs élèves avaient tous été déjà en contact avec la lecture ;
- leurs parents leur avaient lu régulièrement des histoires et étaient eux-mêmes lecteurs ;
- il y avait des livres à la maison ;

si les parents pensaient que lire était important, les enfants pensaient de même ;

- les parents s'intéressaient davantage à ce que faisait leur enfant à l'école et avaient tendance à valoriser l'école et l'enseignant.

L'esprit scientifique

Faire preuve de curiosité et d'esprit scientifique, c'est s'intéresser au monde et être capable d'élaborer des connaissances à partir d'observations, d'études et d'expérimentations : tout ce que fait un enfant pendant sa journée !

Qu'est-ce que c'est ?

Si les parents soutiennent leur enfant dans ses découvertes et lui permettent d'en faire de nouvelles, il conservera ce bien précieux qu'est un esprit scientifique. Explorer la science, c'est s'intéresser à la vie. Les conséquences sont multiples :

- cela développe la pensée logique, la mémoire visuelle, l'attention aux détails, l'organisation mentale… ;
- cela aide à passer peu à peu du monde magique où tout est possible, mais imprévisible, au monde réel des faits, des informations et des joies de la découverte ;
- attirer l'attention d'un enfant sur les merveilles de la nature, c'est le meilleur moyen de lui donner envie de protéger l'équilibre de son environnement.

Accompagner sa curiosité

Le jeune enfant est curieux de ce qui est nouveau et veut savoir comment ça marche. La part de l'adulte est simple :

- l'enfant sera intéressé si l'adulte est enthousiaste ;
- il le sera si les activités choisies partent de son intérêt ; le rôle de l'adulte se borne à accompagner cette curiosité et à permettre l'exploration ;

- un enfant apprend en faisant, non en écoutant ou en lisant ; le mieux est de ne pas trop parler, car les explications, supposées donner la « bonne » réponse, figent souvent les spéculations et l'expérimentation ;
- **être l'adulte qui sait tout face à l'enfant qui ne sait rien tue l'approche scientifique, qui consiste souvent à repartir de zéro ;**
- l'action est à favoriser : « Que se passe-t-il si je fais ça ? » ; « Essaie, tu verras. »

ASTUCE

De nombreuses questions de l'enfant ne se prêtent pas à une expérimentation. Si vous avez peu de temps, une réponse brève est suffisante ; sinon, il est intéressant de chercher avec lui la réponse auprès de personnes plus compétentes ou dans des livres spécialisés. À son tour, l'adulte pose des questions, qui orientent la curiosité ou qui suggèrent de nouvelles idées. L'enfant a besoin d'éléments exacts. Il vaut mieux dire : « Je ne sais pas » et lui montrer où trouver l'information, plutôt que de hasarder une réponse fausse.

Susciter la réflexion et la créativité

Certains enfants posent peu de questions. Dans ce cas, c'est à l'adulte de le faire : « Je me demande comment ça marche » peut être un bon point de départ. Ou encore : « Crois-tu que cette branche flotterait ? » ; « Pourquoi l'eau de la mer est-elle grise aujourd'hui ? » ; « Comment peux-tu savoir, sans sortir, s'il y a du vent ? »

Attendez un moment afin de laisser à l'enfant le temps de la réflexion. Si vous sautez sur la première réponse en disant : « C'est idiot ce que tu dis, réfléchis un peu, voyons ! », il n'osera plus ouvrir la bouche. Montrez-lui plutôt que toute hypothèse est valable et discutez toutes ses suppositions, qu'elles soient justes ou non, sans nécessairement vous arrêter sur la bonne. Avec le temps et la confiance en lui, la qualité et la quantité de ses réponses augmenteront. Soyez patient : combiner l'expression créatrice et la résolution de problèmes demande de l'entraînement.

Mener des expériences

Les sujets à explorer avec un enfant sont multiples ; ils dépendent des occasions rencontrées et de vos centres d'intérêt communs. L'idée est de toujours l'impliquer afin qu'il soit acteur des événements et non simple spectateur.

- **La vie quotidienne permet divers apprentissages :** le sommeil, les aliments et le temps sont des sujets de discussion ; les jeux d'eau avec passoires, flacons et entonnoirs permettent d'explorer les volumes et les contenances ; lors d'une petite coupure, on explique la circulation du sang, la désinfection et la cicatrisation.
- **Cuisiner avec son enfant permet d'aborder de nombreux concepts** tels que l'effet du froid ou du chaud, le mélange, la cuisson, les goûts et les saveurs… Il apprend à mesurer, compter, verser, découper des rondes et des bâtonnets, etc. Il sera d'autant plus intéressé qu'il dégustera ses préparations.
- Tout le monde se souvient d'avoir fait germer des lentilles, des haricots secs, des pépins ou un noyau d'avocat. Avec peu de compétences, de la terre et un livre de jardinage, on peut aller au-delà : observer ses fleurs et manger ses propres radis.
- **« Comment ça marche ? »** Voilà une question essentielle à laquelle l'enfant doit pouvoir chercher à répondre dès que

possible : laissez-le démonter un stylo, une râpe à gruyère ou une lampe de poche ; laissez-le regarder à l'intérieur d'une pendule ; attirez son attention quand vous changez les plombs ou que vous cousez à la machine. Bricoler avec vous est une grande joie pour votre enfant.

- Fabriquez dans une boîte transparente ou un coin du jardin une maison pour insecte. Placez-y un scarabée, une chenille, une fourmi ou une petite araignée. Regardez-le vivre, puis rendez-lui sa liberté.
- Connaître les animaux, c'est aller à la campagne, à la ferme, au zoo, à l'aquarium… La conscience que l'on se fait d'un animal que l'on voit vraiment est très différente de celle que procure l'image. Laissez à l'enfant tout le temps dont il a besoin pour se familiariser avec l'animal, puis aidez-le à observer : combien a-t-il de pattes, que mange-t-il, comment s'appellent ses petits, etc.

UN LIEU POUR LES TRÉSORS

Fabriquez pour votre enfant une grande boîte à trésors, ou mieux, une étagère, qui sera son musée personnel. Il y rangera ses souvenirs d'exploration, l'unique ou le merveilleux trouvé dans la nature, un objet spécial qu'il aura étudié à fond : caillou, cristal, coquillage, dent de vache, fleur séchée, scarabée, fossile, puce informatique, graines de tournesol, etc. La boîte à œufs, avec ses petits casiers, se prête très bien à ce type de rangement.

Observer par le jeu

Imaginez des jeux à faire avec votre enfant et qui ont pour but de le faire se pencher plus attentivement sur son environnement. Voici quelques exemples :

- retrouver un oiseau ou une fleur dans un guide ;
- cueillir et coller tous les verts différents que l'on trouve dans la nature ;
- deviner les matières qui absorbent l'eau et celles qui ne l'absorbent pas, les objets qui flottent et ceux qui tombent au fond ;
- observer les étoiles et les repérer sur une carte du ciel ;
- se servir d'un chronomètre ou d'un microscope, d'un niveau à bulle, d'un mètre ruban, etc.

Sortir, même sous la pluie

Dans la nature, dans la campagne, l'enfant peut à la fois voir, sentir, toucher, goûter beaucoup plus aisément qu'en ville. Mais les citadins ne manquent pas d'occasions de découvertes, pour peu que leurs parents sachent leur faire prendre conscience de leur environnement.

Habituellement, lorsqu'il pleut, on se dépêche de rentrer chez soi se mettre à l'abri de la pluie. Et si, avec votre enfant, vous expérimentiez l'inverse ? Une promenade sous la pluie, avec ciré, parapluie et bottes en caoutchouc… Il y a tant à regarder : ce que font les oiseaux ; si des insectes, vers de terre ou escargots, en profitent pour sortir ; si les fleurs et les plantes aiment la pluie ; d'où vient cette pluie, si elle est lourde ou légère, froide ou chaude, propre ou sale ; quels sont les bruits de la pluie sur différentes surfaces, si les odeurs, les couleurs et les lumières changent, comment les gouttes glissent de feuille en feuille.

Des visites passionnantes

Près de chez vous ou de votre lieu de vacances, quand vous êtes en route pour un long voyage, il y a toujours à proximité un endroit à visiter : un phare, un musée des transports, un refuge de montagne, un élevage animal, une réserve d'oiseaux, un haras, une caserne de pompiers, une usine de biscuits... Découvrir comment on fabrique tel ou tel objet passionne les enfants et beaucoup de lieux sont accessibles au public : fabrique de bonbons, de conserves, boutiques d'artisans (souffleur de verre, tisserand, potier, vannier, tailleur de pierre, sculpteur, peintre, apiculteur, boulanger, fabricant de bijoux ou de bougies, marin pêcheur...). N'oubliez pas non plus les curiosités de la nature : chute d'eau, rapide, gorge, lac, grotte, dune, récif...

À FAIRE PAR SOI-MÊME

Avec votre enfant, vous pouvez essayer de pêcher, faire du bateau à rames, traire une vache, faire voler un cerf-volant, ramasser des crevettes.

Celles-ci ne sont que quelques idées parmi beaucoup d'autres que vous trouverez en faisant l'inventaire des ressources de votre région d'habitation ou de vacances. Il existe aussi des guides donnant une foule d'idées d'activités et de promenades à faire avec les enfants.

Entre trois et six ans, l'enfant est partant pour toutes les découvertes et toutes les aventures. Il est naturellement curieux et émerveillé de tout. Il apprend vite. Il ne dépend que de vous qu'il s'éveille au monde qui l'entoure et se bâtisse un tempérament d'explorateur...

Sauter une classe ?

Depuis que la scolarité est organisée en cycles, un enfant peut rester entre deux et quatre ans pour effectuer trois classes. S'il est en avance, mûr et motivé, il a toute possibilité, avec l'accord de l'enseignant et du directeur de l'école, de faire trois classes en deux ans. Quand un autre, qui a du mal, peut prendre quatre ans pour faire trois classes.

La scolarité en cycles

Depuis la loi d'orientation sur l'éducation en 1989, la scolarité élémentaire est organisée en trois cycles :

- **le cycle 1,** cycle des apprentissages premiers, regroupe les classes de petite, de moyenne et de grande section de l'école maternelle ;
- **le cycle 2,** cycle des apprentissages fondamentaux, regroupe la grande section de maternelle – qui est donc sur deux cycles –, le CP et le CE1 de l'école primaire ;
- **le cycle 3,** cycle des approfondissements et consolidation, regroupe le CE2, le CM1 et le CM2.

Ces mesures visaient à limiter les redoublements et à permettre d'allonger ou de raccourcir la scolarité d'une année. Mais cette réforme intéressante n'a jamais vraiment été appliquée. Faire un cycle en deux ans reste très rare, et refaire une section revient toujours à redoubler.

Dans la réalité, les choses ne sont pas simples ; des conflits et des problèmes difficiles à résoudre se posent : que peuvent faire les parents si l'enseignant s'oppose au changement de classe en cours d'année ou au saut de classe ? Qui, si l'enfant ne voit pas de psychologue, décide de son niveau de maturité et de l'opportunité « affective » d'une avance scolaire ? Sur quels critères décide-t-on ? Qui a le dernier mot ?

De la souplesse

Avec le temps, on peut penser que de nouvelles procédures seront mises en place. L'organisation par cycles rend déjà la vie beaucoup plus facile à l'enfant qui saute effectivement une classe. Tout ce qui vise à introduire de la souplesse dans le système scolaire, tout ce qui vise à considérer l'individualité de chaque enfant et non pas simplement sa date de naissance ou l'application des mêmes règles pour tous, est à favoriser.

Certaines années, les enfants accélèrent le rythme de leurs acquisitions ; d'autres années, ils marquent le pas ou semblent ralentir, puis repartent. Chacun a son propre rythme, et cela devrait pouvoir être pris en compte.

Une décision grave

La question la plus importante à se poser est la suivante : « Faut-il faire sauter une classe à cet enfant ? Est-ce bon pour lui ? »

La plupart des enseignants n'y sont pas favorables ; ils ont raison quand ils freinent les élans de parents qui pensent uniquement à l'avenir de leur enfant, mais qui oublient de regarder ce qu'il est maintenant.

Pour que l'enfant poursuive une bonne scolarité, il faut qu'il ait plaisir à aller à l'école : le mettre en difficulté dès l'âge de cinq ans n'est pas nécessairement une bonne solution. Une fois qu'il aura commencé avec le travail scolaire et les devoirs, il n'arrêtera plus pendant de longues années.

Les parents sont-ils sûrs que leur enfant ne bénéficierait pas d'une année de plus à jouer tranquillement, sans se soucier d'être meilleur que les autres ? Quelles sont les véritables raisons de leur requête ? Est-ce vraiment le besoin de leur enfant, ou bien leur propre vanité, ou encore leur inquiétude face à l'avenir ?

Pour démêler tout cela, une consultation avec un psychologue, scolaire ou libéral, paraît utile. Si le psychologue, l'enseignant, l'enfant et ses parents sont d'accord sur l'opportunité de sauter une classe, alors il faut s'y lancer avec enthousiasme : il serait absurde de freiner un enfant effectivement prêt et désireux d'apprendre davantage.

Son respect et son bien-être

En matière d'éducation, le devoir des parents est avant tout de « répondre » à leur enfant plutôt que de faire pression sur lui ou de le pousser en avant ; il s'agit pour eux de ne pas le placer face à des obstacles trop hauts, de ne pas lui imposer trop tôt leur propre stress…

Quand les parents font pression sur leur enfant, ils ont souvent en tête une image idéale de ce qu'il devrait être et craignent qu'il ne réussisse pas au mieux de ses possibilités ; mais l'enfant n'est pas un robot et, pour épanouir ses capacités, il a surtout besoin qu'on respecte sa personnalité, qu'on lui fasse confiance et qu'on lui permette d'évoluer dans un milieu stimulant. « Répondre » à l'enfant, c'est cela : être capable d'évaluer ses besoins réels et y répondre en le considérant comme unique.

L'enfant précoce

Dans cette période d'inquiétude sociale, nombreux sont les parents qui aimeraient bien que leur enfant fasse preuve d'une certaine précocité intellectuelle : un an d'avance scolaire, ce serait toujours cela de gagné. Mais comment savoir si l'enfant a véritablement les compétences de cette course à la réussite ?

D'une manière parfois nette, certains enfants sont en avance sur leur âge dans presque tous les domaines : le langage, la logique, les apprentissages, les capacités physiques et créatives… Ils représentent 5 % environ de la population enfantine : ce sont ceux qu'on appelle les enfants précoces.

Son portrait idéal est celui d'un enfant vif, qui réussit sans effort, doté d'une excellente mémoire, créatif, curieux, passionné et capable d'une grande concentration. Mais tous n'ont pas d'emblée cette aisance.

Différents des autres, les enfants précoces se repèrent assez facilement à certaines caractéristiques communes. À vous de savoir si votre enfant possède plusieurs de ces traits :

- Il a parlé de bonne heure et possède un grand vocabulaire.
- Il a appris à lire avant le cours préparatoire.
- Curieux de tout, il pose beaucoup de questions originales et adore résoudre des problèmes.
- Il a un avis, volontiers critique, sur tout.
- Il a un grand pouvoir d'attention, d'observation et de concentration.
- Il aime la compagnie des adultes et des enfants plus âgés.
- Il a un sens de l'humour très développé.
- Il est sensible à l'injustice et ressent de la compassion pour autrui.
- Il est énergique, indépendant, solitaire et imaginatif.
- Il a une faculté de raisonnement et de logique étonnante.

Que faire ?

Si vous pensez que votre enfant est précoce, il est important que vous consultiez un psychologue, qui lui fera passer des tests. Il saura aussi vous conseiller sur la conduite éducative à tenir. Parfois, un saut de classe peut être souhaitable, car il oblige l'enfant à faire des efforts et entretient sa motivation scolaire. Il existe certaines filières qu'il peut aussi être intéressant de connaître.

ASTUCE

Pour faire face à sa curiosité intellectuelle insatiable, vous pouvez inscrire votre enfant dans un club informatique, à un cycle de conférences ou à un cours de langues. Mais ce qui lui fera le plus grand bien sera d'être mêlé à des enfants de son âge dans des domaines où il ne sera pas nécessairement le meilleur – en sport, en théâtre, dans une activité artistique... Il verra que tout ne passe pas par l'intelligence logique et apprendra à développer le sens de l'amitié et l'esprit de solidarité.

Comment réagir ?

Découvrir la précocité de leur enfant représente parfois un choc pour les parents. Ils sont fiers, mais également décontenancés et un peu perdus.

L'apprendre tôt est une bonne chose : cela permet de mieux comprendre le développement de son enfant et d'anticiper les difficultés, éventuelles, mais pas obligatoires, qui pourraient survenir. De son côté, l'enfant se sent mieux compris et accepté dans son milieu familial.

Prendre contact avec une association d'enfants précoces permet de se sentir moins seul et d'acquérir de nombreuses informations.

MATURITÉ INTELLECTUELLE, MATURITÉ AFFECTIVE

Sauter une classe implique, bien entendu, un niveau scolaire suffisant, mais également :

- une maturité affective, car l'enfant sera entouré d'enfants plus âgés que lui ;
- de la motivation et un surcroît de travail ;
- une bonne capacité de travail et de concentration ;
- être prêt pour les apprentissages fondamentaux de la lecture, de l'écriture et des mathématiques.

Des difficultés avec l'enseignant

Alors qu'il allait à la maternelle sans problème depuis deux ans, votre enfant se met soudain à déclarer qu'il déteste ça et refuse d'y mettre les pieds. Le matin, il met un temps fou à se préparer, reculant le moment fatal. Il se plaint du ventre ou de la tête. Arrivé à la porte de l'école, il commence à pleurer.

Il n'aime pas sa maîtresse

Que se passe-t-il ? Votre enfant a changé de maîtresse et ne s'entend pas avec la nouvelle. L'an dernier, tout allait bien : il la trouvait belle, douce, charmante… Cette année, il dit qu'elle crie trop, ou qu'elle ne l'aime pas, ou bien qu'elle n'est pas gentille. Que comprendre et que faire ?

Dans une telle situation, la plupart des parents pensent que leur enfant exagère et qu'il faut juste un peu de temps pour s'habituer à la nouvelle enseignante ; même si celle-ci est un peu rude, apprendre à s'adapter fait partie de la vie. À l'inverse, d'autres parents prennent immédiatement le parti de leur enfant, s'inquiètent et vont se plaindre de l'enseignant auprès de la directrice de l'école, au risque de passer pour hyperprotecteurs.

Il vaut mieux prendre tout d'abord le temps de la réflexion. Si votre enfant dit que sa maîtresse ne l'aime pas simplement parce que ce n'est pas lui qui a été désigné pour effacer le tableau ou parce qu'elle lui a fait remarquer qu'il avait encore oublié son ours dans la cour de récréation, cela ne mérite pas que vous interveniez.

Écouter et soutenir

L'enfant a besoin de vous sentir derrière lui, pas que vous interveniez immédiatement pour prendre sa défense ; un incident peut sembler pénible sur le moment, puis être oublié deux jours plus tard. Parfois, compatir à la déception ou à la colère de l'enfant suffit à lui faire dépasser cet incident ; cela suppose un bon dialogue avec son enfant, ainsi que le temps, le soir, d'échanger avec lui sur ce qu'il a fait à l'école. Les problèmes pris d'une manière précoce sont plus facilement identifiés et résolus.

Une enseignante qui fait remarquer à votre enfant, devant toute la classe, qu'il est le seul à ne pas savoir lacer ses chaussures manque singulièrement de pédagogie. Mais une façon d'intervenir consiste à prendre le temps d'enseigner à votre enfant à s'habiller lui-même, ce que vous n'avez peut-être jamais fait.

Un autre enfant peut être bouleversé, parce que sa maîtresse s'est moquée de son accent ou de son défaut de prononciation. Avant de venir l'injurier, soyez sûr qu'il s'agit bien de ça, car un enfant gêné par un problème de langage, par exemple, risque d'être d'une susceptibilité telle qu'une réflexion banale sera prise pour une moquerie.

Enfin, si votre enfant semble affecté durablement par la réflexion de son enseignante, il faut aller le voir.

Décider de la conduite à tenir

D'une manière générale, quand votre enfant semble avoir une difficulté avec son enseignant, voici la façon la plus raisonnable de procéder :

- Demandez aux autres parents si leurs enfants leur rapportent des incidents similaires et quels rapports ils entretiennent avec cet enseignant.
- Demandez à votre enfant s'il veut que vous interveniez ; ne le faites que dans ce cas.
- Contactez toujours l'enseignant avant la directrice. D'une manière générale, ne passez jamais « par-dessus » la personne avec qui votre enfant a une difficulté sans l'avoir rencontrée au préalable.
- Ne pensez pas que l'enseignant est nécessairement au courant des difficultés de votre enfant, qui a pu n'en rien laisser paraître.
- N'abordez pas l'enseignant d'une façon accusatrice ou moralisatrice. Votre but est d'en faire un allié, même s'il ne vous est, a priori, que peu sympathique.
- Rassurez votre enfant et montrez-lui que vous prenez son problème en considération.
- Si cela n'a rien donné, allez voir la directrice.

En dernier recours

Dans la plupart des cas, le dialogue suffit à apaiser les choses. Il arrive, mais c'est assez rare, qu'il faille changer l'enfant de classe ou d'école. Si cette décision ne se prend pas à la légère, elle vaut parfois mieux que de laisser l'enfant dans une véritable détresse face à un enseignant incapable de s'en faire apprécier ou respecter.

BON À SAVOIR

Les antipathies réciproques et exprimées existent. Si vous estimez, après avoir pris conseil autour de vous, que votre enfant est réellement malheureux dans cette classe et que cela est dû à l'attitude de l'enseignant, agissez en conséquence. Votre enfant saura qu'il peut compter sur vous, et vous lui éviterez ce qui aurait pu devenir un rejet durable et global de l'école.

Les activités parascolaires

Depuis plusieurs années, un phénomène a pris des proportions parfois alarmantes : les activités parascolaires d'un enfant. Au nom de l'éveil et de la course à l'excellence, les fins de journée et de semaine sont transformées en parcours du combattant, entre violon, danse et anglais... Quand ce n'est pas les arts plastiques le lundi soir, le poney le samedi après-midi et la piscine le dimanche matin. Ouf !

Seul l'excès est nuisible

Tout cela part d'un bon sentiment, et aucune activité n'est nuisible à l'enfant, ni la musique, ni l'artisanat, ni le sport. Au contraire, souvent sous-enseignées à l'école, ces matières sont nécessaires au développement harmonieux de l'enfant. De plus, ce dernier est bien mieux au tennis qu'enfoncé dans un canapé face à la télévision. Mais tout est une question de mesure. L'accumulation de ces activités appelle quelques réflexions.

L'école fatigue l'enfant ; ses journées sont longues, surtout s'il mange à la cantine et reste à l'accueil ; la vie en collectivité est bruyante et agitée. Aussi, le temps hors école doit-il être un temps de repos. L'école impose le groupe et la contrainte ; rentré chez lui, l'enfant a besoin de ne rien faire, ou de jouer librement, dans sa chambre, à des jeux qu'il invente. La découverte de son autonomie est à cette condition.

Un emploi du temps raisonnable

Oui à l'éveil parascolaire… mais en respectant quelques règles.

- Sauf exception, il faut attendre l'âge de six ou sept ans pour que l'enfant choisisse réellement ce qu'il aime faire. Auparavant, les activités répondent moins à son désir propre qu'à l'image que ses parents se font de lui. Cela ne signifie pas qu'il s'y rend à contrecœur, mais davantage pour le plaisir d'autrui.
- Pour un enfant de cinq ans et plus, ne prévoyez pas plus de deux cours par semaine.
- Respectez le plus possible le choix de votre enfant, même si ses arguments vous semblent douteux : ce sont ses loisirs, pas les vôtres. Les contraintes qu'il subit sont déjà très lourdes par ailleurs. Si vous avez un doute, il est toujours possible de demander que l'enfant suive un ou deux cours « pour voir » avant de s'engager pour l'année.
- Si l'on peut inciter un enfant à continuer quand il ne veut plus aller à son cours, on ne peut l'y contraindre, au risque de l'en dégoûter entièrement.
- Les activités parascolaires ne doivent pas empiéter sur le temps de partage ou d'activités en famille, et elles doivent laisser à votre enfant le temps de s'ennuyer ou de ne rien faire, ce qui est indispensable à son développement.

Le stress de l'enfant

Dans ce monde inquiétant, où l'on parle beaucoup d'échec scolaire et de taux de chômage, tous les parents veulent le mieux et le plus pour leurs enfants. Dès le jeune âge, ils veulent leur donner toutes les chances de réussir leur scolarité et leur vie. Pour cela, ils les incitent à faire plus, mieux et plus vite que les autres. C'est ainsi que des jeunes enfants, en marge d'une école déjà très exigeante, font de la musique et des auditions, du sport et des compétitions le dimanche matin, des cours de conversation anglaise, des cours particuliers pour éventuellement sauter une classe, et j'en passe.

L'enfant sent bien la tension inquiète qui sous-tend ce comportement. À son tour, il risque de ressentir une souffrance due au stress. Trop d'exigence, trop d'attentes pèsent sur lui. S'il y parvient, c'est au prix d'une anxiété et d'un effort excessifs. S'il échoue, c'est au prix de sa confiance en lui.

Bientôt l'école primaire !

Sauf exception, c'est en septembre de l'année de ses six ans que l'enfant entre au cours préparatoire. Tandis que certains ont déjà six ans bien révolus, d'autres ont encore cinq ans et neuf mois.

Depuis l'organisation de la scolarité en cycles, le passage de la maternelle au primaire a été grandement facilité ; la classe de grande section de maternelle et le cours préparatoire appartiennent au même cycle, celui des « Apprentissages Fondamentaux » et sont donc en continuité directe. De plus, les enseignants des deux niveaux créent des liens pendant le dernier trimestre, si bien que les enfants sont très bien préparés, sur le plan scolaire, à leur changement d'école.

Il n'en reste pas moins que, sur le plan symbolique, cette rentrée est cruciale pour l'enfant. Il quitte le monde de la « maternelle » pour partir à la « grande école », pour rejoindre les « grands ». L'école devient obligatoire et les apprentissages sérieux commencent.

La meilleure façon de préparer votre enfant est de l'encourager à faire des choses par lui-même : s'occuper de ses habits, mettre la table et aider à la débarrasser, écouter attentivement, respecter les consignes de jeux... Devenir autonome et responsable à la maison l'aidera à faire de même à l'école.

Même si votre enfant est fou de joie d'aller au CP, attendez-vous néanmoins à ce qu'il soit un peu tendu les premiers jours et peu disert sur ce qui se passe à l'école ; le plus souvent, cela s'arrange en une semaine. Il est fréquent que les parents, plus anxieux que leur enfant, contribuent à remplacer son simple trac par une véritable peur, alors que lui se sentirait plutôt empli d'une fierté légitime. En premier lieu, il leur revient donc de se préparer à l'entrée de leur enfant à la grande école et d'accepter, profondément, de le voir grandir.

UNE RENTRÉE SANS STRESS

Pour que tout se passe bien et pour vivre au plus près la scolarité de l'enfant, je vous conseille deux choses :

- rester en étroit contact, au moins hebdomadaire, avec l'instituteur.
- adhérer à une association de parents d'élèves afin de participer à la vie de l'école.

Et les cahiers de vacances ?

Leur mode s'est tellement étendue, que l'on trouve maintenant des cahiers de vacances pour chacun, de 2 ans à 90 ans. Ceux qui visent à préparer le passage Grande Section-Cours Préparatoire sont comme les autres : amusants, bien faits, ludiques, mais nullement indispensables. Si l'enfant en a envie et le prend comme un jeu, à faire seul et avec ses parents, pourquoi pas ? – mais surtout pas comme des devoirs...

Un bilan de santé obligatoire

Au cours de l'année de Grande Section, l'enfant devra passer un examen médical complet, réalisé à l'école par les médecins et infirmières scolaires. Il est effectué entre 5 et 6 ans.

Son but est le repérage précoce et systématique de tous les signes pouvant entraîner des difficultés ultérieures d'apprentissage et la mise en place, si nécessaire, d'un suivi réel (Code de la Santé Publique).

Cet examen médical comprend le dépistage systématique des handicaps ou défauts mineurs dans les compétences neurosensorielles (vúe, audition, troubles du langage, troubles du comportement).

Conclusion

Trois ans, c'est le passage, souvent délicat, du bébé au petit enfant.

Au cours des trois années qui suivent et que cet ouvrage a tenté d'accompagner, l'enfant s'est ouvert sur son monde. Il a trouvé ses repères. Il a quitté l'égocentrisme du tout-petit pour s'intéresser à son environnement. Il a développé sa personnalité.

À six ans, c'est un nouveau passage : l'enfant cesse d'être un petit pour devenir un grand. Il va à la « grande école ». Il a ses copains, ses activités, sa vie sociale.

Pour les parents, c'est un changement. Si l'enfant est devenu plus facile, moins opposant, la prise d'autonomie est réelle et la personnalité s'affirme. Il raisonne, découvre et argumente : tout se discute.

La période qui s'ouvre est aussi passionnante que la précédente. L'enfant d'âge primaire ne découvre plus seulement « son » monde, mais « le » monde. Les parents ont un rôle fondamental à jouer : ils sont ceux qui peuvent mettre ce monde à sa portée. Avec l'enthousiasme, le soutien et l'affection dont leur enfant a besoin pour aller de l'avant en toute confiance.

Table des matières

MARABOUT
s'engage pour l'environnement
en réduisant l'empreinte carbon
de ses livres.
Celle de cet exemplaire est de :
300 g éq. CO_2
Rendez-vous sur
www.marabout-durable.fr

PAPIER À BASE DE
FIBRES CERTIFIÉES

Imprimé en Allemagne par GGP MEDIA GMBH
pour le compte des Éditions Marabout (Hachette Livre)
58, rue Jean-Bleuzen, 92178 Vanves Cedex
Achevé d'imprimer en mars 2016

ISBN : 978-2-501-11971-9
3620209 / 01
dépôt légal : avril 2017